中国书籍学研丛刊

早期东西文化交流研究

宋亦箫 | 著

中国书籍出版社
China Book Press

图书在版编目（CIP）数据

早期东西文化交流研究/宋亦箫著．--北京：中国书籍出版社，2021.7
ISBN 978-7-5068-8552-2

Ⅰ.①早… Ⅱ.①宋… Ⅲ.①东西文化—文化交流—研究 Ⅳ.①G115

中国版本图书馆 CIP 数据核字（2021）第 127822 号

早期东西文化交流研究

宋亦箫 著

责任编辑	王星舒 王 淼
责任印制	孙马飞 马 芝
封面设计	中联华文
出版发行	中国书籍出版社
地 址	北京市丰台区三路居路 97 号（邮编：100073）
电 话	（010）52257143（总编室） （010）52257140（发行部）
电子邮箱	eo@chinabp.com.cn
经 销	全国新华书店
印 刷	三河市华东印刷有限公司
开 本	710 毫米 × 1000 毫米 1/16
字 数	233 千字
印 张	16.5
版 次	2021 年 7 月第 1 版
印 次	2021 年 7 月第 1 次印刷
书 号	ISBN 978-7-5068-8552-2
定 价	95.00 元

版权所有 翻印必究

目　录
CONTENTS

上　编　以考古学为中心的考察

第一章　中国与世界的早期接触：以彩陶、冶铜术和家培动植物为例 ……… 3
　一、绪论 …………………………………………………………………… 3
　二、世界彩陶的流布及首入东亚大陆的地点和时间 …………………… 10
　三、冶铜技术进入东亚大陆及其本地化 ………………………………… 14
　四、家培动植物绵羊（世系B）、黄牛、小麦进入东亚大陆及对中华早期
　　　文化的影响 …………………………………………………………… 18
　五、小结 …………………………………………………………………… 23

第二章　小麦最先入华的两地点考论 ……………………………………… 24
　一、中国早期小麦遗存的时空分析 ……………………………………… 25
　二、小麦最先入华的两地点的提出及解析 ……………………………… 31
　三、待解决的问题 ………………………………………………………… 36
　四、小结 …………………………………………………………………… 36

第三章　夏商考古遗存中的亞形造型起源及其内涵探索 ………………… 37
　一、夏商考古遗存中的亞形造型 ………………………………………… 38
　二、域外的同类造型 ……………………………………………………… 42
　三、中外的亞形造型内涵 ………………………………………………… 46

四、中外亚形造型的关系及它的起因试析 ………………………… 48
　　五、小结 …………………………………………………………… 52

第四章　楚文化考古遗存中的域外文化因素探索 ……………………… 53
　　一、"蜻蜓眼"玻璃珠 ……………………………………………… 53
　　二、红玛瑙珠 ……………………………………………………… 58
　　三、蚀花肉红石髓珠 ……………………………………………… 60
　　四、青铜骆驼灯台 ………………………………………………… 64
　　五、天平砝码 ……………………………………………………… 66
　　六、佛教文化因素 ………………………………………………… 71
　　七、小结 …………………………………………………………… 75

第五章　蒜头壶的"蒜头"造型试解 …………………………………… 77
　　一、蒜头的生殖崇拜寓意 ………………………………………… 78
　　二、茧形（蒜头）壶及蚕茧的生殖寓意 ………………………… 81
　　三、蒜头壶和茧形壶首现于秦国的原因 ………………………… 83
　　四、蒜头壶所体现的早期东西文化交流 ………………………… 84

第六章　西王母的原型及其在世界古文明区的传衍 …………………… 86
　　一、西王母的神格 ………………………………………………… 87
　　二、西王母的原型是西亚神话中的大母神和金星神伊南娜—易士塔儿 …… 97
　　三、伊南娜—易士塔儿神格在世界古文明区的传衍 …………… 104
　　四、金星神神格传至古代中国演化出的其他女神形象 ………… 107
　　五、金星神与月神有部分神格及特征混同的现象 ……………… 111
　　六、小结 …………………………………………………………… 112

第七章　"玄武"龟蛇形象的神话解读 ………………………………… 114
　　一、中国及其他古文明区龟、蛇的神话 ………………………… 115
　　二、西亚创世神话对鲧、禹神话的影响 ………………………… 121
　　三、玄武龟蛇形象的由来 ………………………………………… 124

四、玄武的生殖象征 ……………………………………………… 126
　　五、小结 …………………………………………………………… 128

第八章　战国《人物御龙帛画》为"湘君乘龙车"论——兼论湘君、
　　　　黄帝神话所反映的早期中外文化交流 ………………………… 130
　　一、《人物御龙帛画》与《九歌·湘君》之"湘君乘龙车"神话比较 … 131
　　二、黄帝乘龙车及世界神话中的十星神乘龙车神话 ……………… 135
　　三、湘君御龙帛画的功用 …………………………………………… 142
　　四、小结 …………………………………………………………… 142

下　编　以文献学为中心的考察

第九章　大夏（吐火罗）新探 …………………………………………… 147
　　一、引言 …………………………………………………………… 147
　　二、中亚大夏（吐火罗）源自晋南 ………………………………… 150
　　三、晋南大夏、虞氏西迁路线及年代 ……………………………… 160
　　四、大夏、虞氏与尧、舜、禹诸部族的关系 ……………………… 167
　　五、存在的问题 …………………………………………………… 169
　　六、小结 …………………………………………………………… 170

第十章　鬼方种族考 ……………………………………………………… 172
　　一、鬼方乃印欧人种 ……………………………………………… 173
　　二、鬼方的渊源与流向 …………………………………………… 181
　　三、鬼方与土方可能存在的关系 ………………………………… 186
　　四、对一些考古遗存的族属判别 ………………………………… 187
　　五、小结 …………………………………………………………… 190

第十一章　《穆天子传》所反映的战国时期东西文化交流 ……………… 191
　　一、穆传的性质、成书年代及著者 ……………………………… 192
　　二、穆传所反映的战国时期中原与西域的交通路线和交流物资 ……… 194

三、"西王母""乌摩"的比较及其所反映的中印文化交流 …………… 196

第十二章 《天问》中的鲧禹故事与近东开辟史诗 ………………… 200
 一、《天问》中的鲧禹故事 ……………………………………………… 201
 二、近东开辟史诗与鲧禹故事之关联 …………………………………… 205
 三、小结 …………………………………………………………………… 212

第十三章 从屈赋外来词看先秦中国的域外文化因子 ……………… 213
 一、三秀 …………………………………………………………………… 214
 二、河海 …………………………………………………………………… 216
 三、昆仑 …………………………………………………………………… 217
 四、悬圃 …………………………………………………………………… 219
 五、陆离 …………………………………………………………………… 220
 六、崦嵫 …………………………………………………………………… 222
 七、摄提 …………………………………………………………………… 224
 八、结语 …………………………………………………………………… 226

第十四章 老庄中的域外文化因素探微 ……………………………… 227
 一、《老子》 ………………………………………………………………… 227
 二、《庄子》 ………………………………………………………………… 232
 三、小结 …………………………………………………………………… 234

第十五章 "番禺"得名于"蕃商侨寓"考 …………………………… 236
 一、"番禺"出现的时间考察 …………………………………………… 236
 二、"番禺"是"蕃商侨寓"之省称 …………………………………… 238
 三、"番禺"地名的出现，揭示了广州最早的中外文化交流 ………… 243

参考文献 ……………………………………………………………………… 245

后 记 ………………………………………………………………………… 254

上 编 以考古学为中心的考察

第一章

中国与世界的早期接触：以彩陶、冶铜术和家培动植物为例

本章提要：本章选取水洞沟文化勒瓦娄哇技术、彩陶、冶铜术、家培动植物中的绵羊（世系B）、黄牛和小麦等文化因素，在前人研究的基础上，论证它们来自域外，是中国与世界接触的最早一批证据和联系纽带。以这些文化因素的传播为代表的早期中外接触通道，在中国北方以北的欧亚草原，而不是大家习以为常的绿洲丝绸之路。

一、绪论

今天的学术界，对于中国与世界的早期接触问题，或者说早期中外关系问题，以关注秦汉以后的中外文化交流者居多，此前的中外关系，能关注且相信中外开始接触可以延伸到青铜时代的人并不太多，至于远至石器时代的中外接触问题，探究者更是少之又少，且多数集中在考古界。这少之又少的研究者中，又多有两种根深蒂固的思维误区，从而或多或少影响了他们的最终判断和结论。

本章从分析研究现状出发，在点出需要破除两种思维误区的前提下，以彩陶、冶铜术和部分家培动植物作为证据，重新思考中国与世界的早期接触史，以期为这一重大问题提供一得之见，就教于方家。

1. 研究现状

中外早期接触问题，国外学者在接触中国文化后，因有可资比较的开阔视野之便，其研究要早于中国学者。17、18世纪，在考古学尚未诞生之际，一些

学者（教士）在泛埃及论的基础上主张中国文化埃及传入说①。19世纪，法国学者拉克伯里力倡中华民族迁自巴比伦②，日本学者白河次郎、国府种德则进一步发挥拉氏之说③，1913年，英国教士鲍尔也提出与拉克伯里相同的观点④。这些"中国文化西来说"，在中国发现石器时代遗址后，自然都偃旗息鼓。且他们表达的是中国文化的整体外来，也不属于本章要讨论的中外文化接触问题。

真正属于探讨中外早期接触的命题，要到1921年安特生发掘了仰韶村新石器时代遗址且认为这是中国固有的土著文化后才算开始。中国发现石器时代遗址后，安特生⑤、阿尔纳⑥、高本汉⑦等人认为以仰韶文化为代表的彩陶是外来文化因子，也即是说，在新石器时代晚期，有一支以彩陶为代表的先进农业群体，进入中国的黄河流域，汇入原有的文化中从而形成一种全新的中国史前文化⑧。但他们在判定彩陶西来的路径时想当然地认为是新疆、甘肃，结果未得到后来的考古发现的支持，这使他们对自己的"观点"将信将疑。阿尔纳则认为除了彩陶，仰韶遗址所出鼎、鬲、小口尖底瓶、石环、贝环等也是从西方起源的⑨。这种认识在现在看来显然不符合事实，正是与这些错误认识夹杂在一起，使得他们的基本观点彩陶西来说不仅未能得到巩固反而受到了强烈质疑。

---

① 江晓原. 中国天学的起源：西来还是自生［M］//江晓原，钮卫星. 天文西学东渐集. 上海：上海书店出版社，2001：3.
② LACOUPERIE AéTD. Western Origin of the Early Chinese Civilization［M］. London：Adamant Media Corporation, 2005.
③ 李帆. 人种与文明：拉克伯里（Terrien de Lacouperie）学说进入中国的若干问题［M］//古今中西交汇处的近代学术. 北京：北京师范大学出版社，2010：93－102.
④ BALL C J, M. A., LITT D. Chinese and Sumerian［M］. Oxford：Oxford University Press, 1913.
⑤ 安特生. 中华远古之文化［M］. 袁复礼，节译. 北京：文物出版社，2011.
⑥ 阿尔纳. 河南石器时代之着色陶器［M］. 乐森玙，译. 农商部地质调查所，1925.
⑦ KARLGREN B. Andersson's arkeologiska studier i Kina［J］. New Society of Letters of Land, 1924, 1：142－153.
⑧ 陈星灿. 中国史前考古学史研究［M］. 北京：生活·读书·新知三联书店，1997：125.
⑨ 阿尔纳. 河南石器时代之着色陶器［M］. 乐森玙，译. 农商部地质调查所，1925：25.

<<< 第一章 中国与世界的早期接触：以彩陶、冶铜术和家培动植物为例

  1923年，法国神甫兼古生物学家桑志华和德日进发现了宁夏水洞沟旧石器时代遗址，拉开了该遗址中的勒瓦娄哇技术与西方关联讨论的序幕①，将中外文化接触问题一下子提前到旧石器时代晚期。这场讨论也一直延续到当下。有关旧石器时代中外文化接触问题，我们将在后文专门总结，此处不赘。

  苏联考古学家列·谢·瓦西里耶夫出版于1976年的《中国文明的起源问题》（俄文版）②，是探讨中外早期接触问题的里程碑式著作。他提出的"梯级—传播"理论，有别于传统的文明起源一元论或多元论。如果说此前中国文明起源是在西源说和本土说之间的争论，瓦氏提出的则是"融合说"③，即从上古开始，中外之间、东西方之间便发生了文化接触，外来文化深刻影响了中国文明的起源和发展④。大多数中国学者不认同瓦氏的结论，仅将瓦氏著作作为了解域外传播论派的一个窗口和批判中国文化外来说的一个靶子。只是，那些用以批判的依据，比起瓦氏的论据更成问题。

  英国学者李约瑟所著《中国科学技术史》一向为中国知识界所津津乐道。但我们的乐道是有选择性的，我们乐道于李约瑟在书中对中国古代科技文明的推重，却有意无意忽视李约瑟反复提到和肯定的诸如中国远古天学知识的巴比伦来源⑤、冶铜术的单一起源⑥等观点。如果客观评价李约瑟思想，他重视文化传播论，认为中国远古文化有受到西方影响的观点一样是真知灼见。

---

① 高星. 悠古神奇水洞沟［J］. 中国文化遗产，2008（4）：72.
② 列·谢·瓦西里耶夫. 中国文明的起源问题［M］. 郝镇华，等译. 北京：文物出版社，1989.
③ 江晓原. 中国天学的起源：西来还是自生［M］//江晓原，钮卫星. 天文西学东渐集. 上海：上海书店出版社，2001：12.
④ 列·谢·瓦西里耶夫. 中国文明的起源问题［M］. 郝镇华，等译. 北京：文物出版社，1989：362-367.
⑤ 李约瑟. 中国科学技术史：第四卷［M］. 北京：科学出版社，1975：7-8.
⑥ 李约瑟. 中国科学技术史：第一卷［M］. 北京：科学出版社，1990：85，241.

当下，夏含夷①、梅维恒②、马劳瑞③、浦立本④、胡博⑤等汉学家从更精细、具体的研究中继续追索中外文化的早期接触问题，是关注这一问题的中国学者要特别借重的力量。

中国学者呼应国外汉学中的中国文化西来说和文明起源问题，始于20世纪初。当时，他们中的多数人纷纷接受西方学者提出的中国文化巴比伦来源说，但这种接受有它的目的：作为排满革命的学术依据。因此政治考量大于学术理性。时过境迁，也就很容易放弃这一主张。只有郭沫若、苏雪林、凌纯声、杨希枚等在专深研究的基础上，有所坚持和发展。郭沫若透过《释支干》等名篇，一直未曾放弃他关于巴比伦天文学在极早期传入中国的论断⑥。苏雪林集几十年之功精研屈原赋，发现屈原赋中存在大量域外文化因子，撰成《屈赋新探》四卷本，在台湾辗转出版，现武汉大学作为百年名典丛书在大陆予以再版，形成完璧⑦。凌纯声曾写出大量篇幅探讨中外文化交流问题，这些成果主要集中

---

① 夏含夷. 古史异观［M］//夏含夷. 兴与象：中国古代文化史论集. 上海：上海古籍出版社，2012.
② 梅维恒. 古汉语巫、古波斯语 Maguš 和英语 Magician［M］//夏含夷. 远方的时习——《古代中国》精选集. 上海：上海古籍出版社，2008.
③ MALLORY J P, MAIR V H. The Tarim Mummies［M］. New York：Thames&Hudson，2000.
④ PULLEYBLANK E G. Central Asia and Non-Chinese Peoples of Ancient China［M］. Hampshire：Ashgate，2002.
⑤ 胡博. 齐家与二里头：远距离文化互动的讨论［M］//夏含夷. 远方的时习——《古代中国》精选集. 上海：上海古籍出版社，2008.
⑥ 郭沫若. 释支干［M］//郭沫若. 郭沫若全集：第1卷. 北京：科学出版社，2002.
⑦ 苏雪林. 屈原与《九歌》，天问正简，楚骚新诂，屈赋论丛［M］. 武汉：武汉大学出版社，2007.

在他的一本论文集和五本专刊中①。杨希枚研究过殷墟人骨,认为其异种系的可能性大于同种系②,他还长期搜集过可资比较的中外纹饰资料,后来交给芮传明和余太山,由他们写成《中西纹饰比较》著作,成为透过古代纹饰研究中外文化交流的佳作③。

当代中国学者在中外文化早期接触问题上,做着两方面工作。一方面以精细的论证在清算过去汉学家的一些失误。例如严文明先生的名文《甘肃彩陶的源流》,论证出甘肃彩陶东早西晚,而不是安特生等人预想的西早东晚,从而否定了新疆、甘肃乃彩陶东来通道的看法。中国学者以此文所奠定的结论,否定了安特生等人的中国彩陶西来说。但其实,严文的结论只能否定甘、新是彩陶东来通道这一设想,并不能得出中外彩陶无关的结论。如果世界彩陶确系一源,除了甘、新,还是可以有其他通道连接中外的,比如紧临中国北部边缘的欧亚草原。另一方面,是拓展并细化对中外文化早期接触问题的研究,例如李水城④、刘学堂⑤、杨建华⑥对中国早期铜器与域外关系的讨论,袁靖⑦、赵志军⑧对家培动植物中可能属外来动植物的讨论,都给予我们极大的启发和支持,我们将在本章中秉承他

---

① 凌纯声. 中国边疆民族与环太平洋文化 [M]. 台北:联经出版事业公司,1979;凌纯声. 中国与海洋洲的龟祭文化 [M]. 台北:"中央研究院"民族学研究所,1972;凌纯声. 中国远古与太平印度两洋的帆筏戈船方舟和楼船的研究 [M]. 台北:"中央研究院"民族学研究所,1970;凌纯声. 树皮布印文陶与造纸印刷术发明 [M]. 台北:"中央研究院"民族学研究所,1963;凌纯声. 台湾与东亚及西南太平洋的石棚文化 [M]. 台北:"中央研究院"民族学研究所,1967;凌纯声. 美国东南与中国华东的丘墩文化 [M]. 台北:"中央研究院"民族学研究所,1968.
② 杨希枚. 安阳殷墟头骨研究 [M]. 北京:文物出版社,1985.
③ 芮传明,余太山. 中西纹饰比较 [M]. 上海:上海古籍出版社,1995.
④ 李水城. 西北与中原早期冶铜业的区域特征及交互作用 [J]. 考古学报,2005(3).
⑤ 刘学堂,李文瑛. 中国早期青铜文化的起源及其相关问题新探 [J]. 藏学学刊,2007(00).
⑥ 杨建华,邵会秋. 中国早期铜器的起源 [J]. 西域研究,2012(3).
⑦ 袁靖. 中国新石器时代家畜起源的问题 [J]. 文物,2001(5);袁靖. 绵羊和黄牛何时进入中国 [J]. 科学画报,2012(12).
⑧ 赵志军. 公元前2500~公元前1500年中原地区农业经济研究 [C] //中国社会科学院考古研究所考古科技中心. 科技考古:第二辑. 北京:科学出版社,2007.

们的研究思路，但也会提出不一样的外来文化传播路径和首入地问题。

吴耀利先生曾连续著文讨论中国彩陶的起源问题[1]。他通过世界彩陶的大范围比较，在肯定世界早期彩陶有共同特征的前提下，得出中国彩陶是独立起源、其起源地在关中的结论。笔者感谢他梳理世界彩陶时所提供的广泛资料线索，但不完全同意他的观点，后文将辟专节探讨。

总之，关于中外文化早期接触问题，虽经历了三四百年断断续续的研究，经过了几次主流观念的反复，积累了大量研究资料和成果，但待解决的问题仍然很多。现今，最主要的问题集中在外来文化的传播路径和传入地上。笔者将为此提出既能坚持外来文化影响过中国文明的起源和发展，也能部分弥合反对意见的新看法，其不当之处，请方家多多指教。

2. 要破除的两个思维误区

在中国与世界早期接触或者说早期东西文化交流研究过程中，中外学者最容易犯的第一个思维误区是：早期东西文化交流，新疆是必经之地。20世纪初期，中外学者在这种错误思路和逻辑上建立起来的中外早期联系，经后来者论证出的新疆彩陶、铜器等文化因素的出现明显晚于其东西两侧的东、中亚这一观点的驳难，而被"合理"推翻。正反双方之所以都认可这种驳难，是因为他们都认为新疆乃早期东西文化交流必经之地是理所当然。现在发现新疆承担不了这个重任，就只好推倒中外文化早期接触这座大厦。这似乎是一种将孩子连同洗澡水一起倒掉的做法。如果我们能转移视线，将中外文化早期接触地带移出新疆，推至其北边的欧亚大草原，在看似山重水复疑无路之际，或许柳暗花明，别有洞天。

第二个思维误区只在中国学者中出现，那便是：以本民族自创自发文化为荣，以采借吸纳他族文化为耻。在这种民族主义的思维定式作用下，部分中国学者感情上、主观上就反感中国文明起源和发展受到外来文化影响的观点，他们在批驳、反证中外文化有早期接触并大受影响的观点时就难以做到客观公正。

---

[1] 吴耀利. 略论我国新石器时代彩陶的起源[J]. 史前研究, 1987（2）；吴耀利. 我国最早的彩陶在世界早期彩陶中的位置[J]. 史前研究（辑刊），1988.

而这正是学术研究的大忌。

今日的中外文化早期接触研究，只有克服掉上述两种思维误区，才能放下包袱，重新前进。

3. 东西方文化最早接触的蛛丝马迹

说到东西方文化最早接触问题，宁夏水洞沟遗址是一个重要的风向标[①]。

水洞沟文化属旧石器时代晚期，其地质年代为晚更新世中期，距今约2.6万—1.4万年[②]。该文化最耸动中外学者视听的是勒瓦娄哇技术和石叶技术。勒瓦娄哇技术是指一种预制石核技术，在将石片从燧石石核上剥离下来之前，先将石核加以修理。经修理后的石核，像个倒置的龟甲。打下的石片，一边平整，一边凸起。锐利的刃缘很像一把石刀[③]。这种技术代表更新世中古人类行为与认知发展的演化。勒瓦娄哇技术成品，带有可预测性。这体现了人类认知能力的提高[④]。该技术产生于旧石器时代早期的欧洲，旧石器时代中期已盛行于亚欧大陆，但其技术的内涵、原料的使用等，存在较多的变易因素[⑤]。勒瓦娄哇技术产生后，向四周传播。从1923年发现水洞沟遗址开始，中外人类学家陆续关注勒瓦娄哇技术由欧亚西部向东部的传播问题。在1928年发表的水洞沟遗址发掘报告中，步日耶等认为水洞沟石器"好像处在很发达的莫斯特文化和正在成长的奥瑞纳文化之间的半路上，或者这两个文化的混合物"。我国学者在21世纪初的最新认识形成了与80年前法国学者的呼应，认为水洞沟文化既有华北旧石器时代晚期文化的一般特征，但更具有与后者不同的明显特征，是我国最

---

① 侯亚梅. 水洞沟：东西方文化交流的风向标？——兼论华北小石器文化和"石器之路"的假说 [J]. 第四纪研究, 2005 (6).
② 宁夏文物考古研究所. 水洞沟——1980年发掘报告 [M]. 北京：科学出版社, 2003.
③ 中国大百科全书考古学编辑委员会. 中国大百科全书·考古学："勒瓦娄哇文化" [M]. 北京：中国大百科全书出版社, 1992：268-269.
④ 邓聪. 追寻东方的勒瓦娄哇技术——宁夏水洞沟遗址的世界性意义 [J]. 中国文物报, 2012-1-6 (07).
⑤ 邓聪. 追寻东方的勒瓦娄哇技术——宁夏水洞沟遗址的世界性意义 [J]. 中国文物报, 2012-1-6 (7).

具有欧洲旧石器时代文化传统的单独类型①。

勒瓦娄哇技术在东方的发现，除了水洞沟，还有内蒙古榆树湾②、金斯泰洞穴③、新疆骆驼石④、交河故城⑤、山西塔水河⑥、黑龙江十八站⑦等遗址，均处于中国北部。而处在亚欧大陆东西连接线上的南西伯利亚和蒙古国，都拥有大量勒瓦娄哇石器。侯亚梅因此认为，代表典型西方旧石器时代中期文化的勒瓦娄哇石核，由西向东传播，在后来出现的"丝绸之路"的北部，在广大的中亚和东亚北部地区，东方与西方的人群之间的流动以及文化的交流一直存在，它实际上造就了一条史前文化的传播之路，建议将其命名为"石器之路"（Lithic Road）⑧。

二、世界彩陶的流布及首入东亚大陆的地点和时间

有学者认为，中国彩陶的出现和消失，明显地是一种运动、一阵文化风。中国的东部、东北部、东南部，甚至西南部，受彩陶的影响都没有中原或西北部那么深厚，彩陶花纹的呈现亦不过是中原式样的延续、分支或整理，更重要的是出没期恰好较中原滞后⑨。这是说中国彩陶本身有一个共同的起源，是一场有头有尾的流行风。其"头"在关中地区⑩。

既然中国彩陶有共同的源流关系，而彩陶并不仅见于中国，在亚欧大陆的新石器时代，从东亚的黄河流域，一直向西延伸，经中国的甘肃和新疆、中亚、

---

① 宁夏文物考古研究所．水洞沟——1980年发掘报告［M］．北京：科学出版社，2003．
② 张森水．内蒙古中南部和山西西北部新发现的旧石器［J］．古脊椎动物与古人类，1959年（1）：33．
③ 王晓琨，魏坚，等．内蒙古金斯泰洞穴遗址发掘简报［J］．人类学学报，2010（1）．
④ 高星．悠古神奇水洞沟［J］．中国文化遗产，2008（4）：86．
⑤ 解耀华．交河故城保护与研究［M］．乌鲁木齐：新疆人民出版社，1999：3．
⑥ 杜水生．山西陵川塔水河遗址石制品研究［J］．考古与文物，2007（4）．
⑦ 张晓凌，于汇历，高星．黑龙江十八站遗址的新材料与年代［J］．人类学学报，2006（2）．
⑧ 侯亚梅．水洞沟：东西方文化交流的风向标？——兼论华北小石器文化和"石器之路"的假说［J］．第四纪研究，2005（6）．
⑨ 程一凡．中国考古学中的动静异同［J］．中原文物，2004（2）．
⑩ 吴耀利．略论我国新石器时代彩陶的起源［J］．史前研究，1987（2）．

<<< 第一章 中国与世界的早期接触：以彩陶、冶铜术和家培动植物为例

伊朗、乌克兰，直到巴尔干半岛，分布着一条长达一万多公里的"彩陶文化带"①。那么世界各地区彩陶之间，会是什么关系呢？它也会像中国内部各地区的彩陶一样，有着共同的源流关系吗？下面试作分析。

尽管亚欧大陆新石器时代的彩陶遗存形成带状分布，地域上的毗邻关系有助于说明它们之间或许存在源流关系，但还得具备两方面关联，才能坐实这一看法。一方面是彩陶施彩纹饰和观念上的类同；另一方面是各地彩陶出现时间能从空间上排比出时间差，即从起源地到各传播地有一个彩陶渐趋晚出的滞后期。

先看第一个"关联"。在世界各地最早的彩陶中，有两个十分显著的共同特征。一个是彩绘颜料都是以红彩或者以红彩为主；另一个是纹饰上都以围绕器物口沿一周的宽带纹为标志。从而形成了早期彩陶以红宽带纹为主的世界性特征（图1-1）②。在远古人类的思维意识中，红色代表鲜血和生命，其在陶圆器口

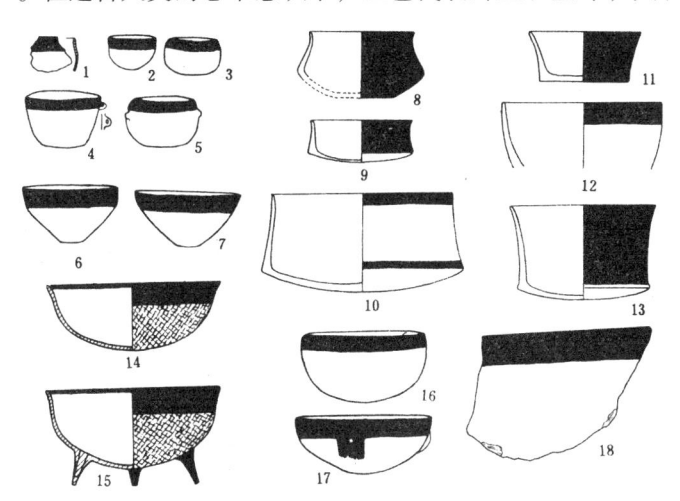

图1-1 世界各地新石器时代红宽带纹彩陶③

1-5. 土耳其麦辛；6、7. 伊朗西亚克；8-13. 伊朗古兰；14、15. 中国白家村；16、17. 希腊奥特扎克；18. 巴拿马莫拉里罗

---

① 王钺，等. 亚欧大陆交流史 [M]. 兰州：兰州大学出版社，2000：19.
② 吴耀利. 我国最早的彩陶在世界早期彩陶中的位置 [J]. 史前研究（辑刊），1988：95-96.
③ 吴耀利. 我国最早的彩陶在世界早期彩陶中的位置 [J]. 史前研究（辑刊），1988：96.

11

沿施一周红宽带纹，体现了早期人类的生殖和再生巫术思想。这种巫术心理和表达方式的同一，将其看作是观念的传播比看作是纯属巧合或心理的一致要更可信得多。

除了最早期彩陶红宽带纹的类同，在彩陶继续发展的中后期，东西方彩陶彩绘纹样的类同不绝如缕。最有名的是安特生将仰韶村、安诺、特里波里三个遗址的彩陶所作的对比（图1-2）。我们可看到，仰韶与安诺在三角纹、网格纹、睫毛纹、联珠纹，仰韶与特里波里在叶脉纹等纹饰上的相似之处。

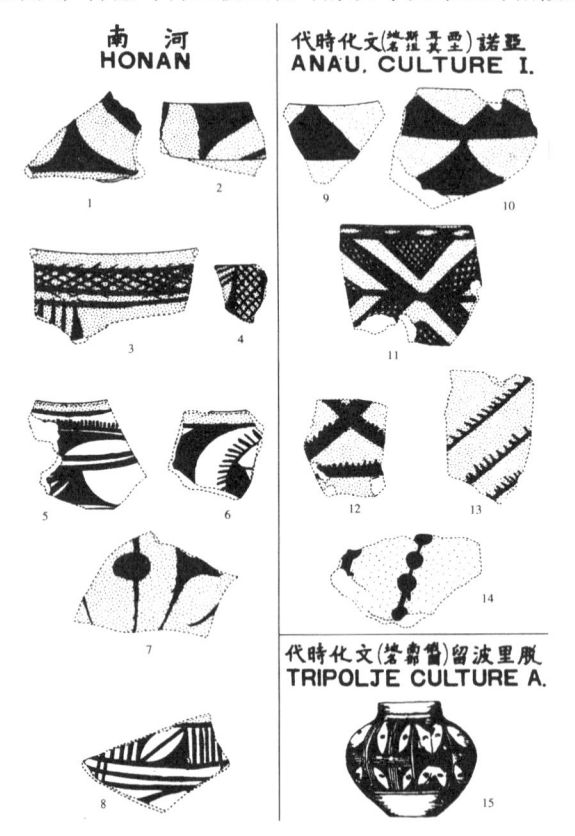

图1-2 河南仰韶、安诺、特里波里三处彩陶比较①
1、2、4、7. 河南仰韶村；3、5、6、8. 其他仰韶文化遗址；9-14. 采自 Hubert Schmidt, "Explorations in Turkestan"；15. 采自 Minns, "Scythians and Greeks".

---

① 安特生. 中华远古之文化 [M]. 袁复礼, 节译. 北京：文物出版社，2011：57.

<<< 第一章 中国与世界的早期接触：以彩陶、冶铜术和家培动植物为例

其他纹饰上的共性还有：东西方都有三角纹排成一排形成的锯齿纹；用两个对顶三角形图案表示动物和人物躯体，有的还在这些动物躯体图案内绘上斜格纹和点纹；还有东西方彩陶中互见的"十"字纹、"卐"字纹、横"S"纹、公牛花纹等纹饰。这些大量的相似纹饰，用巧合来解释是不足以令人信服的，只能考虑它们之间存在源流关系才符合实际。那么，它们之间若有源流关系，谁是源，谁是流呢？

再看第二个"关联"。吴耀利先生为研究中国最早的彩陶在世界早期彩陶中的位置，曾综合排比过世界各地最早彩陶出现的时间，制成一表（表1-1）①，可资借鉴。由此表可知，西亚的伊拉克、伊朗等地彩陶出现最早，可早到公元前6000年，随后是中亚、叙利亚、土耳其、中国、希腊、巴基斯坦、埃及、美洲等地，各地在彩陶出现的时间上，显然存在一个西亚的伊拉克、伊朗等地最

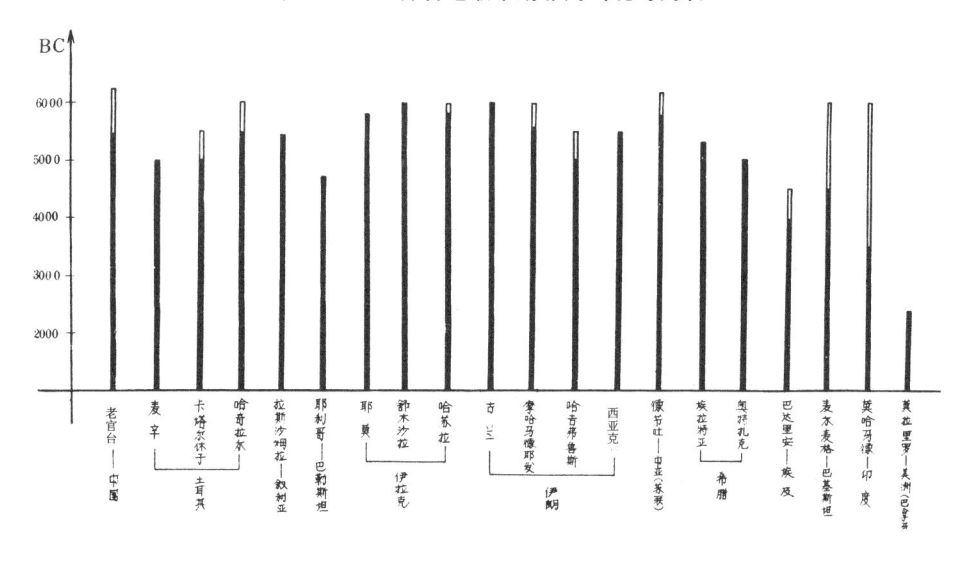

表1-1 世界各地最早期彩陶出现时间表

① 吴耀利. 我国最早的彩陶在世界早期彩陶中的位置[J]. 史前研究（辑刊），1988：95.

早,其他各地则呈现出离两伊之地越远越晚的现象。这种现象加上早期彩陶在颜料、纹饰方面的类同,似乎可理解成世界彩陶是以两伊之地为源头,再向其东、西两侧传播扩散而成。当然,在传播扩散的过程中,彩陶自身会有丰富和发展,由于不断吸收传播线路上的土著文化因子,彩陶纹饰也会得以丰富和变化。

依据表1-1,中国彩陶最早出现于公元前5300年左右,属于老官台文化。这似可解释为,西亚彩陶经过一站站接力传递,大约经过了700年便传到了东亚大陆腹地。

至于传播路径,依据各地彩陶的相似度及存在时间,推定为西亚—中亚—欧亚大草原—中国关中,而不是中外学者一直以来认为或作为反驳彩陶西来靶子的新疆、甘肃"丝绸之路"一线。严文明先生曾著宏文《甘肃彩陶的源流》,证明甘肃彩陶源于关中,其越往西彩陶出现越晚,从而"否定"了"彩陶文化西来说",后来新疆彩陶被证实部分来自甘肃,属时代更晚的青铜时代,再次"坚定"了中国彩陶独立起源的信念。殊不知,西来彩陶根本就不是走的"丝绸之路",而是取道其北边的草原之路,率先到达关中后,再分别向东西两侧传播,向东进入河南、山东,向西进入甘青和新疆。所以我们看到的陕甘新(新疆东部)彩陶越往西越晚,正是它们传自关中的缘故。

依据老官台文化及其后来的仰韶文化彩陶特点,并与西方彩陶比较,可知西来彩陶并不是只东传过一次,而是续有东来,至少在老官台文化和仰韶文化各传来一次,也即是说,以彩陶为标志的中外文化早期接触,有一个持续影响和交流的过程。

三、冶铜技术进入东亚大陆及其本地化

人类发现并利用铜金属始于距今约9000年的安那托利亚地区。约7000年前,人工冶炼的铜制品开始在西亚的两河流域和伊朗高原出现,标志着冶铜术

第一章 中国与世界的早期接触：以彩陶、冶铜术和家培动植物为例

的诞生。在进入真正的锡青铜时代以前，曾有很长一段时间使用红铜和砷铜①。冶铜术在西亚诞生后，像彩陶一样，逐步向四周扩散。李约瑟对冶铜术的发明曾简洁地发表过看法："确实很难令人相信，青铜的冶炼曾经过多次的发明。"②毕安祺（Bishop）曾绘有一幅极圈投影图（图1-3），标示古代世界使用青铜的地区，将其大略分成四区，其出现青铜的顺序是①巴比伦②埃及③印度河流域④早期中国。这是符合离冶铜术和青铜起源地距离越远青铜出现也越晚的文化传播规律的。

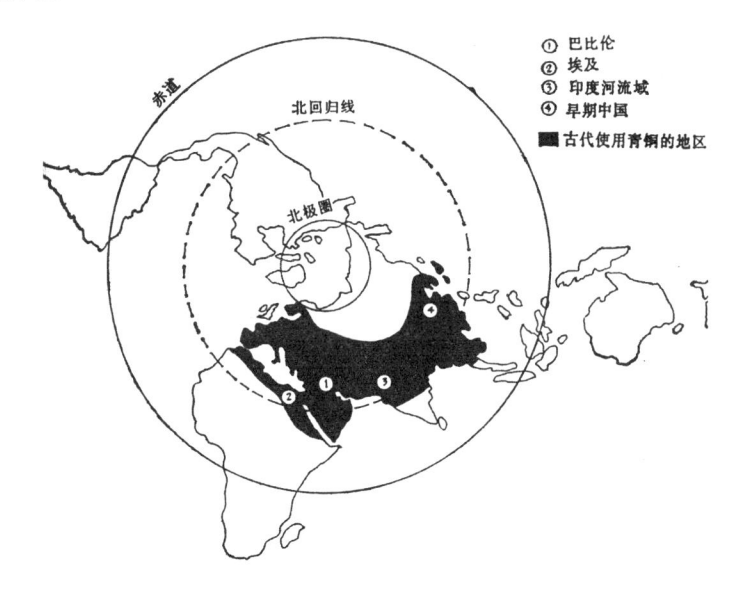

图1-3 古代青铜使用地区极圈投影③

---

① 梅建军. 我们的祖先何时开始使用铜器［J］. 科学画报, 2012 (12); 李水城. 与中原早期冶铜业的区域特征及交互作用［J］. 考古学报, 2005 (3): 239; 华觉明, 等. 世界冶金发展史［M］. 北京: 科学技术文献出版社, 1985: 16.
② 李约瑟. 中国科学技术史: 第一卷［M］. 北京: 科学出版社, 1990: 241.
③ 李约瑟. 中国科学技术史: 第一卷［M］. 北京: 科学出版社, 1990: 95.

15

根据考古发现，中国早期铜器和冶铜遗址集中分布于中国西北、中原、北方和海岱（今山东一带）这四个地区。西北地区发现的铜器达千件以上，为数最多，分布最广；中原地区其次，河南二里头遗址出土早期铜器达数百件之多，并出现了礼器；北方地区排第三，已发现早期铜器将近百件，主要集中在内蒙古地区；海岱地区发现的早期铜器最少，总数为20余件①。综观这些铜器和冶铜遗存发现地点，都位于中国北方，在铜器数量上甘青和新疆所在的西北地区最多，海岱地区最少。中国早期铜器所在的地理位置和数量上的分布特征，符合源自近东经欧亚大草原传播而来这一空间背景。

关于中国早期铜器成分，据研究②，甘青地区的四坝文化和新疆东部的林雅文化、焉不拉克文化经历了如同西方多数古代文明一样的红铜—砷铜—锡青铜发展阶段，中原龙山文化、二里头文化、甘青河湟地区齐家文化是从红铜发展到锡青铜。但在龙山文化晚期和二里头文化中也发现了零星几例砷铜。由此我们发现，中国早期铜器成分特征与西方比较，其发展阶段既有一致之处，也有不一致之处。其一致之处是甘青西部和新疆地区与西方一样，都经历了完整的红铜—砷铜—锡青铜三个发展阶段。它们距西方冶铜术起源中心略近，反映了两者间更紧密的影响关系。其不一致之处是甘青东部和中原地区砷铜器的缺失或微弱。它们距冶铜术起源中心最为遥远，铜器出现时间也最晚。出现这种铜器成分分布特征的合理解释只能是：自西而来的冶铜术，其发展的三个阶段完整影响到中国北方的西部，但越往东，因距离越远，其影响力渐弱，自主性渐强，形成砷铜缺失或微弱影响，代之以红铜—锡青铜的变易发展模式。这正是中国北方中东部铜器发展特点并率先出现新式器类包括青铜礼器的深层原因。

中国早期铜器的种类，基本是各种小件兵器、工具和装饰品。小件兵器有刀、短剑、带銎戈、镞等，工具有匕、锥、透銎斧、铲、矛等，装饰品有耳环、

---

① 梅建军. 我们的祖先何时开始使用铜器 [J]. 科学画报, 2012 (12).
② 李水城. 西北与中原早期冶铜业的区域特征及交互作用 [J]. 考古学报, 2005 (3): 262; 潜伟, 等. 古代砷铜研究综述 [J]. 文物保护与考古科学, 2000 (2): 48–49.

扣、泡、镜、牌等，除带銎戈外，这些铜器都可以在欧亚草原铜器中找到原型。而戈是中国的特产，"銎"则是欧亚草原特质，有銎戈因此是中外两种文化因素的结合。二里头文化晚期出现铜容器爵、斝、盉、鼎，显然是利用冶铜技术对传统陶器的仿制创新。因此由早期铜器的种类特点，可以看出，绝大多数铜器是由域外传来的品类，但也有少数是冶铜术进入东亚大陆后模仿本地陶容器和石器（戈）的创新。

关于冶铜术传入东亚大陆的途径，首先可以排除从新疆到甘肃的这条丝绸之路。因为，最先发现铜器的地方是陇东东乡县的林家遗址，而河西走廊的铜器反倒是从陇东西传而去，甚至传播到新疆东部地区。这种情况类似于彩陶的出现和西传。

根据上述情况，我们认为冶铜术进入中国的首播地是甘肃东部的马家窑文化区，其传播路径是其北边的欧亚草原和蒙古高原。美国学者胡博认为，驰骋于欧亚草原上的阿凡纳谢沃文化、安德罗诺沃文化和塞伊马—图尔比诺文化等族群，都曾经充当过冶铜术东传的媒介者角色①。

我们还要看到，冶铜术进入东亚大陆，并非一锤定音，而是多次断点续传。这跟彩陶传入也非一蹴而就相似。最起码，东亚大陆在马家窑文化、齐家文化、四坝文化、二里头文化等阶段，分别接受过域外冶铜术的洗礼，这也是上述几种考古文化中铜器成分、种类差异的原因之一。

但是，中国北方当时的各文化族群，对于进入本文化的冶铜术，不是照单全收被动接受，而是在自身丰厚文化积淀的基础上，有选择、有创新。二里头文化时出现的泥范模具，更是该文化对冶铜术的重大技术创新。它一改过去的石范不精细、不好浇铸容器的缺点，开启了以后近2000年的中国青铜时代辉煌灿烂的青铜文明。

不惟中国冶铜术自北边的欧亚草原南下而来，即便是东南亚冶铜术，据最

---

① 胡博.齐家与二里头：远距离文化互动的讨论［M］//夏含夷.远方的时习——《古代中国》精选集.上海：上海古籍出版社，2008：11-37.

新研究①，也不是从中国中原经逐步过滤，最后剔除掉中原色彩而形成自身特色的过程，而是在公元前 2000 年左右，以南西伯利亚的塞伊马—图尔比诺文化为源头，而进行的长距离、直接与完全的技术传播。尽管这之间可能是传播路径的中国西部还需要更多的考古发现来支持这一观点，但不妨碍这一观点的提出。这样，我们在以后的考古工作中，会更有方向性和目标。

四、家培动植物绵羊（世系 B）、黄牛、小麦进入东亚大陆及对中华早期文化的影响

家养动物和栽培植物的起源和传播研究，一直是动植物考古研究的热点问题。目前，关于家培动植物绵羊、黄牛和小麦，经过动植物考古和分子考古的分工合作，其研究成果越来越受到学者们的关注和认可。

1. 家绵羊

关于家绵羊的起源传播问题，目前的最新认识是：最早的家绵羊出现于距今 10000 年前的西亚地区②。根据遗传学研究，现代家绵羊存在三个不同的 mtDNA 世系，即世系 A、B、C。世系 A 在东亚地区的频率最高，自东向西呈现逐步递减的趋势。世系 B 恰恰相反，其在欧洲呈现最高的频率，自西向东呈现逐步递减的趋势。世系 C 没有呈现明显的地理分布的趋势③。最近研究又发现两个世系 D 和 E，但数量极少，可能是在三个原有世系基础上产生的新世系④。

经进一步研究，A、B、C 三个世系的分歧时间远远早于绵羊的驯化时间，

---

① 乔伊斯·怀特，等. 东南亚青铜技术起源新论 [J]. 陈玮，译. 南方民族考古，2011 (00)：59-89.
② PETERS J, VN DEN DRIESCH A, HELMER D. The Upper Eurphrates – Tigris Basin: Cradle of Agro – Pastoralism? [M] // VIGEN J D, Helmer D. The First Steps of Animal Domestication. New Archaeological Approaches. Oxbow Books, Oxford, UK. 2005.
③ 蔡大伟，等. 中国绵羊起源的分子考古学研究 [J]. 边疆考古研究，2010 (00)：297.
④ 蔡大伟，孙洋. 中国家养动物起源的古 DNA 研究进展 [J]. 边疆考古研究，2012 (2)：449.

而且历史上经历了群体扩张,这暗示绵羊经历了不止一次驯化事件①。结合中国考古资料、古 DNA 和当代遗传数据,研究者认为在距今4000年前的中国绵羊群体中,存在两个世系 A 和 B,其中世系 A 占有绝对优势,频率高达95.5%,世系 B 仅占4.5%。过去的大量研究已证明世系 B 起源于近东,至于世系 A,根据上述古今地理分布情况,极有可能起源于中国②。

中国考古学遗址中能明确是家绵羊的最早遗存位于距今约5000年属马家窑文化的甘肃天水师赵村墓地和青海民和核桃庄墓地。到距今约4000年,山西、河南等黄河中游地区的多个遗址发现了绵羊的骨骼。这显示出中国早期家绵羊有一个自西向东逐步扩散的过程。而且各遗址出土的绵羊骨骼数量随着时间推移明显增多,显示出饲养规模的扩大③。

因此可以继续推断:在马家窑文化期,某外来人群带着世系 B 绵羊和绵羊驯化技术,来到甘青地区的马家窑文化分布区,在这里他们一方面继续饲养所带来的世系 B 绵羊,同时还着手驯化当地野生世系 A 绵羊,原住民也跟着学会了绵羊驯化和饲养技术,牧羊业逐渐兴盛起来。在当地被驯化的世系 A 绵羊因野生基数大,很快成为家绵羊的主体。随着东西方文化的继续交流,世系 A 绵羊也西传到中西亚和欧洲。根据甘肃和新疆的考古发现,可知世系 B 绵羊与彩陶和冶铜术一样,也是通过北方欧亚草原南下进入甘青地区的。

2. 黄牛

在中国,黄牛是指牦牛和水牛以外的所有家牛,分为普通牛和瘤牛两个种。普通牛通常认为是在11000年前首先驯化于西亚,瘤牛则认为是在印度河谷被

---

① PEDROSA S, UZUN M, ARRANZ J J, et al. Evidence of Three Maternal Lineages in Near Eastern Sheep Supporting Multiple Domestication Events [J]. Proc Biol Sci, 2005, 272 (1577): 2211-2217.
② 蔡大伟,孙洋. 中国家养动物起源的古 DNA 研究进展 [J]. 边疆考古研究,2012 (2): 450.
③ 袁靖. 绵羊和黄牛何时进入中国 [J]. 科学画报,2012 (12): 22.

驯化①。

　　中国境内的黄牛骨骼从距今9500年左右开始在北方出现，并且一直延续下来②。但早期的黄牛明显是野生，真正属驯化黄牛出现于距今4500年新石器时代末期的黄河流域。其证据是：一些遗址出土的全部哺乳动物中，黄牛所占比例都达到一定的范围，且在几个遗址都有数量逐渐增多的过程。这些遗址出土黄牛骨骼尺寸大小，与后来商晚期可以明确是家养黄牛的骨骼测量数据十分接近。这些遗址黄牛的食性分析也显示，黄牛食物以碳四类植物为主，可能是人工栽培植物粟、黍的茎叶③。

　　对现代黄牛群体的mtDNA分析显示，现代普通牛群体中存在5个主要世系T、P、Q、E和R，其中T世系是最为常见的世系，可进一步分为T＊、T1、T2、T3、T4、T5共6个亚系，关于这些亚系的起源，存在两种认识，一种认为全部起源于近东；一种认为T1起源于非洲，T4起源于东北亚，其余起源于近东。其他世系如P可能起源于欧洲北部或中部，R可能起源于意大利半岛，Q仍起源于近东④。

　　吉林大学考古DNA实验室曾对新疆小河、青海长宁、内蒙古大山前3个青铜时代遗址的28个黄牛遗骸进行古DNA分析。结果显示，所有样品都属于普通牛，没有瘤牛。青海样本全部属于T3，内蒙古样本T3、T4世系各占一半。新疆样本保存不好，不能区分T＊和T3，以T＊/T3表示，则T＊/T3占79％，T2

---

① 蔡大伟，孙洋. 中国家养动物起源的古DNA研究进展 [J]. 边疆考古研究，2012（12）：448.
② 袁靖，等. 公元前2500—公元前1500年中原地区动物考古学研究 [M] //中国社会科学院考古研究所考古科技中心. 科技考古：第二辑. 北京：科学出版社，2007：12 - 34.
③ 袁靖. 绵羊和黄牛何时进入中国 [J]. 科学画报，2012（12）：22.
④ 蔡大伟，孙洋. 中国家养动物起源的古DNA研究进展 [J]. 边疆考古研究，2012（2）：448.

占21%①。这个结果说明,青铜时代的中国北方,黄牛世系可能都为起源于近东的 T 世系,则中国早期黄牛乃由起源于近东的 T 世系黄牛东传而来。如果认为 T4 起源于东北亚,则中国早期黄牛除了主体源于近东,也有小部分存在本地驯化现象。

由中国家养黄牛最早期遗址主要分布于甘肃永靖大何庄、秦魏家、河南淮阳平粮台、新密古城寨、禹州瓦店、柘城山台寺等甘东、豫北、豫东的齐家文化、河南龙山文化分布区,推测黄牛进入中国路线仍然是北方的欧亚草原,进入时间比绵羊略晚。

3. 小麦

中国小麦的起源问题,虽然在中国学者中至少有三种不同看法,即西亚传入说、本土起源说和目前还不能下结论说,但主流观点已聚焦于西亚传入说②。至于传入的时间、地点和路径,笔者曾撰文作过探讨③,认为中国小麦是通过欧亚草原通道,分别于仰韶文化末期和龙山时代,分头进入中国的甘陕地区和山东地区。且认为小麦携带者也同时带来了冶铜术,这便是甘陕和山东地区冶铜术突然出现的原因。

4. 世系 B 绵羊、黄牛和小麦给中华早期文化带来的积极影响

绵羊(世系 B)、黄牛、小麦纷纷进入中国,给中华早期文明带来了积极影响。

首先是生业方式的改变。随同绵羊、黄牛而来的还有动物驯养术、畜牧技术和畜牧、游牧的生业方式。中国北方长城地带在新石器时代晚期还是农业地

---

① 蔡大伟,等. 中国北方地区三个青铜时代遗址黄牛遗骸分子考古学研究[M]//中国社会科学院考古研究所科技考古中心. 科技考古:第三辑. 北京:科学出版社,2011:106-111.
② 董玉琛,郑殿升. 中国小麦遗传资源[M]. 北京:中国农业出版社,2000:68.
③ 宋亦箫. 小麦最先入华的两地点考论[J]. 华夏考古,2016(2). 又见本书第二章。

带,其后逐渐向畜牧、游牧经济转化,到战国时期,已形成纯然的游牧文化带①。过去认为这种转变的主因是大约距今4300年的突然降温事件②,降温使中国北方长城地带的气候开始由温湿转向干冷,变得不适于农业种植,而适合发展牧业。但我们认为气候变化只是原因的一个方面,更主要原因还是外来的绵羊、黄牛和畜牧技术,这两方面的合力才是中国北方长城地带游牧文化带形成的原因。

游牧业在中国北方的出现,深刻地影响了中国古代文化的兴衰演替,从此,古代中国一直保持着北方牧业、南方农业的二元生业经济模式。

其次,绵羊和黄牛在中国的出现,除了可以丰富当时人的肉食种类,提供绵羊、黄牛的次级产品外,还在祭祀礼仪方面发挥了重大作用。从距今9000年开始,在相当长的时间里,中国各地的众多遗址里可见到不少使用猪进行祭祀、随葬的实例,也有的是用狗。但到了距今4000年左右的遗址里,用牛和羊进行祭祀随葬的现象开始出现并越来越多,到商代形成"太牢"和"少牢"两种高规格的祭礼形式③。太牢是牛、羊、豕三牲齐备,用于王一级的祭祀,少牢只用羊和豕,用于卿大夫一级的祭祀。可以看出,牛、羊变成了中华文明起源和早期发展阶段的重要牺牲,后来居上,其地位已超过猪和狗。

最后,小麦自仰韶文化末期和龙山时代进入中国北方后,以甘陕和山东两地为传播中心,由北向南,经过长时间的摸爬滚打和种植技术、食用方式的改良,终于在华夏立足,乃至喧宾夺主,取得一谷之下百谷之上的地位。小麦这位外来户和后来者,在扩张的过程中排挤掉了中国本土原有的一些粮食作物,如麻、菽等,也改变了中国人尤其是北方人的饮食习惯,形成了北方面食,南方饭稻的二元格局,强烈地影响到中国人特别是北方人的体格发育和饮食文化。

---

① 林沄. 中国北方长城地带游牧文化带的形成过程 [J]. 燕京学报,2003(14):96,133.
② 林沄. 中国北方长城地带游牧文化带的形成过程 [J]. 燕京学报,2003(14):102-103.
③ 袁靖. 绵羊和黄牛何时进入中国 [J]. 科学画报,2012(12):23.

五、小结

中国与世界的早期接触，可以追溯到极早期的旧石器时代晚期。水洞沟文化及其石器制作技术——勒瓦娄哇技术，成为最早期东西方文化交流的风向标。其后，历经新石器时代中晚期和青铜时代，早期中国与域外的接触持久而活跃。彩陶、冶铜术、家培动植物绵羊（世系B）、黄牛和小麦等文化因素，成为中外早期接触的最醒目标志，这些文化因子进入中国后，深刻影响了中华早期文化的发展和文明的形成。

中外早期接触的通道，在欧亚草原，正是通过它，遥远的中西亚与中国北方的陕甘宁地区、内蒙古以及海岱地区出现了持久的联系和交流。而历史时期形成的"丝绸之路"，只是到了青铜时代才渐有沟通，张骞通西域后才完善巩固，逐渐取代草原之路沟通东西的地位。这正是彩陶、冶铜术、家培动植物绵羊（世系B）、黄牛、小麦等最先进入的是陕甘宁地区、内蒙古地区和海岱地区，而不是新疆和河西走廊的根本原因。

原载《吐鲁番学研究》2015年第2期

第二章

小麦最先入华的两地点考论

本章提要：本章通过对中国早期小麦遗存的时空分析，认为起源于西亚的小麦于仰韶时代末期和龙山时代分别从甘陕和山东两地进入中国。文章还分析了"华""来（莱）""麰""穬"等与小麦相关的文字，对上述观点作了有益的旁证和补证。文章也顺便指出，携带小麦东来者同时也带来了以青铜器为代表的冶金术。

关于中国普通小麦的来源，出现过本土起源说①、西亚传入说②和"目前尚

---

① 李璠．中国栽培植物发展史［M］．北京：科学出版社，1984：37；张佩琪．小麦的起源与华胥氏——中华文明的摇篮与白家文化［J］．农业考古，1993（3）；曹隆恭．关于中国小麦的起源问题［J］．农业考古，1983（1）；陈恩志．中国六倍体普通小麦独立起源说［J］．农业考古，1989（1）；李永先．莱人培育小麦考［J］．东岳论丛，2007（4）．
② 何炳棣．黄土与中国农业的起源［M］．香港：香港中文大学出版社，1969：160-166；何炳棣．中国农业的本土起源（续）［J］．农业考古，1985（2）；日知．关于新石器革命［M］//北京大学历史系，等．世界古代史论丛：第一集．北京：生活·读书·新知三联书店，1982：234-245；张波．西北农牧史［M］．西安：陕西科学技术出版社，1989；徐乃瑜．小麦的分类、起源与进化［J］．武汉植物学研究，1988，6（2）；李裕．中国小麦起源与远古中外文化交流［J］．中国文化研究，1997，秋之卷；李水城．从考古发现年公元前二千年东西文化的碰撞和交流［J］．新疆文物，1999（1）；董玉琛，郑殿升．中国小麦遗传资源［M］．北京：中国农业出版社，2000：68；曾雄生．论小麦在古代中国之扩张［J］．中国饮食文化，2005，1（1）；曹亚萍．小麦的起源、进化与中国小麦遗传资源［J］．小麦研究，2008，29（3）；冯时．商代麦作考［M］．东亚古物：A卷，北京：文物出版社，2004：212-223；赵志军．小麦东传与欧亚草原通道［M］．三代考古（三），科学出版社，2009：456-459．

不能下结论"① 三种观点。经过近十多年的深化研究,特别是考古发现和生物遗传学、分子生物学等研究手段的综合运用,形成了最有说服力的结论:中国普通小麦来源于世界小麦起源中心——西亚。中国则是普通小麦的变异中心和次生起源中心②。本章采信中国普通小麦西亚传入说,但在最先传入中国的地点上,却不赞同那些认为最先传入地是新疆的传统观点③,也不认为最先传入中国仅有一地,然后再向四方扩散。提出普通小麦是从两地分别进入中国的观点。这两地是黄河上游的甘陕地区、黄河下游的山东地区。下面试作分析。

一、中国早期小麦遗存的时空分析

本章所说中国早期小麦遗存中的"早期",是指考古学上的仰韶时代末期及龙山时代以迄夏商周时期。这一阶段正是普通小麦在中国开始出现并缓慢发展的时期,分析此阶段的小麦遗存时空分布特点,最能说明普通小麦进入中国的时间和地点。

有关中国早期小麦遗存的考古发现,已有学者作过较系统的搜集整理④,为我们探讨中国早期小麦遗存时空分布特点打下了基础。该文搜集到了21处⑤中国早期小麦遗存,其中有3处属非正式报告材料和未经专业人员鉴定,不作为本章的分析数据,故能够作为时空分析数据的只有18处,再加上此文遗漏的

---

① 任式楠.中国史前农业的发生与发展 [M] //任式楠.任式楠文集.上海:上海辞书出版社,2005:405;靳桂云.中国早期小麦的考古发现与研究 [J].农业考古,2007 (4);陈雪香.也谈我国上古时期的小麦——兼与李永先先生商榷 [J].东岳论丛,2009,30 (6).
② 董玉琛,郑殿升.中国小麦遗传资源 [M].北京:中国农业出版社,2000:68.
③ 中国学界持中国普通小麦西亚传入说的学者,在传入地上基本上都认为是新疆,也没有看到他们经过多少论证,似乎从新疆进入中国是天经地义的。只是近年来,赵志军在大力推广浮选法时发现山东地区龙山时代小麦遗存超出想象地多了起来,且存在小麦遗存东早西晚的现象,才开始考虑小麦东传路线更可能是经欧亚草原、蒙古高原、长城沿线,然后到达黄河中下游。
④ 靳桂云.中国早期小麦的考古发现与研究 [J].农业考古,2007 (4).
⑤ 该文表一共列举了21处早期小麦遗存,第21处实际上是综述了8处遗存,有5处与前20处重合,二里头遗址在该表中列为二处,实为一处。经笔者重新梳理,应为22处。另表中新疆五堡墓地是青稞,也可从小麦遗存中排除,如此,实有21处。

新疆若羌小河①、巴里坤兰州湾子②、东黑沟③、石人子乡④及新近发现或公布的河南禹州瓦店⑤、博爱西金城⑥、山东日照六甲庄⑦、济南唐冶⑧、滕州孟庄⑨、济南张沟⑩等10处小麦遗存,到目前为止,共有28处早期小麦遗存可供我们作时空分析见表2-1。

表2-1 中国早期小麦遗存时空分布表

序号	遗址名称	遗存特征	地理位置	距今年代	考古学年代	区域
1	赵家庄	炭化小麦大麦谷子	山东胶州	4600—4300	龙山时代	山东地区
2	两城镇	炭化小麦谷子水稻	山东日照	4600—4200		
3	六甲庄	炭化小麦粒	山东日照	4600—4000		
4	教场铺	炭化小麦谷子水稻	山东茌平	4400—4000		
5	大辛庄	炭化谷子黍子小麦	山东济南	3500—3200	夏商周时期	
6	唐冶	炭化小麦	山东济南	周代		
7	孟庄	小麦植硅体	山东滕州	春秋时期		
8	张沟	小麦植硅体	山东济南	春秋时期		

---

① 新疆文物考古研究所.2003年罗布泊小河墓地发掘简报[J].新疆文物,2007(1).
② 王炳华,等.巴里坤县兰州湾子三千年前石构建筑遗址[M].中国考古学年鉴(1985年),北京:文物出版社,1985:255.
③ 新疆文物考古研究所,等.新疆巴里坤县东黑沟遗址2006—2007年发掘简报[J].考古,2009(1).
④ 吴震.新疆东部的几处新石器时代遗址[J].考古,1964(7).
⑤ 刘昶,方燕明.河南禹州瓦店遗址出土植物遗存分析[J].南方文物,2010(4).
⑥ 王青,王良智.河南博爱西金城遗址发掘取得重要成果[J].中国文物报,2008-01-23.
⑦ 赵志军.小麦东传与欧亚草原通道[M].三代考古(三),科学出版社,2009:457.
⑧ 赵敏,陈雪香,等.山东省济南市唐冶遗址浮选结果分析[J].南方文物,2008(2).
⑨ 靳桂云.山东先秦考古遗址植硅体分析与研究(1997—2003)[M]//栾丰实,等.海岱地区早期农业和人类学研究.北京:科学出版社,2008:20-40.
⑩ 靳桂云.山东先秦考古遗址植硅体分析与研究(1997—2003)[M]//栾丰实,等.海岱地区早期农业和人类学研究.北京:科学出版社,2008:20-40.

续表

序号	遗址名称	遗存特征	地理位置	距今年代	考古学年代	区域
9	瓦店	炭化粟黍稻小麦	河南禹州	龙山晚期	龙山时代	中原地区
10	西金城	炭化小麦粒	河南博爱	龙山晚期		
11	新砦	炭化小麦	河南新密	夏代早期	夏商周时期	
12	皂角树	小麦大麦	河南洛阳	二里头文化		
13	二里头	陶尊残片上麦穗纹	河南偃师	3610—3555		
14	王城岗	炭化小麦	河南登封	二里头文化		
15	偃师商城	炭化小麦	河南偃师	商代早期		
16	殷墟	炭化小麦	河南安阳	商代晚期		
17	钓鱼台	炭化小麦	安徽亳县	西周		
18	东灰山	炭化小麦和大麦	甘肃民乐	5000—4500①	仰韶时代末期——龙山时代	西北地区
19	西山坪	炭化小麦	甘肃天水	4600		
20	赵家来	炭化小麦秆	陕西武功	4400—4000		
21	周原	炭化小麦	陕西岐山	龙山文化		
22	小河	炭化小麦	新疆若羌	4000—3300	夏商周时期	
23	古墓沟	炭化小麦	新疆若羌	4000—3300		
24	东黑沟	炭化小麦	新疆巴里坤	3500—3000		
25	兰州湾子	炭化小麦	新疆巴里坤	3200—3000		
26	石人子乡	炭化小麦	新疆巴里坤	3500—3300		
27	丰台	炭化小麦、大麦	青海互助	卡约文化		
28	昌果沟	青稞、小麦和谷子	西藏贡嘎	3370		

① 李水城，莫多闻．东灰山遗址炭化小麦年代考［J］．考古与文物，2004（6）．

先看仰韶时代末期至龙山时代。山东地区发现了 4 处，属龙山时代遗存。分别是胶州赵家庄①、日照两城镇②、日照六甲庄、茌平教场铺③。这 4 个遗址经过系统浮选，全部发现了炭化小麦，占浮选遗址的 100%④。由此推测，其他未经浮选的本地区龙山时代遗址，不排除有相当部分遗存也存在炭化小麦的可能性。

中原地区发现了 2 处龙山时代小麦遗存，分别是河南博爱西金城和禹州瓦店。西金城小麦遗存信息见于中国文物报中的简讯，被称是首次在河南境内龙山文化遗址中发现的小麦遗存，但未交代发现的数量及是否是当地种植。瓦店遗址经过了系统浮选，发现五种农作物遗存，炭化小麦发现 8 颗，出土概率为 4.32%，比其他四种农作物粟、黍、稻谷和大豆明显偏少。故浮选和研究人员认为瓦店龙山时代是否已种植小麦还有待进一步证实（即不排除从他处得来）。从时间上看，这 2 处小麦遗存均属于龙山时代晚期⑤，略晚于它东西两侧的山东和甘陕地区小麦遗存出现时间。

西北地区已发现 4 处仰韶时代末期至龙山时代小麦遗存，分别是甘肃民乐

---

① 赵志军. 小麦东传与欧亚草原通道 [M]. 三代考古（三），科学出版社，2009：457.
② 凯利·克劳福德，赵志军，等. 山东日照市两城镇遗址龙山文化植物遗存的初步分析 [M] //栾丰实. 两城镇遗址研究. 北京：文物出版社，2009：273.
③ 赵志军. 两城镇与教场铺龙山时代农业生产特点的对比分析 [M] //栾丰实. 两城镇遗址研究. 北京：文物出版社，2009：291.
④ 靳桂云. 中国早期小麦的考古发现与研究 [J]. 农业考古，2007（4）. 按靳的说法，山东已发掘的 100 多个新石器时代遗址，也仅有这 4 个经过了系统浮选。
⑤ 刘昶，方燕明. 河南禹州瓦店遗址出土植物遗存分析 [J]. 南方文物，2010（4）；王青，王良智. 河南博爱西金城遗址发掘取得重要成果 [N]. 中国文物报，2008-01-23.

东灰山①、甘肃天水西山坪②、陕西岐山周原③和陕西武功赵家来④。

再看夏商周时期。山东地区已发现有 4 处小麦遗存，分别是山东济南大辛庄、济南唐冶、滕州孟庄、济南张沟。前两个遗址小麦遗存乃植物浮选所得，后二者是遗址土样植硅体分析所得⑤。

中原地区已发现有 7 处小麦遗存，与龙山时代相比有大幅度增加。这 7 处分别是河南新密新砦⑥、洛阳皂角树⑦、偃师二里头⑧、登封王城岗⑨、偃师商城⑩、安阳殷墟⑪、安徽亳县钓鱼台⑫。

西北地区也发现有 7 处夏商周时期小麦遗存，分别是新疆若羌小河、若羌

---

① 李璠，等. 甘肃省民乐县东灰山新石器遗址出土农业遗存新发现 [J]. 农业考古，1989（1）；甘肃省文物考古研究所，等. 民乐东灰山考古——四坝文化墓地的揭示与研究 [M]. 北京：科学出版社，1998：140；李水城，莫多闻. 东灰山遗址炭化小麦年代考 [J]. 考古与文物，2004（6）.
② 李小强，等. 考古生物指标记录的中国西北地区 5000aBP 水稻遗存 [J]. 科学通报，2007，52（6）：673-678.
③ 周原考古队. 周原遗址（王家嘴地点）尝试性浮选及初步结果分析 [J]. 文物，2004（10）.
④ 黄石林. 陕西龙山文化遗址出土小麦（秆）[J]. 农业考古，1991（1）.
⑤ 靳桂云. 山东先秦考古遗址硅体分析与研究（1997—2003）[M]//栾丰实，等. 海岱地区早期农业和人类学研究. 北京：科学出版社，2008：20-40.
⑥ 北京大学考古文博院，等. 河南新密市新砦遗址 1999 年试掘简报 [J]. 华夏考古，2000（4）.
⑦ 洛阳市文物工作队. 洛阳皂角树——1992—1993 年洛阳皂角树二里头文化聚落遗址发掘报告 [M]. 北京：科学出版社，2002：52、75、81.
⑧ 中国社会科学院考古研究所. 中国考古学：夏商卷 [M]. 北京：中国社会科学出版社，2003：107.
⑨ 赵志军，等. 登封王城岗遗址浮选结果及分析 [J]. 华夏考古，2007（2）.
⑩ 靳桂云. 中国早期小麦的考古发现与研究 [J]. 农业考古，2007（4）.
⑪ 中国社会科学院考古研究所. 中国考古学：夏商卷 [M]. 北京：中国社会科学出版社，2003：372.
⑫ 陈文华. 漫谈出土文物中的古代农作物 [J]. 农业考古，1990（2）.

古墓沟①、巴里坤东黑沟、兰州湾子、石人子乡、青海互助丰台②、西藏贡嘎昌果沟③。

综上，中国普通小麦首先出现于黄河流域的仰韶时代末期及龙山时代。从目前已知的考古发现看，甘陕地区和山东地区分布要广于中原，时间上也早于中原。如果我们认为中国普通小麦是先落户中国西北甚至是新疆再向东南传播，那就应该是越往东往南，出现小麦的时间愈晚。但事实上，甘陕地区仰韶时代末期就出现了小麦，而新疆至今未发现龙山时代的小麦，到了夏商周时期才开始出现。西北地区，小麦遗存表现出来的是东早西晚的现象。山东地区龙山时代几乎与甘陕地区同时或略晚出现了小麦却明显早于"传播线路"上的中原。这只有两种"可能"。第一种是目前我们尚未发现中原地区更早更多的小麦遗存；第二种是山东地区的早期小麦，本就不是通过中原地区传自中国西北，而是另有来源（当然它也绝非本地起源）。第一种"可能"正是目前一些学者的心理预期。但细细分析，这种"可能"是不太可能的。其一，小麦这种外来作物进入中国北方并普及开来，经历了一个漫长的适应过程。直到西汉，关中仍是"俗不好种麦"④，此时距陕西赵家来、周原等地龙山时代的小麦已相隔两千余年。关中地区经过两千余年尚未普及小麦种植，我们能指望它在同时或稍后迅速通过中原传播到山东并普及开来？其二，据文献分析，汉代以前，中国普通小麦的主产区在东方的齐鲁大地⑤，而不是西边的中原和关中地区。自战国开始，小麦主产区才由黄河下游向中游扩展⑥。如《逸周书》云："麦居东方"；

---

① 新疆社会科学院考古研究所. 孔雀河古墓沟发掘及其初步研究 [J]. 新疆社会科学, 1983（1）.
② 中国社科院考古研究所, 等. 青海互助丰台卡约文化遗址浮选结果分析报告 [J]. 考古与文物, 2004（2）.
③ 傅大雄. 西藏昌果沟遗址新石器时代农作物遗存的发现、鉴定与研究 [J]. 考古, 2001（3）.
④ 施丁. 汉书新注：卷二十四上, 食货志第四上 [M]. 西安：三秦出版社, 1994：792.
⑤ 曾雄生. 论小麦在古代中国之扩张 [J]. 中国饮食文化, 2005, 1（1）：103-106.
⑥ 杨宽. 冬小麦在我国历史上何时开始大面积种植 [N]. 文汇报, 1961-02-21；何炳棣. 黄土与中国农业的起源 [M]. 香港：香港中文大学出版社, 1969：164-165.

《范子计然》曰："东方多麦"；《黄帝内经·素问》云："东方青色，其谷麦"；《淮南子·地形》云："东方川谷之所注……宜麦"等等。其三，近年来作为"中华文明探源工程（一）"子课题的"2500BC–1500BC中原地区经济技术发展状况及其与文明演进关系研究"，组织和资助了中原先秦植物考古学研究，其结论也给了我们有力的支持。这项研究选取了陶寺、新砦、二里头、王城岗四个遗址，获取了大量植物遗存，其中包括有粟、黍、稻谷、小麦和大豆五种农作物遗存，经过植物考古学的分析，发现在公元前2500~前1500年期间，中原地区的农业经济在整体上仍然延续着古代中国北方旱作农业的传统，即以种植粟和黍两种小米为主。同时也出现了一些新的变化：在龙山时代，稻作已相当普及，大豆成为农作物品种，中原农作物布局开始趋向复杂化；二里头时期，稻谷在当时人们生活中的地位日趋重要，小麦开始传入中原地区的核心地带；二里岗时期，小麦的种植规模和在农业生产中的地位明显提高，中原农业种植制度开始逐步由依赖粟类作物向以种植小麦为主的方向转化[①]。由以上三点，可以预计，指望中原地区会发现更多的龙山时代小麦遗存怕是指望不上了。如此，第二种"可能"就变成了唯一的结论：黄河下游龙山时代的小麦也是由域外直接传来。如果在环渤海地区找不到更早的小麦遗存的话，就只好把探索的目光投向东南海域，考虑它们是从海路而来了。下面试对中国早期小麦最先入华的两地点作具体解析。

二、小麦最先入华的两地点的提出及解析

我们认为，普通小麦是从两个地方分别进入中国的。这两地是甘陕地区和山东地区。进入时间分别是距今5000~4500年和距今4600~4300年，前者属中国考古学上的仰韶时代末期，后者处于中国考古学上的龙山时代。

长期以来，在持小麦西亚传入说的学者中，都程度不等地认为小麦是沿着

[①] 赵志军. 公元前2500年—公元前1500年中原地区农业经济研究[M]//中国社会科学院考古研究所考古科技中心. 科技考古：第二辑. 北京：科学出版社，2007：1–11.

丝绸之路由新疆、河西走廊逐步进入中原腹地的①。似乎不如此就不合乎逻辑。笔者已论证过从域外传来的冶金术最先出现于甘宁青地区，然后再分别向东西传播进入中原和新疆东部②。无独有偶，冶金术如此，小麦也可以是这样。冶金术进入甘宁青地区的线路也应是小麦进入此地的线路。甚至，它们还有可能本就是一群人一起带来的呢。因此，新疆东部大量发现的夏商周时期小麦既可能是自新疆西部东来，也可能是自甘陕越河西走廊西去，但绝对不是很多人所想象的甘陕小麦乃从新疆越河西走廊东来。

我们认为山东地区龙山时代出现的小麦，不是从西边的中原传来而是另有来源。这个来源不外乎环渤海的陆路和山东所面临的渤海黄海海路。首先值得探索的是陆上线路，京津冀便成为最大的"怀疑"对象，但除了河北西北部有一带"来"字的"怀来"县名，中部有两个带"涞"字的"涞源""涞水"县名（关于"来"的本义是小麦，见后文分析），使我们保留对该地可能存在早期小麦遗存的悬念外，至今这些地区并未有早于山东地区的小麦遗存见诸报道。另一个可能路径也不能忽视，即海上民族乘船登陆山东半岛。有人或许会问，倘若这个携带有小麦的人群经印度太平两洋东来，为什么不在距离更近的东南亚群岛或广州等地登陆而偏偏舍近求远呢？这里试作分析：预设前提是这群人是首航东方，前路未知，那就只能是在洋流和海风的驱使下送到哪里算哪里。他们最终到了山东而不是别处无非就是洋流和海风作用下的历史偶然。举一个求法高僧法显的例子予以佐证。法显是东晋人，西行印度求法，去时走的是陆上丝绸之路，归程改走海路。目的地是广州，但遇黑风暴雨，领航员看不准方向，结果误航到今山东即墨崂山登陆③。时代晚且有明确目的地的航行都可能

---

① 只在最近看到过赵志军对此路线提出质疑，怀疑更可能是通过欧亚草原通道传入，但在传入地上，他只考虑到山东一地。另靳桂云曾对龙山时代陕甘地区与山东地区的小麦会否没有关联提出过疑惑。

② 宋亦箫. 青铜时代的东西文化交流——以新疆东部为中心的考察 [M]. 北京：中国社会科学出版社，2019：289－292.

③ 法显. 佛国记 [M]. 重庆：重庆出版社，2008：194－200.

>>> 第二章 小麦最先入华的两地点考论

如此,早期人类驾船技术粗简且没有明确目的地的航行就更不能拿常理去度量了。

从文字上分析"华""来(莱)""麰""穬"等字形体和本义,及历史上存在过和保留至今天的甘陕、山东地区的带"华""莱"的地名,也是论证小麦入华的最初两地观点的一个很好的旁证(图2-1)。

图2-1 华、来、麦的古文字形体①

先看"华"。其繁体为"華",生活原型却是"麦"②。山东泰安大汶口遗址75号墓出土的灰陶背壶上写有一个字,形如" ",唐兰释为" "(音虎),与"华"音形相近③。赵诚则认为这正是甲骨文"华"的造型④。而我们看甲金文的"华"字,麦的形象直观可信。如前面二位文字学家的论证成立,则山东地区出现小麦的证迹可提前到大汶口文化时期。与山东地区相比,陕甘地区与"华"关联的古迹和今迹更多。陕西蓝田有个华胥镇和华胥陵,镇因被誉为华夏之母的"华胥氏"得名,陵则为纪念华胥氏而修。华胥氏虽为上古传说,但无风不起浪,或许我们难证其人,但有那么一个族群的活动则是可以相信的。而考较一下华、胥二字的含义就更有意思。"华"的原形为"麦"前面

---

① 薛俊武. 汉字揆初:第一集[M]. 西安:三秦出版社,2005:19.
② 薛俊武. 汉字揆初:第一集[M]. 西安:三秦出版社,2005:19.
③ 唐兰. 中国奴隶制社会的上限远在五六千年前[C]//山东大学历史系考古教研室. 大汶口文化讨论文集. 济南:齐鲁书社,1981:125-126;薛俊武:汉字揆初:第一集[M]. 西安:三秦出版社,2005:18.
④ 薛俊武. 汉字揆初:第一集[M]. 西安:三秦出版社,2005:19.

已述,"胥"字即"糈",是后起的"糈"的本字。《说文》:"糈,精米也",《楚辞·离骚》:"巫咸将夕降兮,怀椒糈而要之。"王逸注:"糈,精米,所以享神。"看来"糈"不仅精,而且有所专用。《山海经》有多处说到"糈用秾米""糈用稷米""糈用稻米",讲的就是祀神的精米要用什么米。"华""胥"结合起来,便可将"华胥氏"解释为"以麦为精米以供神的族群",其重麦种麦的族群特性便显露了出来。如果说上古传说和文献还不足证,那就再看看今天仍存在于关中、陇东、陕南众多的带"华"字的地名吧。关中有华山、华县、华阴县、华清池,均集中于渭水流域一线;陇东有华池县、华亭县等;陕南则有一个华阳镇。如此一个"华华"世界,不应该是偶然的巧合,而应看作是历史的某种关联。恰巧,"华"字遍布的这一大块区域,也正是考古发现中国最早的小麦遗存集中的区域。所以这不是"巧合",是"暗合"。

再看"来"。"来"的本义是"麦"[1],这个迨无疑义。因"麦"乃"天所来也,故为行来之来"[2]。这里揭示了"来"之所以有行来之义,是因为"麦"乃"天外来物"(当时粟作农业群落不知道麦从何处突然而来,就说成是天降神赐的瑞物)之故。此语其实也证实了小麦确实乃域外传来之物。"莱"则是"来"用作行来之"来"后增补偏旁以示区别,仍指小麦及小麦的枝叶。如《周礼·遂人》中的用例:"上地夫一廛,田百亩,莱五十亩",说的就是种麦的地质、面积与产量的比例关系。

山东地区有着众多的带"莱"字的古族名国名地名,今天仍通行于世的带"莱"字地名水名则更多。古族名如夏商时期的"莱夷",古国名如商周时期的"莱子国",古地名如"莱牟"。今名有莱州、莱阳、莱西、蓬莱、莱芜、石莱、莱水、胶莱河,等等。真是"莱"声一片。原因只能从山东地区有既早且深厚的小麦种植

---

[1] 许慎,段玉裁. 说文解字注[M]. 郑州:中州古籍出版社,2006:231;谷衍奎. 汉字源流字典[M]. 北京:华夏出版社,2003:258.
[2] 许慎,段玉裁. 说文解字注[M]. 郑州:中州古籍出版社,2006:231.

背景去考虑。说到山东,顺便讲讲齐鲁之"齐",竟也与麦有关。《说文》:"齐,禾麦吐穗。上平也,象形。"① 就是说"齐"是小麦吐穗时上面齐平的象形。山东地区的这些"麦"痕,正是小麦传入中土并在此首先发展壮大的表现。当然,外来文化因素通常总会不只一样出现在传入地,山东地区龙山时代已经发现的数处铜器遗存,过去不好理解为何时间比中原还略早,现如果将它们与外来的小麦合并考虑,就可解了。这也正是赵志军讲到的一些外来文化因素"可能是捆绑在一起向外传播的",称作"文化包裹"之意②。

继续讨论"莱"字。"莱有各种不同写法,如列、连、赖、烈、丽,同音声转,俱为一事"③,王献唐先生就曾言"神农肇迹烈山……即今陕西之丽山也,字亦作骊"④。如此,则甘陕地区呼为"莱"字同音声转的地名也颇有一些。如蓝(兰)田可视作"莱田",骊山就是"莱山",兰州即是"莱州"。再辐射到周边地区,晋东南的兰水即莱水,鄂北的厉山即莱山⑤。这些留存至今的众多带"莱"(或同音声转)地名,多位于陇东及渭河平原,与已知的甘陕地区仰韶时代末期至龙山时代小麦遗存地域重合,与上文讨论到的带"华"地名一样,不应是巧合,是一种暗合。

还有两个字"釐""穑",也值得一辨。"釐"取象于人左手执"来",右手持刀,收割麦子之状。今陕西武功西南,就曾有一古县名釐县⑥。穑的本字是"啬",甲骨文中该字有一个演变顺序:䎛——䎛——啬⑦,这一方面反映了中国古代农业从早期的禾黍收集于田到后来的禾麦储积于廪的演变过程,另一方

---

① 许慎,段玉裁. 说文解字注 [M]. 郑州:中州古籍出版社,2006:317.
② 赵志军. 小麦东传与欧亚草原通道 [M]. 三代考古(三),科学出版社,2009:459.
③ 张佩琪. 小麦的起源与华胥氏——中华文明的摇篮与白家文化 [J]. 农业考古,1993(3):177.
④ 王献唐. 炎黄氏族文化考 [M]. 济南:齐鲁出版社,1985:14.
⑤ 张佩琪. 小麦的起源与华胥氏——中华文明的摇篮与白家文化 [J]. 农业考古,1993(3).
⑥ 张永言. 古汉语字典 [M]. 成都:巴蜀书社,2003:348.
⑦ 李裕. 中国小麦起源与远古中外文化交流 [J]. 中国文化研究,1997,秋之卷(17):50.

面也刻画出了中国北方原始农业中小麦这个后来者从无到有到占据主体地位的历史轨迹。

三、待解决的问题

我们虽提出了外来小麦分别在中国的甘陕和山东地区落地生根再向四周扩展的新观点，也提出了它们来到两地的可能路线①，但毕竟还缺乏沿途的考古材料证据，只有这一点也解决了，才能环环相扣无懈可击。我们寄希望于将来能在上述沿途线路上开展相关考古发掘和研究。我想，有这种预期目标的考古活动与毫无目的的工作是会有区别的。

四、小结

起源于西亚的小麦在仰韶时代末期和龙山时代传播到了中国。在约略相近的时间，它们被分别带到了甘陕和山东地区，以这两地为中心，小麦先在黄河流域传播，然后又继续传播到西北的青海、新疆、西藏等地和以长江流域为中心的广大南方。分别传入甘陕和山东地区的小麦，其发展并不平衡：西边的甘陕直到西汉仍有"关中俗不好种麦"的现象，而汉代以前的山东地区，却是中国小麦的主产区，留下"东方多麦"的名言。这应跟两地的地理环境及小麦的适应性有关。

小麦这位外来户和后来者，经过长时间的摸爬滚打和种植技术、食用方式的改良，终于在华夏立足，乃至喧宾夺主，取得一谷之下百谷之上的地位。

东来的小麦并非独行客。携带者同时也带来了以青铜器为代表的冶金术。这就是中国先秦考古中小麦和冶金术在甘陕和山东突然出现的原因。

原载《华夏考古》2016 年第 2 期

---

① 到达甘陕的路线为欧亚草原通道，经蒙古高原西部入内蒙古西部、宁夏、甘陕地区。具体分析参见宋亦箫. 青铜时代的东西文化交流——以新疆东部为中心的考察［M］. 北京：中国社会科学出版社，2019：289-292.

第三章

夏商考古遗存中的亞形造型起源及其内涵探索

本章提要：夏商考古遗存中有三类亞形造型符号或结构，经与域外古文明区的同类造型比较和文化内涵的分析，认为前者源自域外，最早的源头是西亚两河流域的新石器时代同类符号。亞形造型是对龟甲外形的模拟，而后者又出于马杜克劈开原始女怪龟形躯体以其下半部的龟甲造大地的西亚创世神话，是大地的象征。亞形符号的中心，象征着世界中心，是沟通天人的中介，是促进人类再生和新生的"生殖崇拜"观念的符号表达。

夏商考古遗存中有一种被称作"亞"形[①]（或称"亚"形）的造型符号或结构，也颇像汉字的"十"字（后文为方便，有称亞形，也有称"十"字造型，含义相同）。它是指一种四臂伸向四方呈直角相交的符号或构型。关于它的起源，胡博曾论证二里头遗存亞形造型受到了中亚同类造型的影响[②]，此外未见讨论这一造型的源头问题。关于它的内涵，艾兰曾论证这一造型的中央是世界中心的象征，人若接近它，就能与神灵世界达成和谐[③]。张光直则认为亞形乃"生命之门"，亞形之所以有凹入的角隅，是因为四角各栽有一株宇宙树，用

[①] 艾兰."亞"形与殷人的宇宙观[M]//艾兰.早期中国历史、思想与文化.北京：商务印书馆，2011：93；张光直.说殷代的"亞形"[M]//张光直.中国青铜时代.北京：生活·读书·新知三联书店，1999：305.
[②] 胡博.齐家与二里头：远距离文化互动的讨论[M]//夏含夷.远方的时习——《古代中国》精选集.上海：上海古籍出版社，2008：40–44.
[③] 艾兰.早期中国历史、思想与文化[M].北京：商务印书馆，2011：93–119.

以沟通天地①。笔者多半同意这些说法，经过对世界其他古文明区同类造型的比对和内涵分析，认为还可以得出进一步的结论，即夏商考古遗存中的亞形造型乃源自域外，其最早源头在西亚两河流域。亞形模拟自龟甲的外形，它是对西亚马杜克开辟神话中以龟甲造地的象征。它是"死亡和再生""生殖崇拜"等观念的表现形式，是生命的象征。因此将其用于墓葬和祭祀，希望沟通天人，促进人类的再生和新生。下面，我们先从介绍夏商考古遗存中的亞形造型开始，逐一分析，得出上述结论，就教于方家。

一、夏商考古遗存中的亞形造型

夏商考古遗存中的亞形造型，主要存在于三类遗存中，一是青铜器、陶器上的亞形镂孔或镶嵌纹，二是金文、玺印上的亞形符号或"边饰"，三是商代墓葬里的亞形墓圹或墓室（在很多文章中也被称作"亚"形）。这三类造型虽大小悬殊，但构型一致，我们认为它们有着共同的源头和内涵，故看作是同型结构而一并介绍、探讨。

1. 青铜器、陶器上的亞形镂孔或镶嵌纹

先看青铜器。河南偃师二里头遗址ⅥK4（三期）出土了一件镶嵌绿松石圆铜器，器有残缺，器边用61块长方形绿松石镶嵌，似钟表刻度形。圆器一面仍可见内外两圈镶嵌绿松石亞形纹，其四臂由里向外逐渐增宽②（图3-1，1）。同样用绿松石镶嵌两圈亞形纹的还有一件大铜钺（图3-1，2），现藏于上海博物馆，入藏前历史不明，其时代被馆方定为晚商。据胡博分析，还是以定为二里头时期为宜③，这样这两件镶嵌绿松石铜器便属同一时代器物。

---

① 张光直. 说殷代的"亞形"[M]//张光直. 中国青铜时代. 北京：生活·读书·新知三联书店，1999：313.
② 中国科学院考古研究所二里头工作队. 偃师二里头遗址新发现的铜器和玉器[J]. 考古，1976（4）：260-261.
③ 胡博. 齐家与二里头：远距离文化互动的讨论[M]//夏含夷. 远方的时习——《古代中国》精选集. 上海：上海古籍出版社，2008：44.

第三章 夏商考古遗存中的亚形造型起源及其内涵探索

我们还在很多商代青铜容器底沿上看到成对的亚形镂孔，多见于觚、豆、簋、尊、盘、罍（图3-1，3、4、5、6），但任何带底沿的青铜器都可能会有这类穿孔。尽管有人推断这是用来固定带轮圈的铸模范心，但已被反例所证否①。仍然需要从非实用性的精神领域去考虑它的作用。

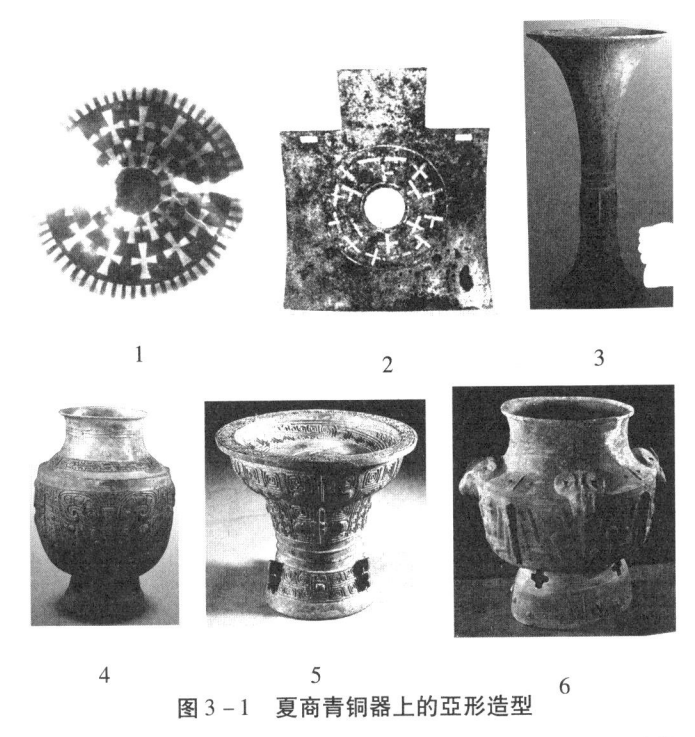

1　　　　　　　　2　　　　　　　　3

4　　　　　　　　5　　　　　　　　6

图3-1　夏商青铜器上的亚形造型

1. 二里头遗址青铜镜②；2. 上海博物馆藏青铜钺③；3、4. 盘龙城青铜觚、瓮④；5、6. 江西新干大洋洲青铜豆、罍⑤

---

① 艾兰. 早期中国历史、思想与文化［M］. 北京：商务印书馆，2011：108.
② 中国科学院考古研究所二里头工作队. 偃师二里头遗址新发现的铜器和玉器［J］. 考古，1976（4）.
③ 上海博物馆. 上海博物馆藏青铜器：卷一［M］. 上海：上海人民美术出版社，1964：图26.
④ 刘庆平. 武汉馆藏文物精粹［M］. 武汉：武汉出版社，2006：178，177.
⑤ 江西省文物考古研究所等. 新干商代大墓［M］. 北京：文物出版社，1997：彩版一五、一九.

再看陶器。陶器底沿上镂有亚形孔目前仅见于商代中晚期的陶豆上（图3-2，1、2、3、4），分见于郑州二里岗①和江西新干大洋洲②，陶豆在新石器时代就已是常见日用器，但并未见有亚形穿孔，由此艾兰推断这应是青铜器上的亚形造型转移至陶器上的结果③。

1　　　　　2　　　　　3　　　　　4

图3-2　商代中晚期十字镂孔陶豆

1. 郑州二里岗陶豆④；2、3、4. 新干商代大墓陶豆⑤

2. 金文、玺印上的亚形符号或"边饰"

商代青铜器器铭中的亚形构型可分为三种。第一种是单独出现的亚形符号，鼎、簋、爵、觚、斝、角、罍、戈等常见器形均有发现（图3-3，1、2）；第二种是该符号与一人形符号上下排列，偶有人形符号在上或旁有其他字铭（图3-3，3、4）；第三种是作为铭文"边饰"，铭文一到多个字不等，被全部框在亚形"边饰"内。"边饰"外多无其他铭文或符号，极少数铸有其他铭文（图3-3，5、6）。

目前已发现的三枚商代玺印，有一枚也以亚形为边框（图3-3，7），印文

---

① 河南省文化局文物工作队. 郑州二里岗 [M]. 北京：科学出版社，1959：图六.
② 江西省文物考古研究所等. 新干商代大墓 [M]. 北京：文物出版社，1997：图版七八.
③ 艾兰. 早期中国历史、思想与文化 [M]. 北京：商务印书馆，2011：109.
④ 河南省文化局文物工作队. 郑州二里岗 [M]. 北京：科学出版社，1959：图六-5.
⑤ 江西省文物考古研究所，等. 新干商代大墓 [M]. 北京：文物出版社，1997：图版七八-2、4、5.

<<< 第三章 夏商考古遗存中的亞形造型起源及其内涵探索

更似花押，尚未解①。

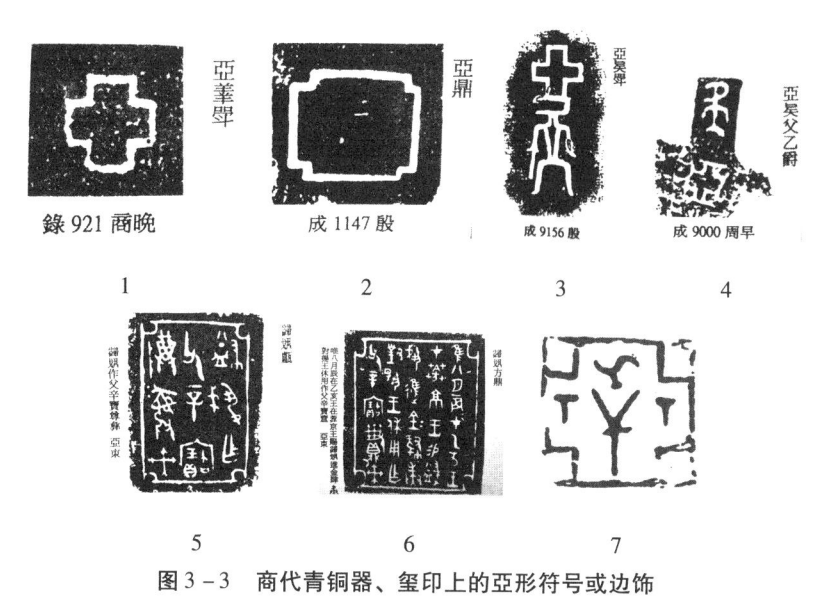

图3-3 商代青铜器、玺印上的亞形符号或边饰

1、2、3、4. 亞形符号②；5、6. 亞形边饰③；7. 商玺亞形边饰④

3. 商代墓葬里的亞形墓圹或墓室

商代带亞形墓圹或墓室的墓葬发现于殷墟西北岗。不管墓道多寡，绝大部分墓葬不是墓圹呈亞形结构，便是下面的墓室呈此结构（图3-4）⑤。正如艾兰所言，挖成这种形状的墓圹或墓室，从建筑学上是费工费力的，仍要如此建，当有它某种特殊的含义⑥。

此外，王国维、陈梦家、高去寻等学者还推断夏代世室，商代"重室"、庙

---

① 胡厚宣. 殷墟发掘 [M]. 北京：复旦大学出版社，2015：452，图版八十.
② 王心怡. 商周图形文字编 [M]. 北京：文物出版社，2007：595，625.
③ 王心怡. 商周图形文字编 [M]. 北京：文物出版社，2007：709，707.
④ 于省吾. 双剑誃古器物图录 [M]. 北京：中华书局，2009：130.
⑤ 艾兰. 早期中国历史、思想与文化 [M]. 北京：商务印书馆，2011：111-113.
⑥ 艾兰. 早期中国历史、思想与文化 [M]. 北京：商务印书馆，2011：113.

宇，周代明堂等建筑都是"亞"形①。

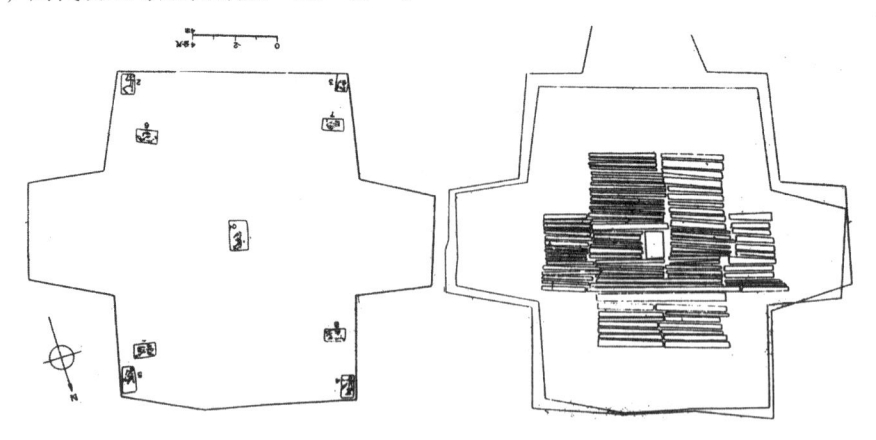

a. 木室地板遗迹平面图　　b. 墓坑底之殉葬坑分布图

图3-4　殷墟侯家庄1001号大墓平面图②

二、域外的同类造型

环顾域外的古代文明，发现这种亞形造型，并非中华文明所独有。而且相比起来，有一些域外文明中的这种符号更为普遍。下面我们由近及远，简述这些发现。

最靠近中国的发现是在中亚和印度。在中亚的巴克特里亚（今阿富汗东北部），公元前第二千纪早期，亞形纹是青铜封印上最盛行的纹饰（图3-5，1），还包括星芒纹③。

---

① 艾兰. 早期中国历史、思想与文化 [M]. 北京：商务印书馆，2011：111.
② 梁思永等. 侯家庄1001号大墓 [M]. 台北"中央研究院"历史语言研究所，1962：插图8、10.
③ 胡博. 齐家与二里头：远距离文化互动的讨论 [M] // 夏含夷. 远方的时习——《古代中国》精选集. 上海：上海古籍出版社，2008：40.

42

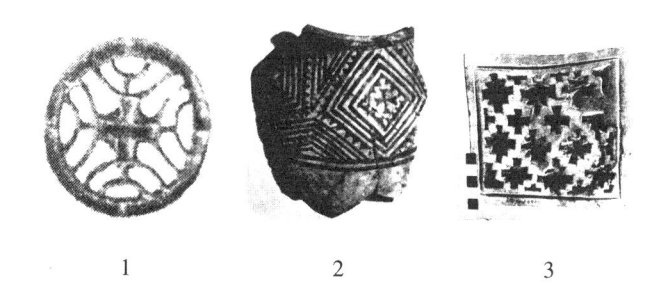

<<< 第三章 夏商考古遗存中的亚形造型起源及其内涵探索

图3-5 中亚古代十字造型①

1. 巴克特里亚青铜封印；2. 南土库曼彩陶罐；3. 南土库曼亚形镂孔陶盒

另在其北的土库曼，发现了陶器上的彩绘亚形纹或镂孔。在公元前第四千纪晚期到第三千纪中期，彩陶上普遍存在以亚形纹居于多层菱形花纹中的彩绘（图3-5，2）。另有一种陶盒，年代是公元前第三千纪晚期或第二千纪早期，其表面镂刻有参差排列的亚形构形（图3-5，3）②，这两类亚形符号的四臂都呈现由内向外增宽的趋势，同于二里头遗址的发现。

印度的亚形符号能在大神毗湿奴身上得到体现。毗湿奴是婆罗门教和印度教三大神之一，其形象常作"太阳鱼"，即半人半鱼，上半身为人体有四手，下半身为鱼形，在其颈项上挂有一串项链，其下端的垂饰由五个象征太阳的小圆构成一个亚形，称"太阳十字"（图3-6）③。

---

① 胡博.齐家与二里头：远距离文化互动的讨论［M］//夏含夷.远方的时习——《古代中国》精选集.上海：上海古籍出版社，2008：42.
② 胡博.齐家与二里头：远距离文化互动的讨论［M］//夏含夷.远方的时习——《古代中国》精选集.上海：上海古籍出版社，2008：42-43.
③ 芮传明，余太山.中西纹饰比较［M］.上海：上海古籍出版社，1995：105-106.

43

图3-6 印度毗湿奴化身太阳鱼佩十字形胸饰①

西亚是亞形造型出现最早的地方。我们在彩陶、封印和墙饰上都能发现这种符号。哈拉夫文化（Halaf Culture，公元前5500—前4500年）的一些彩陶罐和碗上绘有亞形纹，作为主题纹饰（图3-7，1、2、3、4），其构形有十字交叉形、四臂由内向外增宽形，还有十字四臂端各画一短横形。这第三类极似中国甲骨文和西周蚌雕上的所谓"巫"字。在卡瓦拉时期（Gawra Period，公元前3500—前2900年）的努最遗址（Nuzi site），众多的陶质封印中有一种印面主纹为亞形，在亞形分开的四个象限内各有一个T形，T形尖端对着亞形的中心（图3-7，5）。我们还在杰姆代特·奈斯尔文化（Jemdet Nasr Culture，公元前3100—前2900年）中看到一种小型"墙饰"，陶质，外端呈亞形，并在表面刻画出"亞"形线条，内端呈楔形钉状，可以钉进墙内（图3-7，6）。说是"墙饰"是现在的说法，当时人恐怕赋予了它更多的精神内涵。

1　　　　　　　　2

---

① 芮传明，余太山. 中西纹饰比较 [M]. 上海：上海古籍出版社，1995：106.

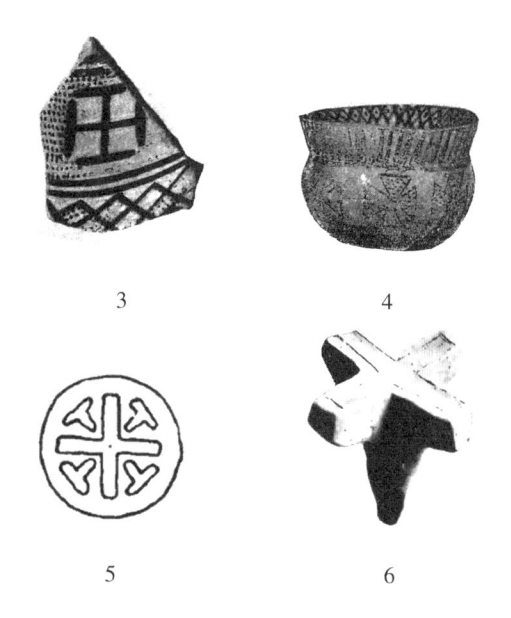

<<< 第三章　夏商考古遗存中的亚形造型起源及其内涵探索

3　　　　4

5　　　　6

图 3-7 西亚新石器时代的亚形符号或造型①

  埃及的亚形乃是在 T 形短横上立一椭圆状小环，称"环柄十形"，因它总是作为繁殖力的象征，又称作"生命钥匙"（Key of life）②。我们能在古埃及的碑铭、雕刻上见到这种环柄十形。如法老胡那顿墓中有一幅雕刻，法老与臣下在祭拜太阳，太阳的光线则射向他们。而在端状如手掌般的太阳光束中，有一"掌"正拿着"生命钥匙"，伸向法老的鼻端（图 3-8）。据认为这是太阳神在赋予法老以生命，使他得到永生③。环柄十形不仅见于埃及，还见于希腊和小亚细亚、印度等地④。

---

① GOFF B L. Symbols of Prehistoric Mesopotamia [M]. New Haven: Yale University Press, 1963, Fig: 65; 66-6、7、9; 543; 482.
② 芮传明，余太山. 中西纹饰比较 [M]. 上海：上海古籍出版社，1995：99-100.
③ 芮传明，余太山. 中西纹饰比较 [M]. 上海：上海古籍出版社，1995：111.
④ 芮传明，余太山. 中西纹饰比较 [M]. 上海：上海古籍出版社，1995：114.

希腊的十字形往往见于钱币和人像上，其四臂相等呈直角相交，称"等臂十形"，也叫"希腊十形"（Greek Cross）。研究者发现"希腊十形"还出现于亚述和波斯的碑铭及书板上，再往前追溯，可见于美索不达米亚的一枚圆筒形印章上①。希腊月神阿尔忒弥斯，也是植物女神和丰育女神，其神像有一类呈十字形，双腿并为一体，双手及前臂伸向两侧，构成"十"字。在神像胸前，缀挂着密密麻麻的乳房，这显然是要强调她的丰育神格（图3-9）。

图3-8　埃及胡那顿墓雕刻②　　　　图3-9　阿尔忒弥斯③

三、中外的亚形造型内涵

关于中外亚形造型的内涵，前人分别作过一些探讨，这里先转述他们的观点，并补充我们的一些新见解。

---

① 芮传明，余太山. 中西纹饰比较［M］. 上海：上海古籍出版社，1995：97.
② 芮传明，余太山. 中西纹饰比较［M］. 上海：上海古籍出版社，1995：111.
③ 芮传明，余太山. 中西纹饰比较［M］. 上海：上海古籍出版社，1995：114.

第三章　夏商考古遗存中的亚形造型起源及其内涵探索

艾兰对殷商遗存中的亚形造型，采用宗教学家艾利亚德的"中心象征说"来解释，颇有说服力。我们先来看"中心象征说"：中心是指最显著的神圣地带，是绝对的存在物的地带。通过这一中心点，可以接近并且最终与神灵世界达成和谐。许多古代民族流行这一信仰，他们相信有一座神圣之山位于世界中心，这座神圣之山是创造世界的地点，也是天堂与地界的交汇处，是通天之山。这座神山是世界的轴心，所有的庙宇宫殿，以及城市和帝王居所，都是这个轴心的象征物；这些地方被视作是天堂、地界、地狱会合的地方①。

由此，艾兰联想到殷商的十字造型，她认为人立于环形之轴或四个方向的中央，才易取得和谐之感。而十字造型，其中心正是这样的轴心或中央。"在亚形陵墓中，死者的尸体安睡在亚形的中央，供品直接由祖先的魂灵享用。亚形包有铭文的符号也是这个象征意义。器皿底沿上的十形穿孔可以是它们作为祭祀祖先礼器的象征。"②

上文所说的神圣的通天之山，在中国叫"昆仑山"。据考证，"昆仑"是吐火罗语*kilyom（o）的音译，此语正是"天"之意③。而可以通天的昆仑山，在《山海经》中被描摹为有"八隅之岩"，这八隅之形，正是亚形④。模拟自昆仑山的"明堂"建筑，其外形也为亚形⑤（图3–10），其"上通于天象日辰"，先王在此"受命于天"并"观象授时，布令行政"的特性和功能，显示了它的神圣性和神秘性，也显示了它的象征源头正是世界山——昆仑山。

芮传明和余太山对域外十字造型的内涵在前人研究的基础上作了归纳。认为有四个方面的意义。一是它象征着天神和太阳神；二是象征生命和活力；三

---

① 艾兰. 早期中国历史、思想与文化[M]. 北京：商务印书馆，2011：113.
② 艾兰. 早期中国历史、思想与文化[M]. 北京：商务印书馆，2011：114.
③ 林梅村. 祁连与昆仑[M]//林梅村. 汉唐西域与中国文明. 北京：文物出版社，1998：67.
④ 刘宗迪. 失落的天书——《山海经》与古代华夏世界观[M]. 北京：商务印书馆，2016：499.
⑤ 王国维. 王国维论学集[M]. 昆明：云南人民出版社，2008：90；刘宗迪. 失落的天书——《山海经》与古代华夏世界观[M]. 北京：商务印书馆，2016：497–503.

47

是象征四个基本方向;四是具有趋吉避凶含义①。这些内涵其实可归结为古人的"死亡与再生"和"生殖崇拜"观念。

而上面对夏商十字造型的内涵分析,其亚形中央象征着世界中心,可表现为一座神圣之山——昆仑山,它是通天之山,是生命的象征,因此将其用于墓葬和祭祀,希望通过它沟通天人,促进人类的再生和新生。由此可见,中外的十字造型,其内涵是相同的。

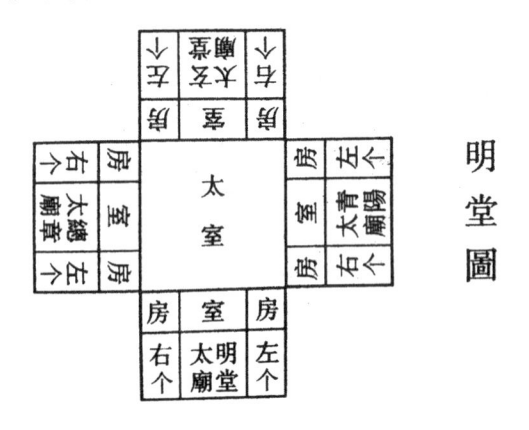

图 3-10 王国维考订的明堂平面图②

四、中外亚形造型的关系及它的起因试析

人类学家斯图尔德曾对人类生活方式进行过"文化内核"和"第二性征"的划分,前者指人类生活方式中那些保证人们能够有效地开发自然的要素。如居住形式、劳动分工、组织合作、配置资源等要素,这些要素主要是由技术与经济两者决定的。后者则指文学艺术类的精神产品,它与环境、技术等关系不那么密切。文化内核与所在环境关系密切,若两处人群所在自然环境类似,则其文化内核较容易被采借。若两处自然环境有很大不同,则一处的文化内核就

---

① 芮传明,余太山. 中西纹饰比较[M]. 上海:上海古籍出版社,1995:104-125.
② 王国维. 王国维论学集[M]. 昆明:云南人民出版社,2008:90.

很不容易流传到另一处。因为对此处的人群来说，这样的文化内核，无益于他们开发本地资源。因此处于不同环境中的人群，其文化内核多是自己发明的。文化的第二性征，作为各地人群的精神产品，虽具有相当的稳定性和独特性，但较容易从一个人群传播到另一个人群，因为这些文化因素对人群的基本生存无关紧要，不受环境差异的限制。所以像神话故事、民间传说、文学主题、艺术风格等，可以在很广大的地区传播，被具有不同文化内核的人群所接受、模仿。因此这种非人类生存所必需的精神产品，若在不同的文化中出现，其属传播而来的概率要大于自身的创造。因为这部分精神产品，依赖的是人们的主观创造，而不是对自然环境的简单适应。这种主观的产品，是很难出现不约而同的情况的。

综上，我们认为属于"第二性征"的亚形造型，其在世界古文明区的普遍存在，当是文化传播的结果。具体到中国夏商时期的亚形造型，由前面对中外亚形造型的年代介绍及内涵分析，我们认为夏商亚形造型的艺术意匠源自域外，其最古的源头当在西亚两河流域。得出这个结论的证据，除了上面所提出的文化内涵的相同外，还有外形的直接相似和其他伴随外来文化因素的互证。下面作进一步分析。

中外亚形造型外形的相似是最直观的。不管中国学者此前称呼过"亞"形还是"亚"形，其形状都是指四臂伸向四方呈直角相交的符号或构型。中外均存在的那种四臂由内向外逐渐增宽的造型，更是将二者的渊源关系表露无遗。

说夏商考古遗存中的十字造型来自域外，除了其内涵的相同、外形的酷肖，还有当时及之前众多外来文化纷纷来华及二者相互影响的实际旁证，让我们看到亚形造型源自域外并非孤例。

先看卡拉苏克文化与商文化的关系。卡拉苏克文化是指分布于俄罗斯南西伯利亚叶尼塞河中游的米努辛斯克盆地及邻近地区的一支晚期青铜文化。苏联考古学家吉谢列夫曾比较过二者的关系，发现双方互有影响，但在器物形状和技术方面的影响最初是由西向东，继而又是由东向西。他还比较了早于卡拉苏克文化和殷墟文化的塞伊玛文化，以青铜矛、马头刀、空銎斧为例指出塞伊玛文化影响了殷墟文化，并以早于殷墟的二里岗文化全无这类遗物来补充证明①。索菲·罗格朗以青铜刀为例，模拟出了其原产米努辛斯克盆地，然后一路向南最后到达中原的传播路线图②。

美国学者胡博从齐家文化和二里头文化的青铜器分析入手，指出它们受到了遥远的南西伯利亚的塞伊玛—图尔比诺文化和中亚的安德罗诺沃文化影响，而影响的证据，除了冶金技术和器形，还有两种青铜纹饰，即星芒和"十"字母题③。这里胡博直接以"十"字形符号作为文化影响的证据了。

不惟这些具体的域外青铜文化对中国境内早期青铜文化的影响及相互影响，人类的冶铜术本就是一个源自西亚，然后分头向东西方传播的过程④。笔者曾从中国早期青铜器发现的地域、铜器成分和器类等方面进行分析，论证中国冶铜术来自域外，其首次传入地是甘肃东部的马家窑文化区，传播路径推断是欧亚草原和蒙古高原⑤。笔者举出这些旁证，是想说明，在夏商时期甚至更早，中外之间已存在文化的交流和互动，亞形符号造型当是在这种文化交流互动的背景下传到夏商文化区的。

夏商考古遗存中所见的亞形造型，其艺术意匠来自域外，它们的内涵均是促进人类的再生和新生的"生殖崇拜"观念。那为什么要以这种亞形造型作为象征符号呢？笔者尝试作些分析。

由亞形造型的内涵及形状，我们认同艾兰所言：它源自对龟甲的模拟，因

---

① 吉谢列夫. 苏联境内青铜文化与中国商文化的关系 [J]. 考古，1960（2）.
② LEGRAND S. Karasuk Metallurgy: Technological Development and Regional Influence [M] // Linduff K M. In Metallurgy in Ancient Eastern Eurasia from the Urals to the Yellow River. 2004.
③ 胡博. 齐家与二里头：远距离文化互动的讨论 [M] // 夏含夷. 远方的时习——《古代中国》精选集. 上海：上海古籍出版社，2008：3-54.
④ 李约瑟. 中国科学技术史：第1卷 [M]. 北京：科学出版社，1990：241.
⑤ 宋亦箫. 中国与世界的早期接触——以彩陶、冶铜术和家培动植物为例 [J]. 吐鲁番学研究，2015（2）.

龟甲的外形正是亚形（图3-11）①。而龟甲能有此殊荣成为世界山、昆仑山、明堂、宗庙乃至本章所探讨的各种亚形造型的意匠源头，我们认为应当到它作为象征符号最初出现的西亚古文明中去找。马杜克屠龙创世神话正可以为我们提供这样的思索依据。在巴比伦神话中，木星神马杜克战胜原始女怪（又称混沌孽龙），将其龟形上半部分即龟壳造苍穹，下半部分即龟腹甲造大地②，而大地的中心则是中央大山——世界山（中国称昆仑山）。既然大地乃由原始女怪的亚形龟甲所造，则亚形龟甲的中心便能象征大地的中心，进而模拟自亚形龟甲的世界山（昆仑山）、明堂、宗庙等，其中心便也成为大地中心的象征。它们有通天、不死和再生的神秘特性，当然只能是源于贡献了龟甲造出大地的原始女怪的神性。而原始女怪正是西方神话大母神的原型，其作为世界万事万物的母亲神（世界万物正由她的躯体所造）、生殖女神和丰育女神的特性，赋予了亚形符号"生殖崇拜"的象征寓意。

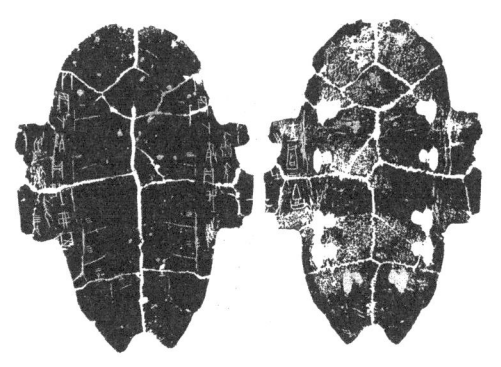

图3-11 殷墟出土刻有文字的龟腹甲③

---

① 艾兰."亚"形与殷人的宇宙观[M]//艾兰.早期中国历史、思想与文化.北京：商务印书馆，2011：94.
② 苏雪林.天问正简[M].武汉：武汉大学出版社，2007：265；宋亦箫.楚文化中的域外文化因素研究[M].长春：长春出版社，2015：128.
③ 艾兰.早期中国历史、思想与文化[M].北京：商务印书馆，2011：133.

商代占卜之所以用龟甲来灼卜并刻记占卜结果，当也是看重龟甲所象征的万物始原的神性和神秘性。

五、小结

夏商考古遗存中的亞形造型，尽管分属于不同质地、领域和规格，但它们有着相同的源头和内涵，其最早的源头当在西亚两河流域的新石器时代，后经过中亚和欧亚草原各民族的接力传播，进入中国境内的夏商民族文化区。它的亞形造型源于对龟甲的模拟，而之所以如此，又源于西亚马杜克屠龙创世神话中劈开原始女怪之龟形躯体以其下半部的龟甲造地的神话。因此具亞形外形的昆仑山、明堂、宗庙等，其中心象征着大地的中心，是沟通天人的中介，能促进人类的再生和新生。而使用于器物、墓葬中的亞形符号和结构，仍然象征着人类追求生殖、丰产的"生殖崇拜"观念，是对西亚原始女怪及大母神所具有的生育、丰产神性的追慕和祭仪表达。

原载王瑞华主编：《江城遗珍》，武汉出版社，2021年2月，第207－219页

第四章

楚文化考古遗存中的域外文化因素探索

本章提要：通过对楚文化中的"蜻蜓眼"玻璃珠、红玛瑙珠、蚀花肉红石髓珠、天平砝码、骆驼灯台、佛教文化因素等楚地发现的文化因子的中外对比分析，我们认为上述文化因素均传自域外，其传播时间自春秋中期延续到楚国覆亡，路径则有北南二条。北路是经过欧亚草原、蒙古高原的北方草原之路，入中国北方后经中原进入楚地，从此路进入的文化因素有蜻蜓眼玻璃珠、红玛瑙珠、蚀花肉红石髓珠、骆驼灯台等；南方路线是海上之路，天平砝码和佛教文化因素正是通过此途进入楚地。北方草原之路是中外接触的主干道，早在楚文化形成前就已存在，南方海上之路的开辟时间比传统上认为的早了两个世纪，这是楚文化考古所做的新贡献。

探索楚文化中的域外文化因素，是一个涉及中外文化交流的重要命题。过去在这方面的研讨还很少，更少有从楚文化考古遗存中全面揭示这一文化现象的成果。笔者不揣浅陋，尝试从楚文化考古遗存中析出至少六种域外文化因素，它们分别是"蜻蜓眼"玻璃珠、红玛瑙珠、蚀花肉红石髓珠、天平砝码、骆驼灯台、佛教文化因素等。下面试作逐一分析比对，以论证楚文化与域外文化之间的交流关系。

一、"蜻蜓眼"玻璃珠

"蜻蜓眼"玻璃珠又称镶嵌玻璃珠，是指在单色玻璃珠上嵌进另外一种或几种不同于母体颜色的玻璃，在母体表面（或凸起）形成同心或不同心的圆环状纹饰，有动物特别是蜻蜓眼睛效果，故俗称"蜻蜓眼"。英文名称为"复合眼珠"（compound eye - bead）。蜻蜓眼母体颜色多为蓝、绿、橘黄三种，蓝色有偏浅蓝或深蓝的区别。母体玻璃都为半透明。到战国中晚期，也出现过母体为釉陶的蜻蜓眼，属镶嵌玻璃珠的仿制品。眼部环带的颜色有红、白、棕、蓝等多种，环带少则 1~2 圈，多至 7~8 圈。

中国出土蜻蜓眼始于 20 世纪 30 年代①。尔后这种漂亮又新奇的珠子陆续有出土和报道。据国内已发表的材料统计，中国近几十年出土了蜻蜓眼 187 处 953 颗②，时代集中在春秋至西汉。这近千颗蜻蜓眼，楚文化区就占了 463 颗，而曾侯乙一墓就出土了 173 颗。

有关蜻蜓眼的研究，既有以玻璃成分测试为重点的科技考古研究③，也有以文化因素分析、文化比较为重点的历史文化考古研究。后者以张正明④、安家瑶⑤、后德俊⑥、赵德云⑦等为代表。其中张正明、后德俊仅以楚文化区为研究视角，安家瑶、赵德云则从全国范围展开研究。笔者认同赵德云对中国出土蜻蜓眼的类型学研究⑧，其中涉及楚文化区出土的蜻蜓眼，按赵德云的分类，至少可分为七型：分别是

---

① WHITE W C. ombs of old Lo - yang [M]. Shanghai：Kelly & Walsh, 1934.
② 赵德云. 中国出土的蜻蜓眼玻璃珠研究 [J]. 考古学报, 2012（2）. 根据其附表一、二统计, 一些考古报道中具体件数不详的按 1 件计数。
③ 张福康，程朱海，张志刚. 中国古琉璃的研究 [J]. 硅酸盐学报, 1983（3）; 干福熹. 新疆拜城和塔城出土的早期玻璃珠的研究 [J]. 硅酸盐学报, 2003, 31（7）; 李青会, 等. 中国出土的一批战国古玻璃样品化学成分的检测 [J]. 文物保护与考古科学, 2006（2）; 干福熹, 等. 中国古代玻璃的起源——中国最早的古代玻璃研究 [J]. 中国科学, 2007, 37（3）; 干福熹, 等. 河南淅川徐家岭出土中国最早的蜻蜓眼玻璃珠的研究 [J]. 中国科学 E 辑：技术科学, 2009（4）.
④ 张正明. 料器与先秦的楚滇关系和中印交通 [J]. 江汉论坛, 1988（12）.
⑤ 安家瑶. 镶嵌玻璃珠的传入及发展 [M] // 十世纪前的丝绸之路和东西文化交流. 北京：新世界出版社, 1996.
⑥ 后德俊. 楚国的矿冶髹漆和玻璃制造 [M]. 武汉：湖北教育出版社, 1995.
⑦ 赵德云. 中国出土的蜻蜓眼玻璃珠研究 [J]. 考古学报, 2012（2）.
⑧ 赵德云. 中国出土的蜻蜓眼玻璃珠研究 [J]. 考古学报, 2012（2）.

A 型层状眼珠、B 型圆斑状眼珠、C 型嵌环状眼珠、D 型角锥状眼珠、E 型套圈眼珠、F 型镶嵌玻璃料卷眼珠、G 型几何线间隔眼珠等（图 4-1）。

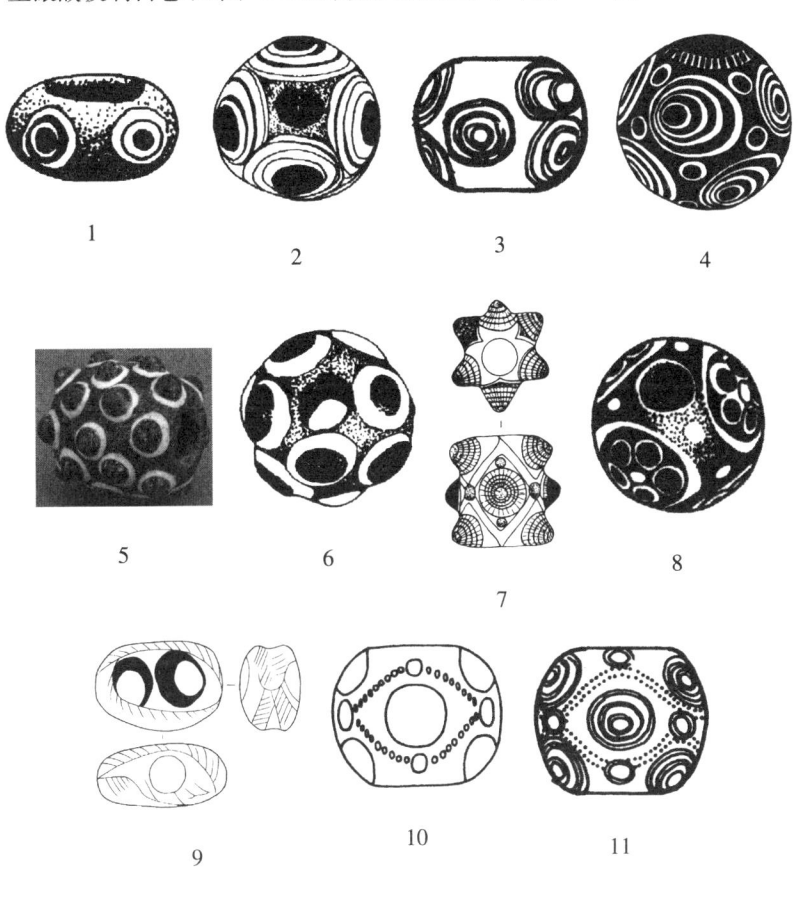

图 4-1 楚文化区出土 A-G 型蜻蜓眼玻璃珠[1]

1. A 型：河南固始侯古堆 M1；2. A 型：湖北随县曾侯乙墓；3. A 型：湖南长沙楚墓群；4. A 型：河南淮阳平粮台 M16；5. B 型：长沙博物馆藏；6. C 型：湖南长沙白泥塘 M5；7. D 型：湖北江陵九店 M703；8. E 型：湖南湘乡牛形山 M1；9. F 型：湖南澧县新洲 M1；10. G 型：湖南长沙楚墓 M615；11. G 型：湖南长沙楚墓 M907。

[1] 见相关考古发掘报告。

关于中国蜻蜓眼玻璃珠的渊源，有多位学者做过研究①，得出了比较一致的结论：出现于春秋末战国初的蜻蜓眼玻璃珠，源自域外，外来蜻蜓眼在中国受到追捧，引发了模仿和融入自身文化及创新而产生的变异。至于这一结论的依据，可用龚缨晏概括的四点简述如下：1. 蜻蜓眼玻璃珠最早出现于西方，早在公元前1000年左右，地中海地区就已经能够制造这种玻璃珠，而它在中国的出现时间则要晚几百年。2. 在西方，从单色玻璃到彩色玻璃再到蜻蜓眼玻璃珠，经过了一千多年漫长的历程，其发展系列基本上是完整清楚的。但在中国，则不存在这样一个完整系列，中国的蜻蜓眼玻璃珠与单色玻璃是同时出现的，显得非常突然。3. 中国早期蜻蜓眼玻璃珠在工艺、外形上与西方相似，而且经检测的蜻蜓眼的化学成分，是钠钙玻璃，也与西方的成分一致，而与此后中国的自制玻璃——铅钡玻璃不同。4. 早期蜻蜓眼玻璃珠都出现在贵族大墓中，说明它非常珍稀，只有少数贵族才能得到②。有的学者甚至指出，由于中国还未发现过早于蜻蜓眼玻璃珠的其他玻璃制品，因此可以说，随着蜻蜓眼玻璃珠的传入和仿制，中国诞生了玻璃制造业③。

我们知道，蜻蜓眼玻璃珠在古代埃及诞生以来，便广泛地在欧亚大陆传播，并形成若干制造中心，不同制造中心的产品具有各自的一些特征④。楚文化区出土的蜻蜓眼有多样类型，实际上是由于有不同的具体来源造成的。

赵德云分析了中国出土的蜻蜓眼玻璃珠与域外各个生产中心的渊源，其渊

---

① 安家瑶. 镶嵌玻璃珠的传入及发展［M］//十世纪前的丝绸之路和东西文化交流. 北京：新世界出版社，1996：351－367；张正明. 料器与先秦的楚滇关系和中印交通［J］. 江汉论坛，1988（12）；后德俊. 楚国的矿冶髹漆和玻璃制造［M］. 武汉：湖北教育出版社，1995：253－272；龚缨晏. 古代中西文化交流的物证［J］. 暨南史学，第二辑，广州：暨南大学出版社，2003：46；赵德云. 中国出土的蜻蜓眼玻璃珠研究［J］. 考古学报，2012（2）；李会. 从早期蜻蜓眼玻璃珠的传入看汉以前的中外交通［J］. 四川文物，2010（2）.
② 龚缨晏. 古代中西文化交流的物证［J］. 暨南史学，2003（00）：46.
③ 安家瑶. 镶嵌玻璃珠的传入及发展［M］//十世纪前的丝绸之路和东西文化交流. 北京：新世界出版社，1996：364.
④ 赵德云. 中国出土的蜻蜓眼玻璃珠研究［J］. 考古学报，2012（2）：188.

源有的是直接传播关系,有的是提供了意匠源头。楚文化区各型蜻蜓眼与域外起源地的渊源关系大致如下所述。

A型层状眼珠中的同心圆纹层状眼珠和伊朗高原的关系最为密切。而离心圆层状眼珠,出现年代在战国中期左右,且比较集中地分布在楚文化及相邻区域,却不见于古代西方,推测应是楚人在不了解蜻蜓眼的原有寓意的情况下,在同心圆层状眼珠的基础上的一种创造发挥,形成所谓的"东方化的眼珠"[①]。B型圆斑状眼珠可以追溯到古埃及,其意匠渊源的传播线路为中原以北的蒙古高原和欧亚大草原。C型嵌环状眼珠的制造意匠源自地中海沿岸,传入伊朗后经过了一番改造,中国此型蜻蜓眼直接源自伊朗。D型角锥状眼珠的意匠来源则是地中海沿岸地区。E型套圈眼珠源于伊朗地区。F型镶嵌玻璃料卷眼珠,其最初源头应是古代埃及。G型几何线间隔眼珠,不见于西方,应是中国工匠将早期单纯同心圆纹饰发展为与其他几何纹饰相结合,创造出了世界上最漂亮的蜻蜓眼[②]。

关于这些具有外来文化因素的蜻蜓眼的传入路径,上面提到的曾探讨过蜻蜓眼传播渊源的学者们都有过研讨,归纳起来有四条,即北来说中的欧亚草原路、沙漠丝绸之路,南来说中的西南丝绸之路和海上丝绸之路。根据赵德云[③]和李会[④]的最新研究,否定了蜻蜓眼传入的南来路线,赵德云同时还否定了蜻蜓眼玻璃珠进入新疆后再通过河西走廊进入内地的可能性,得出蜻蜓眼通过欧亚草原至米努辛斯克盆地和蒙古高原等地,然后再折而南下,经内蒙古、山西,散播到内地这些发现了蜻蜓眼的地方。笔者赞同赵德云的分析,其实,这应该是东西

---

① ERIKSON J M. The Universal Bead [M]. New York and London: W. W. Norton & Company, 1993: 140.
② 赵德云. 中国出土的蜻蜓眼玻璃珠研究 [J]. 考古学报, 2012 (2); 安家瑶. 镶嵌玻璃珠的传入及发展 [M] // 十世纪前的丝绸之路和东西文化交流. 北京: 新世界出版社, 1996: 364.
③ 赵德云. 中国出土的蜻蜓眼玻璃珠研究 [J]. 考古学报, 2012 (2): 194–198.
④ 李会, 郑建国. 从早期蜻蜓眼式玻璃珠的传入看汉代以前的中外交通 [J]. 四川文物, 2010 (2).

文化交流最为久远的一条路线，早在蜻蜓眼传入之前，如果我们愿意承认，认可宁夏水洞沟旧石器时代晚期遗址中的勒瓦娄哇技术，认可彩陶、冶金术、绵羊（世系B）、黄牛、小麦等与西方的关联，那么这关联的路径也是通过欧亚草原经蒙古高原南下而来的①。正是因为事不单行，让我们更坚定了蜻蜓眼的传入路径，也让我们对上述其他外来文化因素的进一步详细论证充满了信心和方向感。

二、红玛瑙珠

在中国所发现的红玛瑙珠，最常见于西周早期后段至东周早期的北方地区。它们通常被组合在玉石当中成为串饰，也有单件的出土品②。相对于中国北方，楚文化分布区出土红玛瑙珠极少，仅有河南淅川下寺楚墓③、河南固始侯古堆一号墓④等有少量发现，且均临近中国北方地区，受后者的影响十分明显。下面对这两处发现的红玛瑙珠作简要介绍，然后再比照西方的出土品。

河南淅川下寺楚墓：下寺楚墓是一处春秋中晚期墓地，共发掘大中型墓9座、小型墓15座、车马坑5座。在M1、M2、M3、M7四座墓中共发现玛瑙珠162件，绝大多数为肉红色，少量黄、白色（图4-2，1）。多数呈珠状，少量呈管状，分有孔和无孔两种。

河南固始侯古堆一号墓：此墓中发现2件红玛瑙珠（图4-2，2、3）。此墓虽为吴墓，但墓葬所在地是吴国刚刚夺得的楚国领地，如同该墓中的蜻蜓眼更可能是在楚地获得而随葬一样，这两件红玛瑙珠的来源也应作如是观。

---

① 宋亦箫. 中国与世界的早期接触：以彩陶、冶铜术和家培动植物为例 [J]. 吐鲁番学研究, 2015（2）.
② 杰西卡·罗森. 红玛瑙珠、动物塑像和带有异域风格的器物——公元前1000—前650年前后周及其封国与亚洲内陆的交流迹象 [M]//祖先与永恒——杰西卡·罗森中国考古艺术文集. 北京：生活·读书·新知三联书店，2012：401.
③ 河南省文物研究所等. 淅川下寺春秋楚墓 [M]. 北京：文物出版社，1991：38，102，201，240.
④ 河南文物考古研究所. 固始侯古堆一号墓 [M]. 郑州：大象出版社，2004.

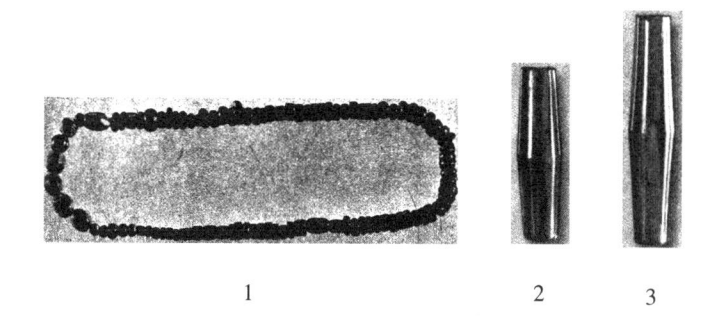

<<< 第四章　楚文化考古遗存中的域外文化因素探索

1　　　　　　　　　　2　　3

图4-2　下寺、侯古堆楚墓红玛瑙珠①

经英国考古学家罗森女士研究，在公元前1000年至前650年间，周代贵族死后随葬穿有玉石的红玛瑙串珠，这些红玛瑙珠的源头几乎肯定是在西亚。周代贵族从亚洲内陆人群那里引进了用生动写实动物形象装饰兵器、车马器乃至容器。红玛瑙珠可能正是通过传播上述外来文化因素的人群之手传到中国的②。

罗森还在文中列举了两河流域、印度发现的早期红玛瑙珠。两相对比，均是中部粗两端渐细的管状，仅从外形就能看出相似之处。如美索不达米亚乌尔皇家墓地出土的红玛瑙珠（图4-3），与河南固始侯古堆一号墓的两件玛瑙珠，如出一辙。当然，如果仅是红玛瑙的使用，完全可看作是爱美之心人皆有之，但如果连产品的形状、使用方式都相同，就不得不考虑它们的同源性了。不过，楚文化中出现的这种红玛瑙珠，应是从中原和北方地区传播而来，虽非直接来自域外，但属域外文化因素似无可怀疑。罗森也说到，虽然有可能并非所有在中国北方发现的红玛瑙珠都起源于西亚，但是使用红玛瑙珠的想法可能是边疆

---

① 引自《淅川下寺春秋楚墓》《固始侯古堆一号墓》。具体出版信息见本页相关注释。
② 杰西卡·罗森. 红玛瑙珠、动物塑像和带有异域风格的器物——公元前1000—前650年前后周及其封国与亚洲内陆的交流迹象［M］//祖先与永恒——杰西卡·罗森中国考古艺术文集. 北京：生活·读书·新知三联书店，2012：399.

地区的民族从更西面借鉴而来①。

图4-3　美索不达米亚乌尔皇家墓地红玛瑙珠②

三、蚀花肉红石髓珠

肉红石髓珠，又称"红玉髓"或"光玉髓"，是一种晶体玉石，主要成分是二氧化硅。它和玛瑙一样，均属于玉髓（Chalcedomy）类矿物，区别在于玛瑙带有天然的条带、环带，肉红石髓却无此条、环纹。

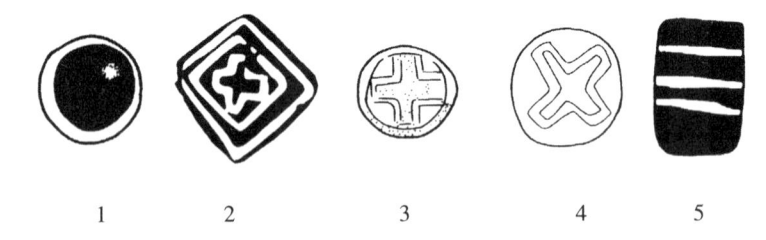

1　　　2　　　3　　　4　　　5

---

① 杰西卡·罗森. 红玛瑙珠、动物塑像和带有异域风格的器物——公元前1000—前650年前后周及其封国与亚洲内陆的交流迹象 [M] //祖先与永恒——杰西卡·罗森中国考古艺术文集. 北京：生活·读书·新知三联书店，2012：410.
② 引自《祖先与永恒——杰西卡·罗森中国考古艺术文集》，具体出版信息见相关注释。

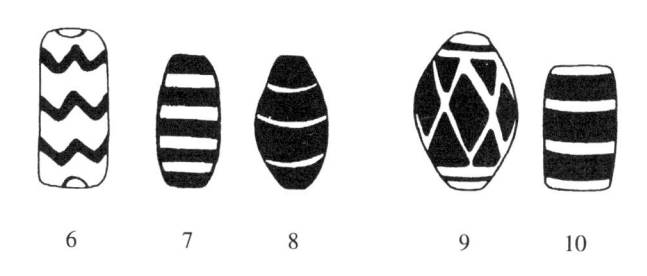

<<< 第四章　楚文化考古遗存中的域外文化因素探索

图4-4　印度河流域蚀花肉红石髓珠①

1、2. 塔克西拉；3. 哈拉巴；4. 波克拉姆；5. 北方磨光黑陶文化；6-8. 孔雀王朝；9-10. 阿富汗"黄金之丘"

肉红石髓本是世界各地常见的玉石品种，但经印度哈拉帕文化先民在其上做蚀花装饰后，这种蚀花肉红石髓珠便随着欧亚大陆的文化交流而传播开来（图4-4）。当代学者已对古代"蚀花"所用的原料及过程进行过研究，明白了所用原料和制作方法②。赵德云根据装饰图案将蚀花肉红石髓珠分成四型，并总结出蚀花肉红石髓珠起源于印度河流域，随后广泛传播，其制作技术也有传播现象，近东、东南亚有可能存在制造工场③。

楚文化分布区目前仅在河南淅川下寺春秋楚墓中发现有这种珠饰。下面作简要介绍。

下寺楚墓群共有3座墓发现蚀花肉红石髓珠7件。

M1：4件。均呈枣核状，中心有孔。M1：89，器身共5条斜行彩纹，呈三黑二白，两端黑色，中部为棕褐色，间以乳白色彩条。长3.5厘米、腹径0.75厘米。M1：91，器身共3条平行彩纹，两端棕褐色，中间乳白色，长2.15厘米、腹径0.8厘米。M1：118，一端为棕褐色，另一端有棕白相间的彩带5周。长1.6厘米、腹径0.6厘米。M1：119，黄色，较小，一端已残。长1.6厘米、腹径0.45厘米（图4-5：1-4）。

---

① 赵德云. 西周至汉晋时期中国外来珠饰研究[M]. 北京：科学出版社，2016：89-91.
② MACKEYE. Decorated Carnelian Beads[J]. Man, 1933, Sep, 33.
③ 赵德云. 中国出土的蚀花肉红石髓珠研究[J]. 考古，2011（10）：70-71.

61

M2：1件。肉红色，形如枣核。器表有白色纹带3周，1周较窄，宽0.1厘米，两周较宽，均为0.15厘米。白色纹带微微下凹，无光泽，手感粗糙。长1.95、直径0.8、孔径0.5厘米（图4-5：5）。

M3：2件。均呈中部粗，两端略细、两头齐平的柱状，有穿孔。其中一件两头为棕色，中部为白色，表面光滑。长2.6厘米、直径0.9厘米。另一件在硬面上阴刻有5道呈凹沟纹的平行线，通体灰白色。长1.9厘米、径0.8厘米（图4-5：6-7）。

此外，在湖北江陵马山一号楚墓中，有一件琉璃管与一颗蜻蜓眼玻璃珠串联在一束黄色纱束上，纱束作为棺饰，置于棺盖头向一端荒帷的中间。这件琉璃管，深灰色，周身饰金、白色环带纹，金色菱形纹、点纹及乳钉纹。长7.2厘米、径0.8厘米、孔径0.5厘米（图4-5，8）。这件琉璃管明显是模仿自蚀花肉红石髓珠的造型。

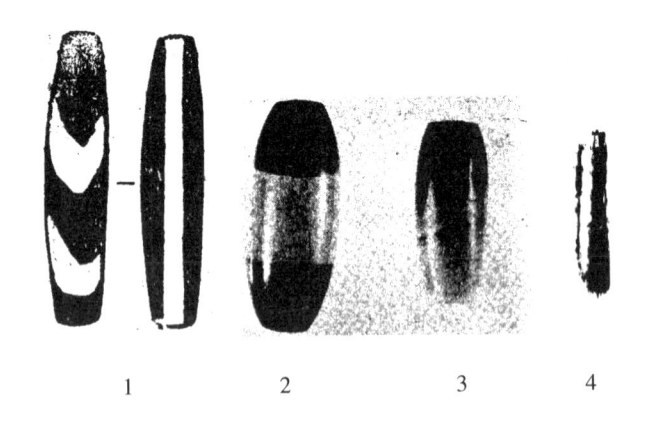

1　　　2　　　3　　　4

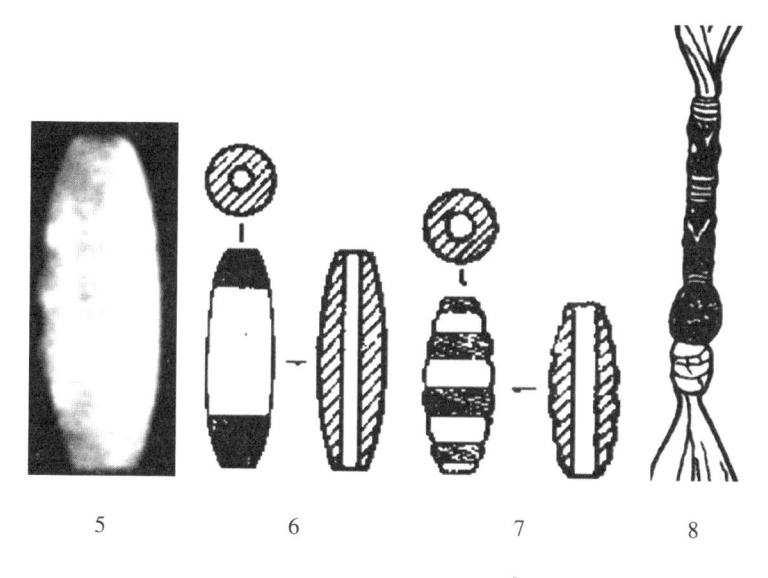

<<< 第四章 楚文化考古遗存中的域外文化因素探索

图 4-5 蚀花肉红石髓珠①

关于蚀花肉红石髓珠传入中国的途径，也有学者作过探讨②。赵德云认为广州、云南出土的两汉时期石髓珠可能来自东南亚，云南江川李家山墓地、斯坦因在新疆和田的采集品等模仿眼睛造型的石髓珠可能来自西亚，其他中国发现品均与印度河关系密切，其传入中国的途径有二，一是翻越帕米尔高原进入新疆或先行进入中亚再折而东进新疆，二是一路向北，进入中亚和蒙古高原，再从后者南下进入中国北方和中原地区③。李会综合中外专家认识，指出兴都库什山在连接印度和中亚一带起着重要的桥梁作用，而阿姆河上游山谷穿过兴

---

① 引自《淅川下寺春秋楚墓》，具体出版信息见相关注释。
② 吕红亮. 中国境内出土的蚀花石珠述论 [M] //霍巍，王挺之. 长江上游早期文明的探索. 成都：巴蜀书社，2002：161-165；赵德云. 中国出土的蚀花肉红石髓珠研究 [J]. 考古，2011（10）：71-74；李会，郑建国. 从早期蜻蜓眼式玻璃珠的传入看汉代以前的中外交通 [J]. 四川文物，2010（2）.
③ 赵德云. 中国出土的蚀花肉红石髓珠研究 [J]. 考古，2011（10）：73.

都库什直到印度是北部草原至农业定居区的通道之一①。因此我们认为，在中亚、天山、帕米尔一带大量分布的蚀花肉红石髓珠，应是自印度翻越帕米尔高原北上的结果。随后它们继续东传到新疆和蒙古高原，其传至蒙古高原者，再南下进入中国北方和中原②。

河南淅川下寺出土石髓珠的楚墓，同时也出土了红玛瑙珠，尽管它们有各自的初始源头，但在进入楚地的线路上，却会是相同甚至是伴随而来的。而这条入楚的北方线路，也是蜻蜓眼传入的路径。

四、青铜骆驼灯台

青铜骆驼灯台是指灯座铸造成骆驼或人骑骆驼形的青铜灯。到目前为止，在楚文化区的荆州和荆门共发现三座青铜骆驼灯台。时代均为战国时期。下面先对这三座灯台作一介绍。

湖北江陵望山2号楚墓：在其头箱随葬骆驼灯台一件，由豆形灯与人骑驼形灯座两部分组成。灯盘较大，平沿稍内敛，厚方唇，浅腹，盘内中心有一尖形烛钎，高1.6厘米。腹外壁呈瓦纹内收，灯柄较长，近盘处较粗，中腰与下端有凸箍，柄尾则插入铜人手捧的铜圈内，与灯座连成一体。铜人昂首直腰骑坐于驼上，头部较大，圆胖脸型，头发梳向后脑，头前部无发。两手屈肘前伸托住管形铜圈，以承插灯柄。双腿屈膝弯足贴于驼身两侧。骆驼头前伸，弓背垂尾，背有双峰。驼四足立于长方形铜板上。铜板长6厘米、宽4.8厘米。全器呈黑褐色，灯身素面，骆驼颈下有斜线纹，前腿上部有直线纹，用来表示驼毛。灯座之人与驼乃分铸，用铅锡合金焊接而成。通高19.2厘米、灯盘径8.8厘米（图4-6，1、2）③。

---

① 李会，郑建国. 从早期蜻蜓眼式玻璃珠的传入看汉代以前的中外交通［J］. 四川文物，2010（2）.
② 赵德云. 中国出土的蚀花肉红石髓珠研究［J］. 考古，2011（10）：73-74.
③ 湖北省文物考古研究所. 江陵望山沙冢楚墓［M］. 北京：文物出版社，1996：134.

<<< 第四章　楚文化考古遗存中的域外文化因素探索

湖北荆州鸡公山墓地①：骆驼站在一小长方形铜板上，其双峰中间立一圆柱，柱上有一圆形灯盘，已残。高13厘米（图4-6，3）。

湖北荆门后港：骆驼站在一小长方形铜板上，背骑一人，双手肘伸，持灯柄下端，柄上端托灯盘。盘圆形，较浅。内有类锥状铜钎。灯台通高18.5厘米、灯盘径9厘米、底座径长6.2厘米、宽4.8厘米（图4-6，4）。

图4-6　湖北荆州地区出土青铜骆驼灯台②

众所周知，自古迄今，楚地并不出产骆驼，这三件灯台所铸造的双峰驼形象，只能来自楚文化以外的区域。据研究，双峰驼的原产地在东起黄河河套，西至哈萨克斯坦中部约北纬40~50度的内陆亚洲草原地带③，其被人类成功驯养的始发地在中亚与南西伯利亚地区④。《逸周书·王会解》是最早提到骆驼的

---

① 鸡公山墓地及荆门后港考古发掘资料尚未整理发表，故具体出土单位还不清楚。这两件灯台资料承荆州博物馆王丹、郑忠华提供，特致谢忱！
② 1-2，湖北省文物考古研究所．江陵望山沙冢楚墓［M］．北京：文物出版社，1996：134；3-4，由荆州文旅局郑忠华先生提供．
③ Schaller G B. Wildlife of the Tibetan Steppe［M］. Chicago：University of Chicago Press，1998：154. 陈健文．论中国与古代南西伯利亚间的文化互动［C］//朱凤玉，汪娟．张广达先生八十华诞祝寿论文集．台北：新文丰出版股份有限公司，2010：943.
④ ARUZ J. The Golden Deer of Eurasia［M］. New Haven：Yale University press，2006：196. 陈健文．论中国与古代南西伯利亚间的文化互动［C］//朱凤玉，汪娟．张广达先生八十华诞祝寿论文集．台北：新文丰出版股份有限公司，2010：943.

65

古代文献，说的是北方民族向周成王进献骆驼等特产。此篇可能成书于战国时期①。当时写作"橐驼"，也有写作"馲驼"的，这体现了"骆驼"这一外来词在进入华夏文化圈的初始期，其写法尚未定型的情形。

我们再看人和驼的造像特点。皮道坚认为，楚人处理这类写实的立体人物形象，不及他们创造想象中的龙、凤、怪兽等形象那样得心应手②。如果换个角度，这种质朴稚拙的表现手法，也完全可能是因为楚人对北方游牧文化的陌生，对来自草原的另一种生活方式只有较为模糊的感观，才铸出如此粗率浑朴的形象③。还值得注意的是铜人的特点，他们有宽圆丰腴的面庞，属于蒙古人种北亚类型中的典型脸型，其发式前秃后留，颇类于清代满族人的薙发形式，而不同于华夏民族的蓄发留辫，或许这正是北方部分民族薙发形式的远源。

综合以上分析，楚文化区发现的骆驼灯台，其骆驼造型的生活原型，应来自华夏族群以北的内陆亚洲草原，如果联系到南西伯利亚巴泽雷克古墓发现的楚式风格的丝绸和铜镜④，我们就可以作这样的理解：南西伯利亚与中国楚地及相邻地区之间在战国时期存在过文化互动。

五、天平砝码

天平砝码是当代社会常见的权衡器，但它并非新生事物，而是古已有之。中国最早的天平砝码实物发现于战国时的楚墓中，且多是用来称量黄金货币的。这是一种带有一组环状青铜砝码的等臂天平，天平衡杆为粗细均匀的长木条，其截面一般为方形，提钮设在衡杆的中点上（钻孔穿绳作提钮），衡杆的两端用细绳各系着一个大小、重量均相同的青铜称盘。根据出土情况，中国早期的天

---

① 杨宽. 论《逸周书》[J]. 中华文史论丛, 1989 (1): 13.
② 皮道坚. 楚艺术史 [M]. 武汉: 湖北教育出版, 1995: 258.
③ 陈健文. 论中国与古代南西伯利亚间的文化互动 [C]//朱凤玉, 汪娟. 张广达先生八十华诞祝寿论文集. 台北: 新文丰出版股份有限公司, 2010: 945.
④ 鲁金科. 论中国与阿尔泰部落的古代关系 [J]. 考古学报, 1957 (2); 陈健文. 论中国与古代南西伯利亚间的文化互动 [C]//朱凤玉, 汪娟. 张广达先生八十华诞祝寿论文集. 台北: 新文丰出版股份有限公司, 2010: 924-926.

平砝码只出现于楚文化分布区，尤以南楚中心长沙出土最多，湖北江陵、安徽寿县、江苏江宁等地也有少量发现。下面先对楚文化分布区出土战国天平砝码作简要介绍，然后比照域外材料，试作论断。

湖北江陵雨台山楚墓①：雨台山墓地共有3座楚墓发现了青铜砝码14件，另有1座墓中发现天平衡杆1件。砝码形如铜环，灰黑色，大小相次。天平衡杆木质，四棱扁条形，两端和中间各有一供穿绳的小圆孔。长28.3厘米、宽1厘米、厚0.3厘米。依据墓葬年代，这批天平砝码属战国时期，其中天平衡杆属战国中期，砝码则战国早、中、晚期均有。

湖南长沙左家公山15号墓②：该墓出土了全套天平砝码，时代为战国中期。木质天平衡杆作扁条形，长27厘米，杆正中有一孔，孔内穿丝线作为提钮。杆两端内侧0.7厘米处，各有一穿孔，内穿丝线四根以系铜盘。丝线长9厘米。铜盘两个，直径4厘米，底略圆，边缘有四个对称的小孔用以系线。砝码共9个，青铜质，重量从大到小依次是8两、4两、2两、1两、12铢、6铢、3铢、2铢、1铢，总重250.5克，约为当时的一斤。楚国流行的主要货币是称量货币，这种小小的权衡器就是为商品交换中称量黄金而制作的。湖南楚墓中出土的权衡器很多，但大多锈蚀不堪，唯此套天平砝码保存完好（图4-7，1）。现藏国家博物馆。

钧益铜砝码③：1945年在湖南长沙近郊楚墓出土，时代为战国。共出大小青铜砝码10个，均作环形（图4-7，2），十枚相加共重约500克，为楚制二斤。其中第二枚刻有"钧益"二字，故名。"钧"衡量单位，"益"同镒。现藏湖南省博物馆。

---

① 湖北省荆州地区博物馆. 江陵雨台山楚墓［M］. 北京：文物出版社，1984：88-89.
② 湖南省文物管理委员会. 长沙左家公山的战国木椁墓［J］. 文物参考资料，1954（12）.
③ 高至喜. 湖南楚墓中出土的天平与砝码［J］. 考古，1972（4）.

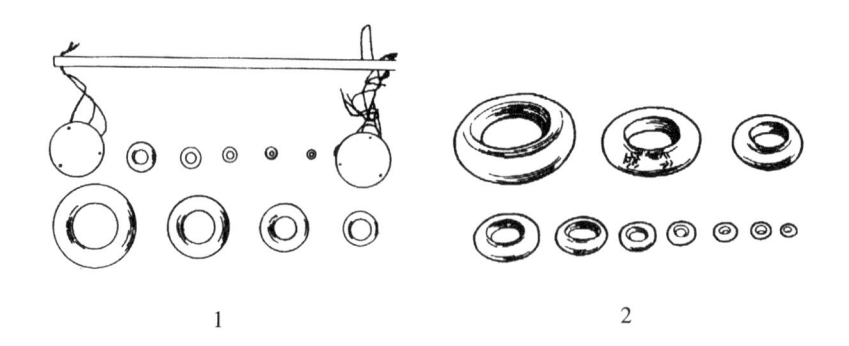

图 4-7 天平砝码①

长沙贺龙体育场 5 号墓②：该墓共发现 7 件青铜砝码，大小相次，圆环状。现藏长沙市博物馆。

安徽寿县青铜砝码③：寿县青铜砝码有过两次发现，一次是 1933 年于寿县朱家集出土，同时出土的还有衡杆和铜盘。砝码共 7 枚，第 4 枚上刻"臣于子之官镮"几个字。另一次是 1951 年在寿县采集所得 6 枚青铜砝码。除 1 号砝码锈损过甚外，各权之间重量略呈两倍递增。这 6 枚砝码总重约 211.9 克，比楚制一斤约 250 克重量略轻，较两湖地区出土的砝码稍轻，而接近于江苏江宁、安徽巢湖所出铜砝码。现藏安徽省博物馆。

江苏江宁青铜砝码④：1970 年出土于江苏江宁板桥，共 6 枚，最小的一枚约为六铢，最大的一枚为一斤。这组砝码递增关系不明显，从外形看也显然不属于一套。

天平砝码在战国时期的中国虽仅出现于楚地，但环顾域外，在更早的时期却已流行于埃及和印度。

---

① 1, 湖南省文物管理委员会. 长沙左家公山的战国木椁墓[J]. 文物参考资料, 1954 (12); 2, 高至喜. 湖南楚墓中出土的天平与砝码[J]. 考古, 1972 (4).
② 高至喜. 楚文物图典[M]. 武汉: 湖北教育出版社, 2000: 420.
③ 高至喜. 楚文物图典[M]. 武汉: 湖北教育出版社, 2000: 419-420.
④ 吴慧. 新编简明中国度量衡通史[M]. 北京: 中国计量出版社, 2006: 61.

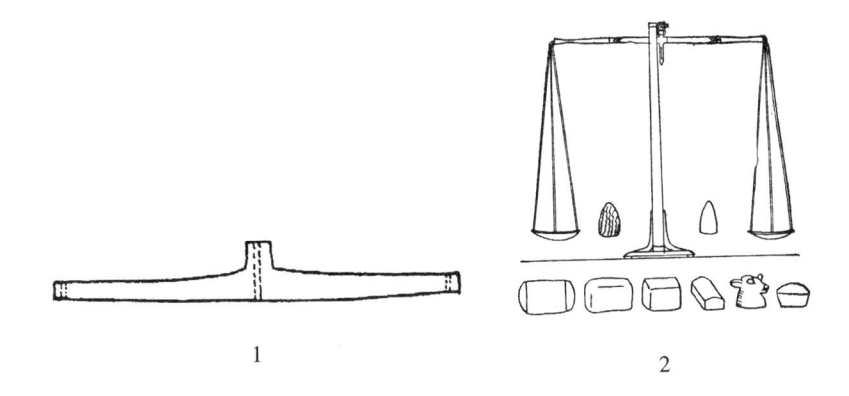

<<< 第四章　楚文化考古遗存中的域外文化因素探索

图4-8　埃及天平砝码①

埃及天平砝码从阿姆拉时代（公元前4000—前3500年）就已出现。最古老的天平是用史前时期常用的红棕色石灰石制成小横杆，上有一凸起的中界，横杆两端各有一孔，用以悬挂天平盘（图4-8，1）。重量单位通过砝码体现出来。砝码一般标有重量，但误差很大。砝码的形状各异，最普通的呈方形和公羊头形，还曾见过属前王朝时期的圆锥体形②（图4-8，2）。另一种较早的天平是在横杆的中心和两端各钻一孔，中孔挂在环状挂钩上，两端各系一根带钩的绳子，供挂篮子或盘子，一边放砝码，一边放实物。埃及第四至第六王朝墓室壁画中出现的称贵重金属的天平盘，都是以单绳悬挂。第十二王朝后开始用双绳，此后，三股或四股绳的挂盘就常见了③。还可以看到十九王朝时期（公元前1295—前1202年）的《奥赛里斯审判》"死人书"插图中的天平形象：左边画着掌木乃伊制作及墓园之神安努贝斯（狗头）牵着身着白衣的死者前去接受审判。接着安努贝斯在天平上称量死者的心，看看是否和真理（以羽毛象征）

---

① 引自《人类早期文明的"木乃伊"——古埃及文化求实》，具体出版信息见本页相关注释。
② 汉尼希，朱威烈，等. 人类早期文明的"木乃伊"——古埃及文化求实 [M]. 杭州：浙江人民出版社，1988：325-326.
③ 汉尼希，朱威烈，等. 人类早期文明的"木乃伊"——古埃及文化求实 [M]. 杭州：浙江人民出版社，1988：325-326.

平衡，旁边的怪兽等着吃掉没有通过审判的心①（图4-9）。楚文化区出土的天平衡杆钻三孔、穿绳悬挂称盘等方面与埃及天平非常相似，且在功用上如称量贵重金属也有相似之处。即便是古埃及人称量"人心"的宗教心理，与流传至今的中国人的"良心"观及"良心叫狗吃了"等说法，也有异曲同工之妙。

图4-9　埃及十九王朝《奥赛里斯审判》壁画②

在公元前3000—前1700年之间，古代印度也是用天平砝码来称量重量的③。在印度河流域的各个遗址中，已经发现了各式各样的砝码，它们由浅燧石、硬黑石、石灰石等不易磨损的石料制成，质地坚硬。砝码外形通常是立方体，也有圆锥体、桶状或圆柱状，表面光滑。砝码的单位重量为0.875克，最重的砝码有10.97公斤。发现最多的砝码重量是13.64克，相当于单位重量砝码的16倍。这些砝码重量之间成倍数增长，即1、2、4、8、16、32、64等。小砝码用二进位制，大砝码用十进位制。制造和买卖珍宝珠玉的匠人和商人用的是小砝码，非贵重物品则用大砝码。未发现过木衡杆，但出土过青铜衡杆的残片。称盘有铜、陶两种质地④。

比较三地的天平砝码形制，除印度缺乏木质天平衡杆可比外，在天平衡杆

---

① 蒲慕州. 法老的国度：古埃及文化史［M］. 桂林：广西师范大学出版社，2003：85.
② 蒲慕州. 法老的国度：古埃及文化史［M］. 桂林：广西师范大学出版社，2003：85.
③ 后德俊. 楚国的矿冶髹漆和玻璃制造［M］. 武汉：湖北教育出版社，1995：171.
④ 涂厚善. 古代印度河流域的文化［M］. 北京：商务印书馆，1981：15.

上埃及与中国多有相通之处，埃及与印度的砝码有相似之处，而与中国有较大区别，体现在砝码质地、单位重量和外形都不相同。但印度与中国在全套砝码相邻之间的重量关系上均成倍数关系，显示出内在机理上的相通。

再看三地天平砝码出现的时间，埃及最早，印度其次，楚地最晚。综合上面对天平砝码形制、功用的比较，可以认为，楚文化区的天平砝码应是受域外天平砝码体系影响并改进变异的产物。

至于楚文化区天平砝码的传入路径，还缺乏过硬的证据链条。目前仅能据现有材料作一推断。由于中国早期天平砝码仅发现于楚文化分布区，且发现最多的地区不是楚文化中心的荆州和江淮，而是作为次中心且更靠南方的湖南长沙。中国北方及更北地区目前未有天平砝码的发现，由此我们初步认为楚地的天平砝码不像前文所讨论的蜻蜓眼、红玛瑙珠等是从中国北方南传而来，相反，它应是南来之文化因素。至于是从海路南来还是经西南陆上丝绸之路而来，结合楚地文献中的域外文化因素，我们倾向于是海上丝绸之路。

六、佛教文化因素

学术界传统上认为佛教产生于公元前6—前5世纪的印度[1]，在两汉之际传入中国[2]，佛教造像的传入则要晚几个世纪[3]。近年，张正明先生洞幽发微，通过对湖北江陵天星观2号墓出土的两件漆木器的分析，认为战国中期曾有佛教造像传入南楚[4]。下面不妨对这两件器物的特征及所蕴含的文化因素作一番转述和辨析。

---

[1] 辞海编辑委员会. 辞海（缩印本）[M]. 第六版. 上海：上海辞书出版社，2010：518.
[2] 任继愈. 中国佛教史：第一卷[M]. 北京：中国社会科学出版社，1985：45；阮荣春. 佛教南传之路[M]. 长沙：湖南美术出版社，2000：6.
[3] 阮荣春. 佛教南传之路[M]. 长沙：湖南美术出版社，2000：6.
[4] 张正明，院文清. 战国中期曾有佛教造像传入南楚[J]. 江汉论坛，2001（8）.

1. 羽人凤鸟

"羽人"的造型,上身为人身,下身为鸟肢,腹部由人向鸟过渡。上身的局部有鸟的特征,下身的局部也有人的特征。人作昂首挺胸状,曲肘合掌。头顶圆平,头发后掠如盔。头顶正中有断痕,当初可能戴有冠饰之类。面部为宽额圆脸,眼球微凸,鼻梁隆起,耳廓呈钩状,口部为鸟喙。上体裸露,肌肉丰满,腹部内收。臀部浑圆,臀后有扁而长的鸟尾。下肢粗壮,雕有羽纹。足部为鸟爪,立在一只凤鸟的头顶上。凤鸟下部有尖而长的榫头,当初大概是插在某种器座上。出土时,肩部已残断,双臂脱落,但从两个毛糙无漆的掌心看,它们本来应该是合掌的。凤鸟为鹰钩状嘴,尖喙,圆眼略鼓,曲颈,两翅伸展做飞翔状,尾部下垂,两爪弯曲踏在方木棍形的榫头上。整器以黑漆为地,红、蓝彩绘出羽纹。通高65.7厘米(图4-10,1)。

这件所谓的羽人凤鸟,并非中国传说中通体是人仅身体上长着羽毛的羽人,而应是佛教中的妙音鸟造像。因妙音鸟的造型,正是上身是人而下身是鸟,曲肘合掌,神情端庄。"妙音鸟"是汉译,其梵名"迦棱频伽",意为"美妙的声音"。当佛教在印度初传时,就有妙音鸟造像了。而在中国也发现过若干妙音鸟造像,天星观2号墓出土的妙音鸟是中国所发现的迄今为止最早的一只[1]。

2. 彩绘凤鸟莲花豆

莲花豆为髹漆木雕(M2:238),由蛇座、凤柄、莲盘三部分以榫卯结构组成(图4-10,2、3)。因此张正明先生认为全称应是"凤鸟践蛇莲花豆"。蛇座是一条长蛇蟠绕成圆弧四凸圈状,蛇头伏在蛇身上。蛇尾反翘与凤尾相接,连同凤鸟的双脚形成三根支柱。凤鸟双脚并立于蛇座之上,用《山海经》里常见的说法,可称作"践蛇"。凤身宽大,凤胸前突,凤背略隆,凤翅平展,凤尾做扇状展开而与蛇尾相接。凤鸟曲颈仰首,张大的凤喙衔着粗短的榫头,榫头与豆盘底部正中的榫眼铆接。凤冠下垂,及于凤背。豆盘圆形,腹较深,口微

---

[1] 张正明,院文清. 战国中期曾有佛教造像传入南楚[J]. 江汉论坛,2001(8).

敛，底全平，口沿外是一圈莲瓣，共十四瓣。此豆通体髹漆，盘内髹红漆，盘外髹黑漆。凤鸟身上有彩绘的羽纹以及龙、凤、蛇、蟾蜍等纹样。蛇身上有彩绘的鳞纹。

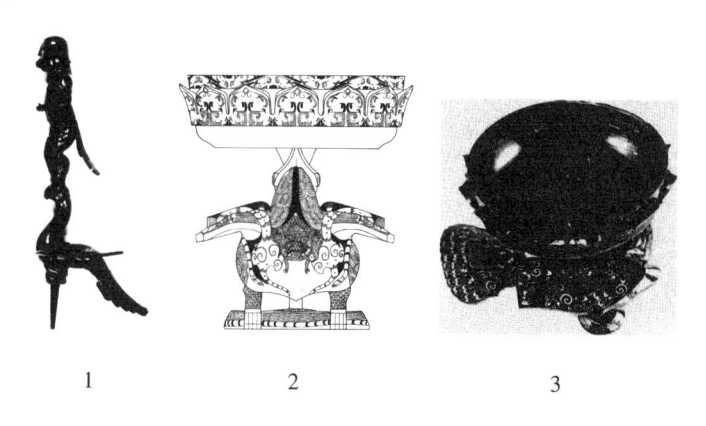

1　　　　　　　2　　　　　　　3

图4-10　天星观二号墓羽人凤鸟、彩绘凤鸟莲花豆[1]

2. 正面线图；3. 俯视照

与佛教造像有关的是豆盘外沿的一圈莲瓣。楚地产莲，所以楚人对莲应是司空见惯。但这个莲花豆上的莲瓣并不是真实莲花的描摹，却与流行于印度的莲座如出一辙。即莲花豆上的莲瓣扁平、花蕊超大，花瓣的形状、数目等全同于莲座上的莲瓣。印度莲座早在佛陀降生前的印度教中就存在了，它是天帝大梵天的坐具。佛教产生后，佛陀信徒认为既然大梵天有莲座，诸佛也应该有莲座[2]。因此，在佛教产生后的500多年时间里，印度虽没有出现直接表现佛陀的雕塑和绘画，但到了公元前4世纪，却有着象征性表现佛陀的手段，即用莲座、足迹之类来代表佛陀。

张文发表后引起了学术界广泛关注，也招来质疑。邵学海先生撰文提出佛教产生后500多年里，印度没有出现直接表现佛陀的雕塑和绘画。因此战国中

---

[1]　张正明，院文清. 战国中期曾有佛教造像传入南楚 [J]. 江汉论坛，2001（8）.
[2]　张正明，院文清. 战国中期曾有佛教造像传入南楚 [J]. 江汉论坛，2001（8）.

期"佛像入楚"不可能①。之后双方经过了一个来回的讨论辨析,但谁也没有说服谁。这场学术辩论只好悬而未决不了了之。

在笔者看来,讨论此论题正反观点的谁是谁非,首先要明确三个不同的概念:佛教、佛教造像和佛陀造像(简称"佛像"),可遗憾的是双方都未就这三个概念去区分辨析,乃至讨论中概念偷换、指代不清,当然难以辨出个青红皂白来。

显然,佛教是指这一宗教的教义和思想,内涵最广。佛教造像是指反映佛教文化的人工造像,而佛陀造像则仅指表现佛陀本人的造像。根据佛教发生发展的实际情况可知,佛教产生时间最早,佛教造像其次,佛陀造像再其次。具体为佛教在公元前6—前5世纪产生后,开始的500多年里,不存在佛陀造像,从公元前4世纪起,出现了利用莲座、足迹等象征性手法表现佛陀的现象。而佛教造像妙音鸟,则在佛教产生初就已出现。诸佛座具莲座,更是早在佛教产生前的印度教和印度神话中就已存在。

关于佛教及其造像的东传,有南北二线(即陆路和海路),传统上认为北线早于南线,中国佛教受北线传来的佛教影响更大。但也有学者提出新论,认为佛教南传系在时间和速度上遥遥领先②。这与梁启超早就提出的"举要言之,则佛教之来,非由陆而由海,其最初根据地,不在京洛而在江淮"③的观点暗合。梁还指出,"汉武平南粤后,大迁其人于江淮,此后百数十年中,粤淮间交通当甚盛,故渡海移根之佛教,旋即播莳于楚乡,此事理之最顺者"④。这恐怕就是东汉初楚王刘英奉佛的地缘因素⑤。殊不知,更有早在战国中期的荆州,就出现了佛教文化之迹,这就更有力地支持和印证了佛教南传之路早于北方的

---

① 邵学海. 孔雀王朝不曾塑佛 东周楚国何来造像——《战国中期曾有佛教造像传入南楚》之献疑[J]. 江汉论坛, 2002 (6).
② 阮荣春. 佛教南传之路[M]. 长沙:湖南美术出版社,2000:7.
③ 梁启超. 佛学研究十八篇[M]. 上海:上海古籍出版社,2001:32.
④ 梁启超. 佛学研究十八篇[M]. 上海:上海古籍出版社,2001:33.
⑤ 任继愈. 中国佛教史:第一卷[M]. 北京:中国社会科学出版社,1985:92.

<<< 第四章　楚文化考古遗存中的域外文化因素探索

论断。

还值得一谈的是莲花豆的柄和座，乃"凤鸟践蛇"造型。实际上这是受印度金翅鸟盗药神话影响而衍生的造型。源于金翅鸟为救身陷囹圄的母亲而去盗不死药予囚禁其母的群蛇，其与守药二蛇神交战，杀死了二蛇神。得药后与追踪而来的天帝因陀罗达成默契，并获得因陀罗的一项恩典，即此后金翅鸟将以曾羞辱过他们母子的群蛇为食①。由金翅鸟与蛇争斗的这两个故事，衍生出许多鸟践蛇形象。因此，"凤鸟践蛇"造型的印度神话渊源，强化了莲花豆的佛教文化因素认定。因为，同为印度文化的宗教和神话因子，共存于一器，起到了互证和补证的作用。

综上，笔者认为，战国中期楚地出现佛教文化因素，如妙音鸟和豆盘上装饰莲瓣，是完全可能的，但要说当时已出现佛像则万不可能。希望笔者的这一表述能为弥合上述张、邵双方对立的观点作出一点贡献。

荆州天星观的这两种佛教文化因素，虽有空谷足音之叹，确也成为佛教东传的重要时间和地点标尺。再联系起上面谈到的金翅鸟故事及苏雪林曾经讨论过的屈赋中的众多印度神话和宗教因素②，则这两样佛教文化因素并非孤例，其所谓的"早"也就不足为奇了。以妙音鸟、莲花豆为代表的佛教文化因素，其传播路径，我们认为是来自南方的海路。

七、小结

春秋战国时期，身处内地的楚文化区，通过周邻地区与域外存在着广泛的文化交流和互动。阿尔泰山北端的巴泽雷克古墓，出土了战国时期的明显具有楚地风格的丝绸和铜镜，这是楚文化外传的证迹③。而兼收并蓄、博采众长的楚文化，更以恢宏的气势吸纳着众多域外文化，从考古实物上我们就能举出

---

① 杨怡爽. 印度神话 [M]. 西安：陕西人民出版社，2010：33-37.
② 苏雪林. 天问正简 [M]. 武汉：武汉大学出版社，2007：176-181.
③ 陈健文. 论中国与古代南西伯利亚间的文化互动 [C] //朱凤玉，汪娟. 张广达先生八十华诞祝寿论文集. 台北：新文丰出版股份有限公司，2010：924-926.

"蜻蜓眼"玻璃珠及玻璃制造技术、红玛瑙珠、蚀花肉红石髓珠、青铜骆驼灯台、天平砝码、佛教文化因素等外来文化和技术。这些外来文化因子进入楚地的时间最早在春秋中期，延续到楚国覆亡，当然此后也一并融入大一统社会的中外文化交流互动之中。

进入楚地的外来文化因素，有两条路径。一条是北方草原之路。即通过欧亚草原、蒙古高原，西来文化因素传入中国北方、中原，并到达楚文化区。通过此途进入楚地的外来文化因素有"蜻蜓眼"玻璃珠、红玛瑙珠、蚀花肉红石髓珠、青铜骆驼灯台等。这条路线实际上是中外文化交流互动的一个主渠道，除了上述四种春秋战国时期入楚的外来文化外，中外之间最早的接触通道也是此道，最鲜明的例子有宁夏水洞沟文化的勒瓦娄哇技术、中国彩陶、冶铜术、部分家培动植物如黄牛、绵羊（世系B）、小麦等在东亚大陆的出现，均是通过北方草原之路来到东方的。第二条线路是南方海上之路，或称海上丝绸之路。我们讨论过的天平砝码和佛教文化因素，应是战国中期通过南方海路进入东亚并到达楚地的。这是南海丝绸之路的最早开辟，比传统上认为的要早两个世纪[①]。而北方草原之路，其开辟时间要早更多，春秋战国时期的域外文化通过北方草原之路入楚，只不过是更早时期的中外交通的延续。

原载《楚文化研究论集》第11集，上海古籍出版社，2015年7月

---

① 南海丝绸之路的最早记载可追索到《汉书·地理志》卷二八"粤地"条，记汉武帝时中国海船从雷州半岛出发经东南亚航行到印度洋，最远达印度半岛南部黄支国（今康契普拉姆）。另见陈炎. 南海丝绸之路与中外文化交流[M]//海上丝绸之路与中外文化交流. 北京：北京大学出版社，2002：67.

第五章

蒜头壶的"蒜头"造型试解

本章提要：本章引入民俗学中有关"蒜头"作为生殖崇拜象征符号的现象，尝试对战国晚期到西汉时期的蒜头壶进行功能解析，认为蒜头壶正有生殖崇拜象征符号的功能，它应是战国晚期秦国发动统一战争以来亟须扩充国家人口的民俗反映。

蒜头壶始见于战国晚期的秦文化墓葬，有青铜和陶质两种，青铜质的基本形制为圈足、扁圆腹、细长颈且在颈口处环列一圈蒜瓣，通常为六瓣（图5-1）。蒜头壶正是因这一别致的造型而得名。陶质蒜头壶一般认为是模拟青铜蒜头壶而来，属仿铜陶礼器。但陶质壶的蒜头造型一般不分瓣，外形呈一膨出的圆球状，可认为其原型是独头蒜。蒜头壶随着秦王朝统一六国而走出关中，西汉墓中仍有发现，到西汉晚期才渐渐式微。后代断续有瓷质蒜头壶的制作，显然是对秦汉蒜头壶的模仿。蒜头壶作为秦文化的重要标志，理应受到重点研究，但目前专门的研究成果并不多见，笔者仅见到数篇涉及蒜头壶的论著和文章[①]，里面

[①] 陈平.浅谈江汉地区战国秦汉墓的分期和秦墓的识别问题[J].江汉考古，1983（3）；陈平.论关中秦墓青铜器的分期问题（下）[J].考古与文物，1984（4）；李陈奇.蒜头壶考略[J].文物，1985（4）；陈平.关陇文化与嬴秦文明[M].南京：江苏教育出版社，2005；吴小平.汉代青铜容器的考古学研究[M].长沙：岳麓书社，2005；吴小平.汉代铜壶的类型学研究[J].考古学报，2007（1）；高凤.战国晚期至秦代秦文化扩张的初步探究——以考古学为视角[D].西安：西北大学，2012.

也只是对蒜头壶作一些类型学的分析或简单的介绍,至于为什么要在壶口环列一圈蒜瓣或膨出一个独蒜状的造型,其寓意何在?似乎从来都没有人解释过。笔者因受民俗学的启发,尝试在此提出一种理解,以就教于方家。

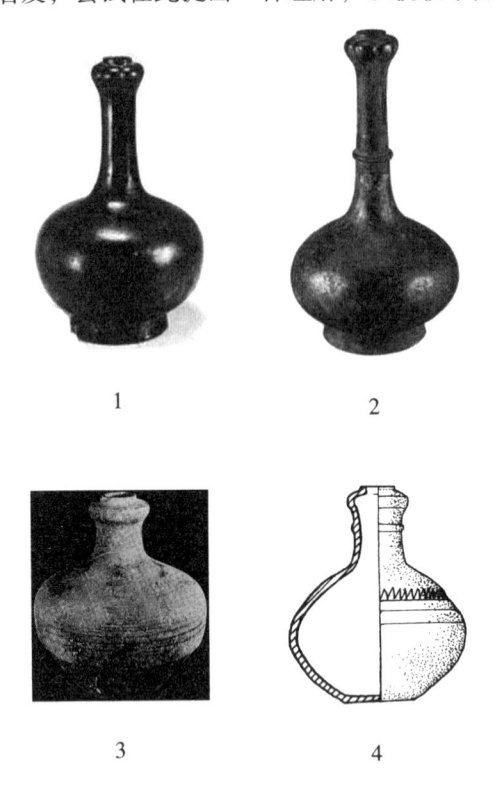

图 5-1　蒜头壶①

1、2 为青铜质,3、4 为陶质。1. 陕西凤翔高庄野狐沟 M1；2. 西安博物院藏；3. 咸阳任家嘴 M177；4. 咸阳任家嘴 M126

一、蒜头的生殖崇拜寓意

王国维提出"二重证据法"后,研究文史的中国学人又发展出了第三和第

---

① 引自相关考古发掘报告和图录,具体出版信息见相关注释。

四重证据,称三重证据法和四重证据法,其中最值得倡导的是张正明的"读书、考古、采风"三重证据(也称"文献、实物、民俗")[1] 和叶舒宪的"传世文献、出土文献、口传与非物质资料、实物和图像"四重证据[2]。这两种提法实质相同,因为张的三重证据中的"考古",包含了出土文献及实物和图像,正好成为叶的四重证据中的二种。利用四重证据的"立体释古"方法,能起到触类旁通、柳暗花明的效果。

笔者认同并实践这样的方法,在思考蒜头壶的"蒜头"寓意而不得要领时,便尝试从文献和民俗资料中寻找线索。正巧从端午节俗中发现有悬挂蒜头、制作蒜拳的习俗。如《帝京岁时纪胜》载:端午节"幼女剪彩叠福,用软帛缉缝老健人、角黍、蒜头、五毒、老虎等式"[3]。还有的记载端午节"戴蒲为剑,割蓬作鞭,副以桃梗蒜头,悬于床户"[4]。而据笔者研究,端午节最古老的起因正是死神神话和生殖崇拜习俗[5],端午节上纷繁多样的节俗内容,都是为了避死和保生促生,因此在端午节中挂蒜和制作蒜拳自然也是出于保生促生的生殖崇拜观念。

关于古人的生殖崇拜习俗和观念,今人或许不能理解,但在古代,尤其是远古,实在是一个决定族群生死存亡的大事。古人云"食、色,性也",是说饮食和男女两性关系,是人类的本性。确实,无饮食个体不能存活,无男女两性关系,族群不能延续。因此这两方面是古人最大最重的关切,远古的巫术活动,不是食物的丰产巫术,就是人类的生殖巫术,也正是这个原因。

古人的生殖崇拜观念,是要通过相应的生殖崇拜文化和巫术行为来表现的。我们发现他们会借助那些子(籽)实多的动植物形象来表达生殖崇拜愿望。如

---

[1] 张正明. 读书·考古·采风——南方民族史的史料学问题[M]//张正明学术文集. 武汉:湖北人民出版社,2007:262-266.
[2] 叶舒宪. 文学人类学教程[M]. 北京:中国社会科学出版社,2010.
[3] 王碧滢,张勃. 燕京岁时记(外六种)[M]. 北京:北京出版社,2018:43.
[4] 张君. 神秘的节俗[M]. 南宁:广西人民出版社,2007:105;刘晓峰. 东亚的时间[M]. 北京:中华书局,2007:149.
[5] 宋亦箫. 端午节俗起源新探[J]. 中原文化研究,2016(2).

鱼、鸟、蛙、葫芦，甚至延及古代社会后期才进入中国的石榴、玉米、辣椒等等。它们多子（籽）实的共同特点为古人所欣羡，如是通过刻、画、塑、捏等各种手段表现它们，希冀将它们的多子现象转移到人类身上。这就是仰韶文化彩陶中众多的鱼纹和鸟纹、马家窑文化中突出的蛙纹和蛙肢纹、古代民间传说中的葫芦生人等现象广泛存在的内在基因。我们今天还能在北方农村看到的房角屋檐下悬挂成串的辣椒、蒜头、玉米棒子（图5-2），绝不要以为那只是装饰或只是表达丰收的喜庆，真实的原因应是自古以来人们在交感巫术的思维下，通过悬挂多籽实的植物从而希冀人丁兴旺子孙繁衍的生殖崇拜习俗的遗留。

回到蒜头壶上。秦人在长颈壶的壶口设计出环列的蒜瓣造型，当然也应该是希望大蒜多瓣（籽实）的特性能影响及人类的多子多孙。至于陶质蒜头壶，它一般呈独头蒜状，并未分瓣。一方面可能与陶器要捏制并烧成这样的多瓣蒜状太难，另一方面它毕竟只是模拟铜蒜头壶，取其大意即可，而独头蒜还有一个别称"卵蒜"，似乎也不是完全跟生殖崇拜无关。

图5-2 屋檐下悬挂的大蒜、玉米和辣椒[①]

---

① 引自搜狐美食《一头蒜的前世今生》。

二、茧形（蒜头）壶及蚕茧的生殖寓意

有一些器形特别的蒜头壶，能进一步映证蒜头造型装饰于壶上的生殖崇拜寓意。

首先是一种茧形蒜头壶（图5-3）。这种壶的腹部呈横置的蚕茧形，可看成是茧形壶与蒜头壶口的结合。茧形壶（图5-4）通常为陶质，也是秦文化的典型器，经常与蒜头壶伴出于墓葬中。至于这种壶为何要做成"茧形"，似乎也未有人做过解释。显然，这样的造型既非出于功能，也不是出于美学上的装饰，仍然要从生殖崇拜观念中找答案。

图5-3　茧形蒜头壶①　　　　图5-4　陶质茧形壶②

我们知道"茧"乃蚕所结，结完茧后，蚕蛹变而为蛾，破茧而出，然后交尾产卵，每只雌蛾可产300~400只卵（图5-5），古人崇拜各种产子多的物种，显然蚕蛾也在其中。秦人以包容了蚕蛾的蚕茧为对象，制成茧形壶，自然是希望在使用这种壶的过程，将蚕蛾的强大产卵能力影响及于人类。古人的这种巫术思维，被弗雷泽称作"顺势（模拟）巫术"③。也有学者称这种壶为"鸭蛋

---

① 咸阳市博物馆.陕西咸阳塔尔坡出土的铜器[J].文物，1975（6）.
② 引自《咸阳任家嘴秦墓》，M128. 具体出版信息见相关注释。
③ J. G. 弗雷泽金枝[M].徐育新，等译.北京：新世界出版社，2006：16-62.

壶",毕竟秦人没有留给我们当时的器名,故这两种均依据外形而拟的名称,都说得通。若真是以禽蛋为原型,仍然脱不了其生殖崇拜的内在动机。因为古人也将鸟类(延伸至家禽及神鸟凤凰)作为生殖崇拜的象征,其原因之一便是鸟类产蛋(卵)多多,一样成为人类为使子孙兴旺而采用的顺势巫术对象。

图5-5 蚕蛾产卵①

现在将茧(蛋)形腹和蒜头口结合在一起成茧形蒜头壶,自然是将蚕(鸟)多卵(蛋)和蒜头多瓣这两种子孙繁多的动植物形象叠加以强化其生殖崇拜寓意,以达到促进人类自身子孙绵绵繁衍不息的目的。

还有一类陶瓷质蒜头壶是在其颈、肩部堆塑人物、龙、虎等造型(图5-6),龙、虎经笔者研究实际上是象征男女的生殖崇拜符号②,其中龙代表男性阳性,虎代表女性阴性,龙虎堆塑在一起,不是龙虎"斗",而是龙虎"亲",它们是在交媾缠绵。所以,蒜头壶颈、肩部堆塑龙、虎和人物,自然也是为了强化生殖崇拜的观念。

---

① 引自湖州蚕业网。
② 宋亦箫. 礼玉"六器"的阴阳性别及与四神的关联[J]. 民族艺术, 2014 (3).

图 5-6 东汉黑釉堆塑人兽纹蒜头壶①

三、蒜头壶和茧形壶首现于秦国的原因

蒜头壶和茧形壶，均首现于关中的秦文化区，其后随着秦的扩张才扩散到中原和楚地，并在西汉继续流行了 200 年。那么这两样器物为何首现于战国后期的秦文化中而不是其他列国文化？若本章对蒜头壶和茧形壶寓意的理解大致不误的话，就可以有一种比较好的解释如下。

战国后期的秦国，迫切想用武力统一六国，随着战事的不断扩大，其补充兵员的需求越来越急迫。因此，其渴盼人丁兴旺的愿望也越来越强烈。他们会通过各种方式来达成这一愿望，蒜头壶和茧形壶的出现，正可看成是为了促进人口增殖的文化行为。陈平曾推断两器是西北某些少数民族文化实然传入秦地的结果②。段清波则考证茧形壶有可能有着域外源头，例如地中海东岸在公元前 1000—前 200 年之间、塞浦路斯在公元前 950—前 600 年间，流行着大小、形态等与秦文化茧形

---

① 耿东升. 中国瓷器定级图典 [M]. 香港：商务印书馆（香港）有限公司，2011：51.
② 陈平. 试论关中秦墓青铜容器的分期问题（下）[J]. 考古与文物，1984（4）.

壶几乎一致的泥质陶器，其表面经过抛光，并绘制有精美的图案①。结合这两种观点，若茧形壶甚至蒜头壶真有域外文化背景，则它们能被秦人接受，除了地利之便，更主要的还是其蕴含的生殖寓意正契合战国末期秦国的需求。

还需要作解释的是，在生殖崇拜符号众多的情况下，为何在这种长颈壶口造型的是蒜瓣而不是其他？笔者以为，一方面蒜瓣环列整齐的形状非常适合在长颈壶口作造型，如此，除了生殖崇拜的本意，也能起到装饰美观的效果。其次，大蒜所具有的杀毒除秽的特性，也极为适合用于盛装酒、水的壶体上。

四、蒜头壶所体现的早期东西文化交流

大蒜这种在今天司空见惯的食材，其原生地并不在中国，而是在中亚地区。大蒜的原始野生种到目前尚未发现，但一般将中亚吉尔吉斯斯坦沙漠地区看作是原产地②。大蒜在远古就已向西方传播，如埃及第一位法老的陵墓中发现有黏土质蒜头模型，被置于石棺周围。该陵墓建于公元前3750年③。在古埃及第一、二王朝时代，已有大蒜和圆葱被栽植的记载，在墓葬壁画中也有描绘④。古希腊罗马时代，士兵和劳动者将大蒜当作养精壮神的食物，此后普及地中海沿岸各国⑤。大蒜传入东方也很早，先进入印度并扩及东南亚。一般认为进入中原汉地是张骞出使西域后所带回。如东汉王逸的佚书《正部论》有载："张骞周流绝域，始得大蒜、葡萄、苜蓿。"⑥ 西晋张华《博物志》也载："张骞使西域，得大蒜、胡荽。"⑦《本草纲目》中将大蒜称作"葫"，故大蒜还有胡蒜之

---

① 段清波. 从秦始皇陵考古看中西文化交流（二）[J]. 西北大学学报, 2015（2）.
② 星川清亲. 栽培植物的起源与传播 [M]. 郑州：河南科学技术出版社, 1981：140-141.
③ 切斯特·阿伦. 大蒜 [M]. 周金坤, 译. 北京：中国友谊出版公司, 2006：16.
④ 星川清亲. 栽培植物的起源与传播 [M]. 郑州：河南科学技术出版社, 1981：140.
⑤ 星川清亲. 栽培植物的起源与传播 [M]. 郑州：河南科学技术出版社, 1981：140.
⑥ 贾思勰. 齐民要术 [M]. 沈阳：沈阳出版社, 1995：46.
⑦ 张华撰, 范宁校证. 博物志校证 [M]. 2版. 北京：中华书局, 2014：116. 为《齐民要术》所引《博物志》佚文。

称，另有"蒜"之名，指本地产的小蒜，它只有一个鳞球，故也称卵蒜、独蒜或独头蒜。陶质蒜头壶的"蒜头"造型多为一个鳞球形象，不分瓣，应是对小蒜的取象。"葫"之名透露了大蒜来自异域的信息，大蒜之称也可见其是后来者，因本土先有了外形尤其是食味略似的蒜，现见外来者的鳞瓣合在一处更大，为示区别，便以大蒜名之。土著的"蒜"便只好屈居"小蒜"了。

大蒜来自异域甚至是西域问题不大，可问题出在文献记载中的大蒜进入中土的时间要比蒜头壶出现于秦文化的时间晚。这其中的真实情况到底如何，下面我们尝试作些分析。

若文献记载的大蒜进入中土的时间为真，那么蒜头壶上的蒜头造型来源，就只可能如陈平所推测的那样，是从西北某异域文化采借而来。尽管目前还不清楚传播轨迹，但保持这样的关注是会有利于这一问题的解决的。可以加深这一认识的是上文已提及的段清波对茧形壶有可能源自地中海东岸地区的分析。因为蒜头壶与茧形壶经常伴出，若后者有外来之嫌，前者在秦地的突然出现则似乎也极有可能属舶来品或至少是吸收了外来的造型创意。这样的推测若要成为定论，还得找到域外的蒜头壶分布地以及它的发展演变、分布区域、传播路线和时间等重要信息。这些未知可作为我们今后需要努力的方向。

若文献记载的大蒜进入中土的时间为假，且蒜头壶的创意属秦人自创的话，或许可表明大蒜进入中土的时间至少不晚于战国晚期。但也还有一种可能，不管大蒜实物是否引进到了中土，蒜头壶都不是以本地的实物大蒜为原型，而是直接从域外引进了类似的造型。现在我们还不确定哪一种情况为真，只有继续关注域外是否有与蒜头壶相关的文化信息，也可以进一步考证大蒜进入中土的准确时间。但不管蒜头壶上的"蒜头"造型源于哪一种情况，都不影响我们对它的生殖崇拜寓意和体现早期东西文化交流踪迹的判断。

原载《西部考古》第 13 辑，科学出版社，2017 年 4 月

第六章

西王母的原型及其在世界古文明区的传衍

本章提要：西王母是中国古老神话和道教中的著名女神，她也称金母、金母元君等，是五星神话中的金星神。西王母的原型是西亚神话中的大母神和金星神伊南娜（易士塔儿），后者在世界古文明区皆有传衍，如埃及的伊西丝、印度的黛维、希腊的阿芙洛狄忒和雅典娜、罗马的维纳斯和密涅瓦等。其神格传至古代中国还演化出了除西王母外的诸多女神形象，如女娲、王母娘娘、湘夫人、嫘祖、织女、马头娘、妈祖、素女、泰山娘娘、观音等。西王母及其原型和传衍到世界各地的女神，是远古生殖崇拜观念和星神崇拜观念的结晶。

西王母是中国神话里极为重要的一位女神。关于她的神格、故事的流衍、其图像的内涵乃至将她作为历史人物而探讨她的时代、居地等，成果极为丰富。但关于她的原型为何，她与中国古代神话中的其他女神乃至世界古文明区的诸女神关系为何，却论者寥寥。笔者仅见数位学者有过这方面的讨论，早年的有丁谦[1]、丁山[2]、凌纯声[3]和苏雪林[4]等，近年来的探讨见过库尔班·外力[5]和

---

[1] 丁谦. 穆天子传地理考证：卷二 [Z]. 杭州：浙江图书馆，1915：8.
[2] 丁山. 中国古代宗教与神话考 [M]. 上海：上海书店出版社，2011：74.
[3] 凌纯声. 昆仑丘与西王母 [J]. 台北"中央研究院"民族学研究所集刊，1966（22）：215-255.
[4] 苏雪林. 屈原与《九歌》[M]. 武汉：武汉大学出版社，2007：248-277.
[5] 库尔班·外力. 西王母新考 [J]. 新疆社会科学，1982（3）.

黄涛①两位。二丁都提出西王母是月神，丁谦更指出西王母源于西亚古加勒底国的月神，凌纯声认为丁谦的观点"颇有见地"，并进一步指出西王母三字是苏美尔语月神 si-en-nu 音译而来。苏雪林则认为西王母是五星神话中的金星神，她与世界古文明区的许多大女神也即金星神如伊南娜、易士塔儿、阿芙洛狄忒、维纳斯等有同源关系。库尔班·外力认为西王母的原型是印度大女神乌摩。黄涛也认为西王母的原型是月神，二者有同构和分化的关系等。笔者赞同苏雪林的观点，虽不同意其他几位的主体意见，但认同作为金星神的西王母与月神确有许多共性，二者应有神格的让渡关系。后文将会详论。鉴于苏雪林更多的是提出看法，缺少了些论证，因此颇想综合上述诸位学者的卓识并进行较充分的论证，以引起学界对这些卓识的重新认识，另一方面也有利于推进西王母及世界古文明区的大母神神话乃至早期东西方文化交流的研究。故笔者不揣谫陋，旧论重提，尝试予以新证。此外，近年也有些学者从西王母图像的角度探讨了其与域外古文明区女神神像的影响关系②，是对上述观点的有益补充，笔者将在下文中予以借鉴述评。

一、西王母的神格

透过神话传说、画像砖（石）和前人的分析，我们来归纳一下西王母的诸般神格。

1. 战神

说西王母是战神（厉神、刑神），跟她千百年来在民众中的印象似乎风马牛不相及，但战神性却是她留在中国古代文献中的最早记载。《山海经·西山经》之"西次三经"写道："玉山，是西王母所居也。西王母其状如人，豹尾虎齿而

---

① 黄涛. 西王母神话与月亮神话的关联 [M] //西王母文化研究集成·论文卷：续编一. 桂林：广西师范大学出版社，2011：83-89.
② 李淞. 论汉代艺术中的西王母图像 [M]. 长沙：湖南教育出版社，2000：271-298；王煜，唐熙阳. 汉代西王母图像与西方女神像之关系及其背景 [J]. 考古与文物，2015（5）.

善啸，蓬发戴胜，是司天之厉及五残。"① 这"司天之厉及五残"几字，揭示的正是西王母的战神性。郑玄曾注"厉主杀罚"②，"残"指"残害"，丁山引《左传·襄公廿七年》："兵，民之残也。"③ 则"残"字本义，即以兵加害于人，所谓"天之五残"，当指五兵、五刑，而西王母司之，她不是刑神是什么呢？④ 历代典籍中还有数处记载西王母"遣使授符"助黄帝战胜蚩尤的神话。如明代董斯张《广博物志》卷九："蚩尤幻变多方，征风召雨，吹烟喷雾，黄帝师众大迷。帝归息太山之阿，昏然忧寝，王母遣使者被玄狐之裘。以符授帝，符广三寸，长一尺，青莹如玉，丹血为文。佩符既毕，王母乃命一妇人，人首鸟身，谓帝曰：'我九天玄女也。'授帝以三官五意阴阳之略，太乙遁甲六壬步斗之术，阴符之机，灵宝五符五胜之文。遂克蚩尤于中冀。"⑤ 能帮上征讨四方无有不克的黄帝，这西王母怎么说也该是征战高手了。在河南新野樊集画像砖墓M37中，出土的一件陶器上刻画有一幅与众不同的西王母图像，画面中心位置的西王母右手持一方形板状物，左手持一带箭头的棍状物，经王煜等的分析，认为这是一副矛和盾（图6-1）⑥。持矛和盾的女神能让我们联想到希腊智慧女神兼战神的雅典娜，她手持矛、盾的形象在古希腊遗存中随处可见。由此，从实物图像上再次印证了西王母的战神性。汉魏六朝说部《汉武帝内传》中有对西王母的容貌服饰描写，将她描绘成"天姿掩蔼，容颜绝世"的美神形象，但也不忘带上一句"带灵飞大绶，腰佩分景之剑"的句子。美神佩剑，似乎有点不伦不类，但我们相信作者这样写，定有他的凭依，这凭依当然还是因为西王母固有的战神性了。

---

① 袁珂. 山海经全译［M］. 贵阳：贵州人民出版社，1991：38.
② 李学勤. 十三经注疏·礼记正义［M］. 北京：北京大学出版社，1999：1305.
③ 杨伯峻. 春秋左传注［M］. 北京：中华书局，2009：1129.
④ 丁山. 中国古代宗教与神话考［M］. 上海：上海书店出版社，2011：74.
⑤ 董斯张. 广博物志［M］. 上海：上海古籍出版社，1992：112.
⑥ 王煜，唐熙阳. 汉代西王母图像与西方女神像之关系及其背景［J］. 考古与文物，2015（5）.

<<< 第六章 西王母的原型及其在世界古文明区的传衍

图6-1 河南新野樊集出土西王母画像①

图6-2 四川新都县出土西王母画像砖②

2. 生殖女神

生殖崇拜观念是古代社会起源极早、流传极久的全民观念，除了通过巫术和仪式的手段予以表达，先民们也通过塑造神话中的生殖女神来帮助他们实现生殖多多的愿望。西王母正有这样的神格在身。西汉焦延寿所著《焦氏易林》的繇辞中，多次提到西王母的赐子功能，如坤卦第二之"噬嗑"："稷为尧使，西见王母。拜请百福，赐我嘉子"。③ 鼎卦第五十之"萃"："西逢王母，慈我九子，相对欢喜。王孙万户，家蒙福祉。"④ 在文献和汉代西王母图像中经常伴出的三青鸟和蟾蜍、龙虎双兽座（图6-2），也提示着其主人的生殖神职司。三

---

① 南阳文物研究所. 南阳汉代画像砖 [M]. 北京：文物出版社，1990：图159.
② 高文编. 四川汉代画像砖 [M]. 上海：上海人民美术出版社，1987：图95.
③ 焦延寿，尚秉和. 焦氏易林注 [M]. 北京：九州出版社，2010：12.
④ 焦延寿，尚秉和. 焦氏易林注 [M]. 北京：九州出版社，2010：406.

89

青鸟不管是理解成三足乌还是三只青鸟，都代表了男性男根，与代表着女性的蟾蜍成为一对，而西王母的龙虎座，其龙虎所代表的男女接合观念也十分明显①。此外，西王母的蟠桃会，其蟠桃三千年结一次果，是长寿的仙果且不必说，只提这仙桃的形状，实际上是比附女子的乳房，"吃桃也就暗含着汲食母亲的乳汁。西王母是母亲神，其居所昆仑山为生命之山，她的蟠桃盛会也就等于用自己的乳汁延伸人类的生命，使之生生不已，代代不息"②。还有一种牛头西王母画像石，也特别能说明西王母的生殖女神性。它发现于陕西神木大保当汉墓的门柱或门楣上（图6-3）③，共见20例，呈鸡头东王公与牛头西王母对称的布局。西王母坐于莲台上，人身牛头，有翼。考古报告编写者无法解释西王母的牛头形象，叶舒宪撰文作了极好的解说④，他引用美国考古学家金芭塔斯和英国古典学家赫俪生关于"牛角—牛首意象"的观点，指出"用牛头与牛角表达生殖，在于它们与女性子宫与输卵管的相似性"（图6-4）⑤。且"生命力的自我再生和繁殖，如同牛角的再生"⑥。这便是牛头能与西王母接合在一起的原因。这种用牛头牛角表达生殖的观念及装饰于人、神头部的做法，当也来自域外。此外，汉画像石（砖）中经常与西王母伴出的九尾狐，据《白虎通·封神篇》，它象征着子孙繁息⑦，这或可作为西王母生殖女神的另一象征吧。

---

① 关于鸟、蟾蜍（蛙）、龙、虎在生殖崇拜文化中所代表的男女接合观念，参见宋亦箫．礼玉六器的阴阳性别及与四神的关联[J]．民族艺术，2014（3）．
② 启良．西王母神话考辨[M]//西王母文化研究集成·论文卷：中卷．桂林：广西师范大学出版社，2008：621.
③ 陕西省考古研究所，等．神木大保当[M]．北京：科学出版社，2001：117.
④ 叶舒宪．牛头西王母形象解说[J]．民族艺术，2008（3）：87-93.
⑤ 马丽加·金芭塔斯．活着的女神[M]．叶舒宪，等译．桂林：广西师范大学出版社，2008：36-37.
⑥ 赫丽生．古希腊宗教的社会起源[M]．谢世坚，译．桂林：广西师范大学出版社，2004：301.
⑦ 陈立．白虎通疏证[M]．北京：中华书局，1994：285.

<<< 第六章 西王母的原型及其在世界古文明区的传衍

图6-3 陕西神木大保当牛头西王母画像石①

3. 丰产女神

生殖女神通常兼丰产女神，因为这只不过是一种观念在两个领域的表现。前者促进人类自身的繁衍，后者促进人类所需的动植物的繁殖。西王母的丰产女神神性在《山海经》中就有表现。其《大荒西经》称"王母之山……有沃之国，沃民是处。沃之野，凤鸟之卵是食，甘露是饮"②。《西山经》指出，"玉山，是西王母所居也。……有兽焉，其状如犬而豹纹，其角如牛，其名曰狡，其音如吠犬。见则其国大穰"③。"穰"就是指"庄稼丰收"。《焦氏易林》"小畜之丰"说："中田膏黍，以享王母，受福千亿，所求大得"④。以膏黍享祭西王母并得到她的福佑从而获得丰收，西王母的丰产女神神性十分明显。河南、山东地区的部分汉代西王母画像石（砖），西王母手持一种角状物（图6-5），有研究者认为它正如西方源远流长的大母神及丰收女神所持的丰饶角（图6-6），象征着农作物和牲畜的丰产。西王母手持它是受到了后者的影响所致⑤。之所以会将西方代表丰产的丰饶角借鉴到西王母身上，当然是因为西王母确有丰产

---

① 陕西省考古研究所，等．神木大保当［M］．北京：科学出版社，2001：彩版12．
② 袁珂．山海经全译［M］．贵阳：贵州人民出版社，1991：298．
③ 袁珂．山海经全译［M］．贵阳：贵州人民出版社，1991：38．
④ 焦延寿，尚秉和．焦氏易林注［M］．北京：九州出版社，2010：80．
⑤ 王煜，唐熙阳．汉代西王母图像与西方女神像之关系及其背景［J］．考古与文物，2015（5）．

女神的职司，而深层原因则是她们本就有着同源关系，故有着相同的职司和象征物便毫不奇怪了。

图6-4 土耳其卡托·胡玉克神庙以牛头形符号代表女神子宫的壁画①

图6-5 南阳新野张楼持丰饶角的西王母画像砖②

---

① 马丽加·金芭塔斯. 活着的女神 [M]. 叶舒宪, 等译. 桂林：广西师范大学出版社, 2008：37页图27.
② 南阳文物研究所. 南阳汉代画像砖 [M]. 北京：文物出版社, 1990：图161.

<<< 第六章 西王母的原型及其在世界古文明区的传衍

图6-6 法国洛赛尔持丰饶角"维纳斯"雕像①

4. 纺织女神

西王母作为纺织女神，要从《山海经》所记西王母"戴胜"说起。"胜"被晋代郭璞注为卷纴（丝）的工具②，即纺织的工具。郭宝钧也认为织机上用来卷经线的横轴，叫作摘，也称滕或胜③。汉代画像砖（石）上出现了不少"戴胜"的西王母像（图6-7），甚至是单独的胜纹，有的还在旁边刻上"玉胜王者"字样（图6-8），用以指代西王母本人或仙界。这样"胜"便成了西王母纺织女神职司的象征。

---

① 朱狄. 原始文化研究［M］. 北京：生活·读书·新知三联书店，1988：281.
② 小南一郎. 西王母与七夕文化传承［M］//西王母文化研究集成·论文卷：中卷. 桂林：广西师范大学出版社，2008：551.
③ 郭宝钧. 古玉新诠［M］//台北"中央研究院"历史语言研究所集刊：第二十本下. 1949：30.

图6-7 戴玉胜的西王母画像石①

图6-8 旁刻"玉胜王者"字样的玉胜纹②

我们还可以从西王母与蚕桑的关系来加强论证。六朝小说《别国洞冥记》

---

① 小南一郎. 西王母与七夕文化传承 [M] //西王母文化研究集成·论文卷：中卷. 桂林：广西师范大学出版社，2008：567.
② 小南一郎. 西王母与七夕文化传承 [M] //西王母文化研究集成·论文卷：中卷. 桂林：广西师范大学出版社，2008：544.

有这么一段："朔（东方朔）以元封中游濛鸿之泽，忽见王母采桑于白海之滨。俄有黄翁指阿母以告朔曰：'昔为吾妻，托形为太白之精'。"① 此"王母"正是西王母，"黄翁"则是"黄帝"，"太白之精"是指"金星神"。后文还将分析这三者的关系，此处暂且不表。《山海经·中山经》"宣山"条还有"帝女之桑"的说法："宣山，沧水出焉，东南流，注于视水。其中多蛇，其上有桑焉。大五十尺，其枝四衢，其叶大尺余，赤理、黄华、青柎，名曰'帝女之桑'。"② 这"帝女"正是西王母，如《穆天子传》卷三中西王母自称"我惟帝女"即是。则"帝女之桑"便是特指的西王母桑林了。

5. 美神

如果说《山海经》里的西王母跟美神还沾不上边，至少是看不出她美在哪儿，那汉唐以来的说部里则大为改观，将西王母描画成了天仙（当然她本来就是）。先看《汉武帝内传》："王母上殿东向坐……视之年可三十许，修短得中，天姿掩蔼，容颜绝世，真灵人也。"③ 这种美，堪比希腊美神阿芙洛狄忒罗马神话中称"维纳斯"了。关于西王母的美貌描述，后代多有。东汉张衡《思玄赋》："聘王母于银台兮，羞玉芝以疗饥。……咸姣丽以蛊媚兮，增嫭眼而蛾眉。舒沙婧之纤腰兮，扬杂错之袿徽。"④ 西晋张华《游仙诗》："玉佩连浮星，轻冠结朝霞。列坐王母堂，艳体餐瑶华。湘妃咏涉江，汉女奏阳阿。"⑤ 东晋陶渊明《读山海经》："玉台凌霞秀，王母怡妙颜。"⑥ 真是美得不可方物了。或许有人要说，这都是文学家言，怎么能作得数！其实不然。这些说部诗赋，对待神话人物，不同于向壁虚构，皆有所本，并不敢信口雌黄的。

---

① 郭宪. 别国洞冥记[M]//古今逸史精编. 重庆：重庆出版社，2000：91.
② 袁珂. 山海经全译[M]. 贵阳：贵州人民出版社，1991：171.
③ 吴玉贵，华飞. 汉武帝内传[M]//四库全书精品文存：第24卷. 北京：团结出版社，1997：98.
④ 张衡. 张衡诗文集校注[M]. 张震泽，校注. 上海：上海古籍出版社，1986：224.
⑤ 逯钦立. 先秦汉魏晋南北朝诗（上）[M]. 北京：中华书局，1988：621.
⑥ 逯钦立. 陶渊明集[M]. 北京：中华书局，1979：134.

6. 爱神

西王母作为性爱之神，有更多显性的标志为证。与她结为夫妻的便有三位大神，分别是黄帝、东王公和玉皇大帝，她还与人间帝王周穆王、汉武帝产生了恋情，前者见《穆天子传》，后者见《汉武帝内传》。西王母与黄帝的故事最早，在《云笈七签》卷一百所辑《轩辕本纪》中有记载。上文提到的《别国洞冥记》，里面的"黄翁"正是黄帝，自述与西王母昔日为夫妻。其与东王公的传说更多，《神异经·中荒经》记有她与东王公相会于大鸟背。汉魏的画像石（砖）和铜镜上，则留下了更多的西王母与东王公的身影。玉皇大帝和王母娘娘是道教神话中的主神，他们的故事因了道教的宣传而更为普及。其实这三位丈夫是五星神话中的土星神、木星神和水星神①，西王母为金星神，除自己外，四星神她"嫁"过三神，当然算得上是爱神了。此外在《竹书纪年》中，还记有她与帝舜的故事："帝舜有虞氏九年，西王母来朝。献白环玉玦。"帝舜更多的是神话人物，这两位神道相会，献的是有女阴象征的环、玦，难怪有学者认为这是西王母在自荐枕席了②。

7. 金星神

西王母的金星神格，苏雪林早就有过论断。她在分析屈原《九歌》中的"湘夫人"为金星神时便顺带做出过。而这二神之所以有金星神格，在于她们源于西亚金星神伊南娜和易士塔儿的缘故③。苏的观点给了笔者极大的启发，顺着她的思路，还可以找到更多的证据。先分析"西王母"三字，"西"指西方，金星神在五星五行方位中正位于西，即"西方金"。"王"强调了西王母在神界的众神之长的地位，西亚的金星神伊南娜及易士塔儿，正都有过"天地之女王"

---

① 关于五星神话，可参看苏雪林. 屈原与《九歌》[M]. 武汉：武汉大学出版社，2007：121-277. 至于这三位丈夫与三位星神的对应关系，见于笔者的待刊稿《三皇五帝新解》。
② 启良. 西王母神话考辨[M]//西王母文化研究集成·论文卷：中卷，桂林：广西师范大学出版社，2008：619.
③ 苏雪林. 屈原与《九歌》[M]. 武汉：武汉大学出版社，2007：264-265.

"群神中之王后"之尊位①。"母"则指明了西王母的性别。因此"西王母"三字是对五星神话中的金星神的意译，而非有些学者所认为的是对西方某些女神名的音译。在一些典籍中直接提到西王母又叫金母，如"西王母者，九灵太妙龟山金母也，一号太虚九光龟台金母元君，乃西华之至妙，洞阴之极尊"②。还有一首汉代童谣："着青裙，入天门，揖金母，拜木公。"③ "金母""木公"正是西王母和东王公，对应着金星神和木星神。上文我们所引的《别国洞冥记》，借黄翁（黄帝）之口指出其妻西王母乃太白之精，"太白"即"太白金星"，则"太白之精"自然就是金星神了。

金星神是西王母最大最重要的神格，其实西王母上述各种神格都不过是从金星神神格中衍生而出。下文作详论。

二、西王母的原型是西亚神话中的大母神和金星神伊南娜—易士塔儿

在西亚最早的神话苏美尔神话中，伊南娜（Inanna）是大母神和金星神，到了巴比伦神话，金星神名为易士塔儿（Ishtar），但其神性与伊南娜一致，故本章采取伊南娜—易士塔儿的叫法来统一称呼西亚神话中的大母神和金星神，有时也使用任一单称，含义一样。伊南娜—易士塔儿的雕像或图案常伴有这些形象，并成为她的象征符号：狮子、玫瑰或圆形花饰、八角星、头巾、红玉髓等④，例如有一幅美索不达米亚伊南娜—易士塔儿像（图6-9）⑤，她左手牵一狮并站在狮背上，左腰佩长剑，双肩后斜插数支箭，背后右上方背一箭筒，右

---

① WOLKSTEIN D., KRAMER S N. Inanna: Queen of Heaven and Earth [M]. New York: Harper and Row Publishers, 1983. 苏雪林. 屈原与《九歌》[M]. 武汉：武汉大学出版社，2007：254.
② 李昉等. 太平广记：卷五十六"女仙一"[M]. 北京：中华书局，1961：344. 此外还见于《说郛》、汉桓麟《西王母传》《道藏·洞神部·谱录类》《墉城集仙录·金母元君》等旧籍。
③ 杜光庭. 杜光庭记传十种辑校[M]. 北京：中华书局，2013：822.
④ 杨巨平. 娜娜女神的传播与演变[J]. 世界历史，2010（5）.
⑤ GIBSON C. Symbols of the Goddess: Universal signs of the Divine Female [M]. Glasgow: Saraband (Scotland) Ltd, 2004.

手指向一蛇，头戴冠饰。头部左上方有一弯新月，光芒四射。右上方则绘有一个全视之眼。蛇的下方还有一棵树（不死树？），树的下方是一个小球体。下面我们先介绍伊南娜—易士塔儿的诸般神格及特征，对比西王母的神格及特征并补充当时的其他方面东西方文化交流证据，从而得出前者乃后者原型的结论。

图6-9　西亚金星神易士塔儿①

1. 月神辛及天帝阿努之女②

关于伊南娜—易士塔儿的出身，有两说。一说她是月神辛之女，太阳神侠马修的妹妹。西亚的很多纪念碑上端和玺印上面，常刻有眉月一弯、太阳一轮和大星一颗（图6-10），论者指出这表示的是月神、太阳神和金星神及他们之间的父子（女）和兄妹关系。一说她是天帝阿努之女，但后来又成为天帝之妻。西王母神话不见她与月神有父子关系，但西王母与月神嫦娥却有极密切的同位关

---

① GIBSON C. Symbols of the Goddess: Universal signs of the Divine Female [M]. Glasgow: Saraband (Scotland) Ltd, 2004.
② 此节中关于伊南娜—易士塔儿的神格，多引自苏雪林. 屈原与《九歌》[M]. 武汉：武汉大学出版社，2007: 248-277. 特此声明并致谢。

系，后文还将详论。但西王母的帝女身份，倒是在《穆天子传》和《山海经》中有所揭示。一称"我惟帝女"，一言"帝女之桑"。西王母成为天帝之妻的场合更多。因土星神黄帝、木星神东王公、水星神玉皇大帝，都曾有过中国神庭中的天帝身份，西王母与他们的夫妻关系自然坐实了她天帝之妻的身份了。

图 6-10　镌刻有太阳、月亮和金星的巴比伦纪念碑①

2. 生殖和丰产女神

金星神被奉为大母神，渊源久远，可追溯到人类的石器时代。今天在欧亚大陆发现的众多所谓"维纳斯雕像"，正是大母神形象。她痴肥臃肿的体态（图6-11），正是古人追求子孙繁殖多多、牲畜和农作物丰产的见证。因此金星神又被称作"肥沃之女神""大而肥沃之母"等。西亚很多石刻或塑像上的易士塔儿，怀中常抱一哺乳之子（图6-12）。还有一种易士塔儿造像，腰束一带，上嵌宝石名子孙石，认为它有宜子孙之效。西王母的生殖和丰产女神性，上文已有多方揭示，二者的类同十分鲜明。

---

① RIZZA A. The Assyrians and the Babylonians: History and Treasures of Ancient Civilization [M]. Northants: White Star Publishers, 2007: 101.

图6-11 奥地利威林多夫维纳斯雕像① 　　图6-12 怀抱幼子的大母神易士塔儿②

3. 战神

先看一些易士塔儿的别称:"月神辛勇敢之女""女勇者""战争夫人",其战神品格呼之欲出。在著名的《汉谟拉比法典》中,汉谟拉比祈祷她在战争中降祸于敌国的军事首领,平时则惩罚那些违犯法典的人。上文提到的易士塔儿画像,其背箭挂剑、牵乘雄狮之英姿,已然揭示了她的战神神格。西王母的战神性也十分明显,且是她在中国最早的记录《山海经》中首先予以记载的。关于她装束上的豹尾虎齿,前文未作分析,这里作些推测。本来西亚金星神是牵狮乘狮,传来中国后,因中国无狮,便用接近的兽类代替,一变而成了"豹尾虎齿"了。另外,受西亚神话影响的印度大母神黛维(Devā),骑乘的是一只老虎③,西王母的变异装束或是受了后者的影响也未可知。

4. 美神及爱神

伊南娜—易士塔儿作为美神,其直接的描摹不及后来希腊美神阿芙洛狄忒

---

① 朱狄. 原始文化研究 [M]. 北京:生活·读书·新知三联书店,1988:288.
② 陈进海. 世界陶瓷:第四卷 [M]. 沈阳:万卷出版公司,2006:4.
③ 韦罗尼卡·艾恩斯. 印度神话 [M]. 孙士海,王镛译,译. 北京:经济日报出版社,2001:120.

那样鲜明具体。当时的造像,也多半夸张地突出性征,其痴肥臃肿的体态,证明当时是一个以肥为美的时代。我们现在能见到的对伊南娜的描写,也不过是说她光彩熠熠,极具女性之柔美等①。但有关她的爱神品格,则多不胜数。例如西亚颂歌中吟咏她与群神相恋,哪怕是她的父亲月神辛或天帝阿努,也未能避免。在一首"易士塔儿升天"的祭歌中,说天帝阿努为其美色所迷,不能自已,要求天庭群神同意娶她为妻。最终天帝得偿所愿云云②。易士塔儿不仅爱及群神,还泽及人间帝王乃至禽兽,真个是博爱之神。西王母的美色,被描绘为"容颜绝世",似乎不是直接受的西亚神话影响,而更可能是受到了后代的如希腊、罗马美神神话的影响。至于爱神之品格,西王母虽不及易士塔儿如此泛爱,但也不遑多让。她嫁过数位天帝,也旁及人间帝王,就差禽兽一途了。

5. 智慧及命运之神

易士塔儿还为智慧及命运之神。在一首祭歌中,称她为智慧的化身,一切宗教仪式都是她所制定等。她还有"命运夫人"(Lady of destiny)、"运气之后"(Queen of fate)等称呼③。中国神话未曾直言西王母是否为智慧女神,至于命运女神一格,似可从《焦氏易林》繇辞中窥见一二。如前引的"西见王母,拜请百福""王孙万户,家蒙福祉",还有诸如"患解忧除,王母相予""王母善祷,祸不成灾""弱水之西,有西王母,行者厄殆,利居善喜""西遇王母,道路夷易,无取难者""中田膏黍,以享王母,受福千亿,所求大得""金牙铁齿,西王母子,无有祸殃""西见王母,不忧危殆"④等,这西王母能为信众去祸助福,解患除忧,也该是影响人类命运的命运之神了。

6. 创造主

西亚神话中,随着时代推移,先后出现过数位开天辟地的创造主,天主阿

---

① 魏庆征. 古代两河流域与西亚神话 [M]. 太原:北岳文艺出版社,1999:390.
② 苏雪林. 屈原与《九歌》[M]. 武汉:武汉大学出版社,2007:253.
③ 苏雪林. 屈原与《九歌》[M]. 武汉:武汉大学出版社,2007:255.
④ 焦延寿,尚秉和. 焦氏易林注 [M]. 北京:九州出版社,2010:35,46,47,51,74,80,152.

努、水主哀亚、地主恩利尔、木星神马杜克都曾为之。易士塔儿祀典极盛时，也被推为人类和宇宙的创造者。在"易士塔儿升天"祭歌中，插入了一段开辟神话，先言阿努、恩利尔、哀亚之功，又言金星神与日、月神也参与了其事。甚至说易士塔儿是最初原因、女创造主。西亚神话中称人类为黑头，而易士塔儿正是黑头的创造者。西王母倒没有创世神话传世，但西王母另一变体女娲，便有抟土造人神话，留待后文谈金星神在中国的其他演化形象时再叙吧。

7. 水神性

西亚的水神是哀亚或尼波，哀亚也是水星神，还是智慧神。但易士塔儿也具有水神性，这或许是因为她与哀亚之妻唐克娜本为一人，以及她又与拉格什城邦水神尼娜混为一人，后者则是哀亚之女，这妻、女的身份使其继承了水神的神性？苏雪林列举了几处女神为水神的例子。除尼娜外，腓尼基亚斯卡隆有一位鸽与鱼女神，名字叫提尔克图，相传她为尼娜的变形，是一个半人半鱼的女神，信徒以鸽和鱼为祭品，她的庙宇中悬一条金鱼，作为她的象征。还有一个与提尔克图同型的女神，叫亚达加替斯，她是由幼发拉底河的一条神鱼的卵漂至岸上孵化而出[①]。有两例或可说明西王母具水神性，一是《山海经·西山经》："玉山，是西王母所居也。……有鸟焉，其状如翟而赤，名曰胜遇，是食鱼，其音如录，见则其国大水。"[②] 二是牛郎织女神话中，织女被王母娘娘派天兵抓回天上，牛郎挑着一双儿女借助神牛角上天追织女，眼看快追上，王母娘娘拔下玉簪往牛郎面前一划，一道天河出现，将牛郎和织女分隔开。顺带一提，易士塔儿具智慧神性，或与她的水神性一样来自水神哀亚。易士塔儿的智慧神格虽未影响到西王母，但却传衍到了希腊、罗马，成为智慧神兼战神雅典娜和密涅瓦。

8. 月神性

易士塔儿是月神辛之女，在西亚神话中，常见父子、父女、夫妻神的神性

---

① 苏雪林. 屈原与《九歌》[M]. 武汉：武汉大学出版社，2007：263.
② 袁珂. 山海经全译[M]. 贵阳：贵州人民出版社，1991：38–39.

互继，这或许是易士塔儿具月神性的原因。更深刻的原因，当是初民相信月亮对于农作物有极大的影响，它带来的露水能使后者生长迅速，且产量丰饶。所以西亚神话也喜欢将"易士塔儿降地府"与月亮联系起来，言其赴幽与还阳，代表着月亮的盈亏等①。而金星神也具备使农作物丰产的神性，二者这方面的类同使她们相混同。西亚月神本为男性，或是受了金星神易士塔儿影响，传到希腊、罗马和中国后变成了女性。而且不少地方的月神反过来吸收了金星神的一些神格，导致一些中国学者以为西王母源于月神甚至是古迦勒底的月神，这是将二者的关系弄颠倒了的缘故。试举月神吸收金星神神格的几个例子：希腊月神阿尔忒弥斯，本为不婚之神，但在小亚细亚的月神庙里，她却被塑成多副乳房的形象。她还曾与海神波塞冬的儿子俄里翁（Orion）相恋。这显然是吸收了易士塔儿生殖女神和爱神的神格所致。中国的月神嫦娥吸收了西王母更多的神性及特征，详情后文再论。

上面梳理了西亚大母神和金星神伊南娜—易士塔儿的诸般神格，其与西王母的神格高度重合，若说这诸般重合仅是巧合，实在说不过去。所以她们很可能是影响的关系、源流的关系。鉴于西亚金星神话早于中国西王母神话太多，我们认为是前者影响了后者，前者是后者的原型。那在战国甚至更早的时候，东西方就有了来往交流吗？回答是肯定的。笔者曾以彩陶、冶铜术、绵羊、黄牛、小麦等为例，探讨了外来文化进入中国的时间和传入地，时间可以早到旧石器时代晚期。其后续有往来，新石器时代中晚期和青铜时代，成为中外接触最持久和活跃的时期②。在另一篇文章中，笔者考证出外来小麦在仰韶时代末期和龙山时代，以大致相同的时间分头进入甘陕交界地区和山东地区③，而这两个区域，也恰是西王母神话及三皇五帝神话传布最为集中的地方，如甘东六

---

① 苏雪林.屈原与《九歌》[M].武汉：武汉大学出版社，2007：259.
② 宋亦箫.中国与世界的早期接触：以彩陶、冶铜术和家培动植物为例[J].吐鲁番学研究，2015（2）.
③ 宋亦箫.小麦最先入华的两地点考论[J].华夏考古，2016（2）.

盘山地区的伏羲、女娲、黄帝、西王母传说①、甘肃泾川王母宫②、陕西中西部的黄帝传说③、泰山神话④、齐地八神将神话⑤、山东五帝神话⑥等，我们认为这不是巧合，若大胆推测，应有可能是携带小麦的外来人群，也同时带来了他们的神话，在这两个地方定居下来，让小麦和神话在当地扎下了根并传布开来，逐渐融入华夏文明并成为华夏文明的源头之一。这是我们对西王母原型为西亚金星神伊南娜—易士塔儿的结论所提供的旁证。

三、伊南娜—易士塔儿神格在世界古文明区的传衍

东亚大陆远离产生伊南娜—易士塔儿神话的西亚两河流域，若说西王母神话原型是伊南娜—易士塔儿，就不能不思考那些离两河流域更近的古文明区，它们的女神神话是否也受到了影响。事实确实如此。经过分析，我们发现伊南娜—易士塔儿神格同样也影响到了这些离得更近的古文明区。下面分别作对比讨论。

先看埃及。伊西丝（Isis）被看作是埃及的大母神，她是埃及太阳神、月神、死神奥赛里斯（Osiris）的妻子，地神格卜与天神努特之女。她是丰饶女神、水与风之女神，她曾教人耕种，希腊人将她与农业女神得墨忒尔相混同，伊西丝是河流的主宰，是海洋和航海者之神。伊西丝艳丽异常，魔法无边。她既保护儿童、医治百病，又庇护死者，安抚亡灵，被视为生育佑护神。伊西丝

---

① 李润强．旷古逸史——关于伏羲、女娲、黄帝和西王母的传说[J]．中国典籍与文化，1994（4）；范三畏，李润强．旷古逸史——关于伏羲、女娲、黄帝和西王母的传说[J]．中国典籍与文化，1994（4）；范三畏．旷古逸史——陇右神话与古史传说[M]．兰州：甘肃教育出版社，1999．
② 张怀群．圣地泾川：西王母祖祠圣地[M]．兰州：甘肃文化出版社，2009．
③ 黄陵县轩辕黄帝文化研究会．轩辕黄帝传说故事[M]．国际炎黄文化出版社，2014．
④ 吕继祥．泰山娘娘信仰[M]．北京：学苑出版社，1994．
⑤ 王志民．齐文化概论[M]．济南：山东人民出版社，1993．
⑥ 温玉春，曲惠敏．少昊、高阳、高辛、陶唐、有虞诸氏族原居今山东考[J]．管子学刊，1997（4）．

生有双翼，翼鼓则成风，其形象被描述为雌鹰和有双翼之女神①。由上述归纳可看出，伊西丝的天神之女身份，生殖和丰产女神、水（海）神、美神的神格都同于伊南娜—易士塔儿，另比后者还多出了医神性和有双翼之风神性，西亚神话中的医神乃由另一女神葛兰担任，其为天帝之女、土星神尼尼伯之妻，称"大女医"②。而中国神话中土星神黄帝之妃素女也是医神，《隋书·经籍志》就著录有《素女秘道经》《素女方》《素女养生要方》等，但均失传。当然，即便没失传，也该是借用素女名义的人间医方。伊西丝生有双翼，虽不见于伊南娜—易士塔儿，但却见于汉代画像砖（石）上的西王母及希腊智慧神兼战神雅典娜和胜利女神尼刻的身上。

次看印度。印度女神名目繁多，经多方梳理，我们认为大女神黛维（devā）可作为代表。她是印度教三大神之一、创造与破坏之神湿婆（Shiva）之妻，她可以变化不同的角色，每个角色都有一个名字，这些角色分为温柔和凶残两类，温柔类有萨蒂、帕尔瓦蒂、乌摩等，凶残类有杜尔伽、迦梨等。"乌摩"就有"光明的、美的"之意，她代表着光彩和美妙，是生殖女神和丰收女神。而作为凶残形象的杜尔伽，她虽然美丽，却天生嗜杀，骑着一只老虎，长有十臂，十手各执一件象征诸大神神力的武器③。印度大女神的善恶二分，实际上在各文明区大母神神话中是有迹可寻的。即基本上战神神格代表了恶的一面，如西王母的"司天之厉及五残"，生殖、丰产、美和爱神神格代表了善良温柔的一面。这些女神作为战神时，从西亚的骑狮，到印度的骑虎，再到西王母的豹尾虎齿，似乎有演变的迹象可寻。此外，印度还有一位命运女神和司美女神吉祥天（又称拉克希米或室利），传说她是印度众神搅乳海时从海波泡沫中涌出，她有一个形象是坐在或站在莲花之上。吉祥天也应是伊南娜—易士塔儿的衍化，她或坐

---

① 魏庆征. 古代埃及神话［J］. 太原：北岳文艺出版社，1999：387-389.
② 苏雪林. 屈原与《九歌》［M］. 武汉：武汉大学出版社，2007：246.
③ 韦罗尼卡·艾恩斯. 印度神话［M］. 孙士海等，译. 北京：经济日报出版社，2001：117-120；库尔班·外力. 西王母新考［M］//西王母文化研究集成论文卷：上卷. 桂林：广西师范大学出版社，2008：217.

或站在莲花之上，与汉画像中的西王母坐在莲台之上有异曲同工之妙。

再看希腊、罗马。由伊南娜—易士塔儿传衍到希腊、罗马的女神形象，通常被分化为数位。且除了名字不同外，她们在希腊和罗马呈两两对应关系，因此我们放在一起讨论。其分化出的女神有天帝之妻赫拉（朱诺）、美神和爱神阿芙洛狄忒（维纳斯）、智慧神兼战神雅典娜（密涅瓦）以及月神阿尔忒弥斯（狄安娜）。很明显这是将伊南娜—易士塔儿的诸多神格一分为四，其中赫拉原是天光之神、新月之神，又是媒神、生育女神。阿芙洛狄忒的诞生方式，有说是从大海泡沫中浮出，这同于印度的吉祥天，也有说是海螺壳中诞出（图6-13）。阿芙洛狄忒的罗马名维纳斯，早已成美神和爱神的代名词，她还是罗马的金星神，其名 Venus 正有"金星"之义。雅典娜为天帝宙斯之女，是智慧女神、战神，她还工于纺织，曾为她的母后赫拉织仙袍一件，曾与人间女子阿拉庆赌赛织技①。阿尔忒弥斯为月神、狩猎女神，其张弓引箭的英姿又似乎吸收了一点战神的品格。她也为农业神、植物神、丰收女神等。使我们将这些女神的诸般神格合并一处，便成了伊南娜—易士塔儿的完整神格。

关于希腊神话的东方起源，即西亚起源说，东西方学者作过多年的研讨，已成定论②。我们正是在此基础上进一步认为，西亚的大母神和金星神伊南娜—易士塔儿不仅传播到了希腊、罗马，还传播到了埃及、印度和中国。

---

① 苏雪林. 屈原与《九歌》[M]. 武汉：武汉大学出版社，2007：267-270.
② PENGLASE C. Greek Myths and Mesopotamia [M]. New York：Routledge，1994. 瓦尔特·伯克特. 东方化革命——古风时代前期近东对古希腊文化的影响 [M]. 刘智，译. 上海：上海三联书店，2010；威廉·雷姆塞. 希腊文明中的亚洲因素 [M]. 孙晶晶，译. 郑州：大象出版社，2013；瓦尔特·伯克特. 希腊文化的东方语境 [M]. 唐卉，译. 北京：社会科学文献出版社，2015.

第六章 西王母的原型及其在世界古文明区的传衍

图6-13 从螺壳中诞生的维纳斯（桑德罗·波提切利画）①

四、金星神神格传至古代中国演化出的其他女神形象

一如希腊、罗马诸女神乃由西亚金星神伊南娜—易士塔儿分化而来，后者在东传的过程中，除了变成了西王母外，还演化出众多具伊南娜—易士塔儿一种或数种神格的女神形象。当然也包括从印度、波斯、中亚等地经过变形后的辗转传来。我们至少可列出女娲、王母娘娘、湘夫人、嫘祖、织女、马头娘、妈祖、素女、泰山娘娘、观音等女神。下面略作剖析。

女娲在中国神话里与伏羲由兄妹而夫妻，伏羲被认为是中华民族的人文始祖，是三皇五帝②中的三皇之首，则女娲便为天帝之妻。女娲还有补天神话和抟黄土造人神话，这跟易士塔儿造"黑头"神话正合。

王母娘娘实际是西王母的另一称呼。略去不论。

湘夫人是屈原创作的《九歌》中的一位歌主，苏雪林发前人所未发，论证

---

① 常雷．西方100名画之旅［M］．济南：山东画报出版社，2010：24.
② 此处所言"三皇五帝"，是指神话三皇五帝，而非信史。

出《九歌》中的歌主是十位传自域外的神道①。他们分别是日月五星神加死神、生神和酒神。其中"湘夫人"乃金星神。经苏雪林分析，《湘夫人》歌词所咏内容与西亚金星神无一不合，读者自鉴，也不再转述。

嫘祖是黄帝元妃，传说她是养蚕治丝的发明者，被奉为蚕神。这一点同于西王母的纺织女神神格，也同于希腊智慧神雅典娜。其天帝妻的身份也指向她的金星神属性。还值得分析的是"嫘祖"二字，"嫘"与"螺"音同形近，笔者推测本为螺字，为配合其女神身份才改为"嫘"，而"螺"即"田螺""海螺"，也就是说，嫘祖一如希腊神话中的爱神阿芙洛狄忒，乃螺壳中诞出也。再看"祖"，当然是指人类祖，这又揭示出她的创造主地位。当然，关于螺壳生人，除在这里笔者将嫘祖归于此列是我的发明外，中国神话传说里还有数位这样的女仙，如天渊玉女②、白水素女③、螺仙④、田螺姑娘⑤等。她们显然都是来自同一个神话母题，这母题跟阿芙洛狄忒的螺（贝）生神话有共同的源头。要补充一点的是，"螺""嫘"应该都是汉字隶变后的形象，其本字当为"蠃"，指带壳螺类动物。还可写作"蜗""娲"⑥，这又将女娲之"娲"列了进来。"嫘""娲"二字均应是由原"虫"旁变"女"旁而来。这些字共同指向了带壳螺类动物。若我们再联系到西亚创世神话中的神、人共祖原始女怪，其形象正有大海龟形，则可认为源头当在同样带壳的龟形原始女怪身上⑦。

织女、马头娘与嫘祖及西王母有一共同神性，即均为纺织女神，故在此一并讨论。织女被认为是天帝之女⑧，在《史记》和《汉书》中也说是天帝之孙。

---

① 苏雪林. 屈原与《九歌》[M]. 武汉：武汉大学出版社，2007：130-143.
② 班固，施丁. 汉书新注：郊祀志[M]. 西安：三秦出版社，1992：884.
③ 刘琦，梁国辅. 搜神记·搜神后记[M]. 长春：吉林文史出版社，1997：612-613.
④ 据《搜神记》和《搜神后记》改编的民间戏曲中的女主人公。
⑤ 后人据《搜神后记》卷五之"白水素女"条而改编的民间故事女主人公。
⑥ 谷衍奎. 汉字源流字典[M]. 北京：华夏出版社，2003：770.
⑦ 宋亦箫. 楚文化中的域外文化因素研究[M]. 长春：长春出版社，2015：125-126.
⑧ 范晔. 后汉书·天文志[M]. 北京：中华书局，1965：3230；房玄龄，等. 晋书：天文志[M]. 北京：中华书局，1974：294.

>>> 第六章 西王母的原型及其在世界古文明区的传衍

因"牛郎织女"传说使她的知名度高于马头娘。这帝女之身份加上纺织女神的神格，自然可看成是易士塔儿的衍形之一。马头娘是首先流行于古代四川的蚕神和纺织女神，《搜神记》对此传说有详细记载①。有学者疑其与嫘祖为同一人，这倒不一定，但她们有共同的神话源头倒是可以肯定。

妈祖也称祃祖，被浙闽台等沿海地区渔民和航海者所崇信，综合她的传说，妈祖能医病、能救旱、能助战、能航海，突显出她的医神性、雨神性、战神性和海神性，再加上这"妈祖"之名所体现的人类女始祖之意，与易士塔儿神格极为合拍。当然"妈祖"也写作"祃祖"，"祃"似为马祀之意，使我们联想到域外的马头女神神话，如希腊农业女神得墨忒尔游于海滨为海神波塞冬所逼，仓皇间化为母马逃遁。后得墨忒尔也以马首女身之像受信众崇祀。埃及也有马头女神。印度有马头观音，也称马头明王等②。就更能理解这"祃"字并非随意的造字了。若从"祃祖"之名来理解这位女神，她似与马头娘也不无干系。

素女与玄女成对出现于黄帝神话中。传说她与玄女一起为黄帝的妃子或侍女，她擅长房中术，甚至传下了《黄帝素女经》等房中术文献。她还善于调瑟鼓琴③，则她应有爱神与乐神之品格。而西亚的易士塔儿爱之泛滥及能歌善乐，完全可合素女之属性。雅典娜也有创造凤笙之传说，我国神话还言"女娲作笙簧"④、西王母"吹笙鼓簧"⑤等，看来金星神的乐神性也得到了较广的传衍。

泰山娘娘，也称泰山奶奶，是泰山地区的重要女神。关于她的身份，有多种说法，其中的两种一说她是玉皇大帝之女，一说她是黄帝之女，都是帝女之身份。她的职司主要有送生保育、祛病防疫和除暴安良等⑥。宋真宗封禅泰山时因在泰山玉女池发现玉女石雕像，遂封其为碧霞元君，从此碧霞元君渐成为

---

① 刘琦，梁国辅. 搜神记：搜神后记 [M]. 长春：吉林文史出版社，1997：381 - 382.
② 苏雪林. 屈原与《九歌》[M]. 武汉：武汉大学出版社，2007：272.
③ 相关文献见《逸周书》，《世本》作篇，《史记·封禅书》，西汉王褒《九怀》赋等。
④ 周渭卿. 世本："作篇"之"黄帝"章 [M]//帝王世纪·世本·逸周书·古本竹书纪年. 济南：齐鲁书社，2010：67.
⑤ 王天海. 穆天子传全译·燕丹子全译：卷三 [M]. 贵阳：贵州人民出版社，1997：63.
⑥ 吕继祥. 泰山娘娘信仰 [M]. 北京：学苑出版社，1994：36 - 48.

泰山娘娘的新称号。从泰山娘娘的出身到生殖女神和战神的神格来看,她是可归入金星神的衍形之列的。

观音是佛教中的菩萨之一,她从印度传来中国后,渐由男相变身女相。观音在过去民间社会受崇奉的程度极高,至迟到宋代已有"家家观世音"的说法。关于她的出身,有一说流传最广,说她是妙庄王三女,发誓守贞不嫁,惹怒了她的父王,将其送往寺庙,观音在此修行,后献出自己的手眼救父等。观音如此受崇拜,主要在于她的职司。即她的送子、有求必应、救苦救难、大慈大悲神格。民间甚至有将其与王母娘娘、碧霞元君等女神共奉同祀的现象①,这一方面体现了民众的实用主义心理,但也说明她们之间确有共同之处。民间还有一种说法是泰山娘娘和天妃娘娘都是观音所变,而"观音为千百亿化身,在南为海神天后,封碧霞元君;在北为泰山玉女,亦封碧霞元君,皆一人也"②。观音的贞洁女神属性,同于希腊、罗马月神阿尔忒弥斯和狄安娜,其道场位于浙江普陀海岛上,又言她为海神天后等,这恐怕是水月观音像出现的原因,体现出观音一定的水神性和月神性。

关于观音的男变女相还值得一谈。一般认为隋唐以来观音有男女二相,宋代以后只以女相出现了,观音像有一个由男变女的过程。通常认为这是佛教中国化及中国信众心理塑造的结果。其实若通观古代世界的金星神话,便不会作如此简单的结论。原来金星神本就是阴阳两性神,她每天傍晚出现于西天际,属女性;每天早晨出现于东方,则为男性。她在西方神话中演变出的很多女神,一会儿是妙曼可爱的女仙,一会儿又成了修髯如戟的男神③。中国的金星神也是如此。一方面她是指西王母,即金母、金母元君等名号,另一方面则指太白金星,后者乃一白须白发老者,故有太白之号。显然中国金星神的两性属性不是自己的独创,而是从源头上便埋下了伏笔的。联系到此,便可知观音的男相

---

① 吕继祥. 泰山娘娘信仰 [M]. 北京:学苑出版社,1994:118.
② 吕继祥. 泰山娘娘信仰 [M]. 北京:学苑出版社,1994:124-125.
③ 苏雪林. 屈原与《九歌》[M]. 武汉:武汉大学出版社,2007:274-275.

女相，也不是中国人的发明创造，而是她本身两性属性的源远流长而已。

五、金星神与月神有部分神格及特征混同的现象

前文我们已经简略提到金星神与月神在部分神格方面的混同现象，现集中讨论一下。

先看中国金星神西王母与月神嫦娥部分神格及特征混同现象。最早记载嫦娥的文献是《山海经·大荒西经》，写作"常羲"，据考证应为"常羲"，古代"羲""娥"同音，故这里说的"帝俊妻常羲，生月十有二"的女子正是嫦娥[①]。其后嫦娥神话逐渐丰富起来，又讲她是羿妻，因偷吃了羿从西王母处得到的不死药，遂奔月为月精。嫦娥身边出现了玉兔捣药、蟾蜍、不死树这些本来是在西王母身边的文化元素。难怪有学者认为"嫦娥原是西王母的变身"[②]。此外，中国古人有祭月、拜月祭典和习俗，中国一些地方遗留至今的"拜月坛""拜月亭""望月楼"等古迹，即是明证。北京的"月坛"就是明代皇家祭月的场所。这祭拜的目的，是希望月神保佑他们有好收成。这丰产女神的特性及上面指出的陪伴物的雷同，让我们相信西王母与嫦娥确有部分神格及特征的混同现象。但这并非孤例。

希腊、罗马月神阿尔忒弥斯及狄安娜，是贞洁女神，还是狩猎女神、肥沃女神、生殖女神甚至战神，这些神格虽不复现于金星神维纳斯身上，但存在于她们的原型女神伊南娜—易士塔儿身上，希腊、罗马诸女神神格不同于原型神伊南娜—易士塔儿及中国西王母处，在于她们之间一开始就有了职司分工，不见一个囊括全部或大部分金星神神格的大女神。

还有一个混同现象是二者神格的阴阳两性现象。西亚及中国的金星神均有阴、阳两种性别的神格，已见前文介绍，其实月神也有这种现象。如西亚、印

---

① 袁珂. 山海经全译［M］. 贵阳：贵州人民出版社，1991：299.
② 黄涛. 西王母神话与月亮神话的关联［M］//西王母文化研究集成·论文卷，续编一. 桂林：广西师范大学出版社，2011：83—89.

度的月神为男性神，希腊、罗马的月神却是女性神，埃及和中国的月神则阴、阳两性均有，如埃及男月神爱邱、奥赛里斯等，女月神阿斯旦特、卡蒂丝等①，中国的男性月神有屈原《九歌》里的云中君，女月神则有嫦娥。至于出现这种现象的原因，有可能是一并受到金星神神格的影响，也有可能是月亮神话在后起文明中逐渐演化的结果。

关于这种混同现象出现的原因，目前我们还只能以传统的看法为基准。即因为古人认为金星、月亮都与植物、农业有莫大的关系②。金星（长庚星）在晴空的傍晚闪耀于西天，宣告夜晚的降临，而月亮也于夜空中或隐或现，或圆或缺。古人认为夜晚的露水极其有利于植物和农作物的生长，而带来这夜露的正是金星和月亮。由此金星神、月神便成为丰产之神，进而为生殖神、狩猎神、战神，不一而足。

六、小结

通过对西王母神格的分析归纳，我们总结出她至少有战神、生殖女神、丰产女神、纺织女神、美神、爱神及金星神等神格及特性，其中金星神又是她的基本神格，由此而萌发出前述那些神格。而这些神格竟然与西亚大母神及金星神伊南娜—易士塔儿的诸般神格惊人地符合，加上我们对早期东西方文化交流的研究结论，促使我们相信，金星神西王母的原型是西亚金星神伊南娜—易士塔儿，后者不仅影响到了中国的西王母，还在世界古文明区广泛传衍了她的神格及特性，如埃及的伊西丝，印度的黛维、乌摩、杜尔伽、吉祥天等，希腊（罗马）的赫拉（朱诺）、阿芙洛狄忒（维纳斯）、雅典娜（密涅瓦）、阿尔忒弥斯（狄安娜）等，均有着伊南娜—易士塔儿的影子。

西亚金星神伊南娜—易士塔儿及其在世界各古文明区的衍形，还影响到了中国神话中除西王母以外的众多女神的神格，如女娲、王母娘娘、湘夫人、嫘

---

① 苏雪林. 屈原与《九歌》[M]. 武汉：武汉大学出版社，2007：283-285.
② 苏雪林. 屈原与《九歌》[M]. 武汉：武汉大学出版社，2007：249、259.

祖、织女、马头娘、妈祖、素女、泰山娘娘、观音等，她们身上或多或少有着西王母乃至域外金星神的影子。

除此之外，金星神与月神还有着部分神格及特征上的混同现象。中国的西王母伴随着的玉兔捣药、蟾蜍和不死树不死药，竟然在月神嫦娥处照单全有，其他神格上的类同，如作为丰产女神、生殖女神、狩猎神、战神以及神性上的阴阳两性现象等，在中外金星神和月神神格上都有实例可证。我们认为这是古人将金星、月亮与植物和农业紧密相联造成的文化现象。

其实西亚先民崇奉金星神，以她为大母神、肥沃之神、生殖女神，是他们重视人类的两种生产，即人类生活资料的生产和自身种的繁衍的结果，由此形成的生殖崇拜，既包括对人类子孙繁衍多多的渴望，也包括对农牧业丰产的强烈希冀。因此金星神的生殖女神和丰产女神神格是最基本的，其他神格则是在此基础上的扩延。我们在前文归纳西王母的神格时将战神放在首位，那只不过是金星神神格传来中国时首先传来了其战神品格，但后来西王母的生殖女神和丰产女神神格仍然占了主体地位。我们认为，从西亚的金星神伊南娜—易士塔儿，到她们传衍到世界各地的衍形女神，是远古生殖崇拜观念与星神崇拜观念的结晶。

原载《民族艺术》2017年第2期

第七章

"玄武"龟蛇形象的神话解读

本章提要：天象中的北宫之象——玄武，不是北宫七宿的具象化表达，也不是图腾制度的遗痕，而是五行中代表北方的水神伯鲧及其妻修己的龟蛇交合形象的借用。更远的源头则是影响了伯鲧和修己神话的西亚神话人物水神哀亚及其妻子唐克娜。

作为天象的四神之一的玄武，为何是龟蛇合体的形象？学者们多有讨论。有的认为是对天象中北宫七宿构型的具象化①，有的认为是龟、蛇氏族因通婚而两合的氏族图腾图像②或说因北方夏民族以龟、蛇为图腾③，还有的认为是取龟蛇能阴阳构精之义④。只有三位学者都看到了玄武龟蛇形象与神话中的鲧化

---

① 黎靖德. 朱子语类：第八册［M］. 北京：中华书局，1988：3290；陈器文. 玄武神话、传说与信仰［M］. 西安：陕西师范大学出版总社有限公司，2013：3.
② 孙作云. 敦煌画中的神怪画［M］//孙作云文集·美术考古与民俗研究. 开封：河南大学出版社，2003：286.
③ 陈久金. 华夏族群的图腾崇拜与四象概念的形成［J］. 自然科学史研究，1992，11（1）.
④ 王小盾. 中国早期思想与符号研究——关于四神的起源及其体系形成［M］. 上海：上海人民出版社，2008：817-836.

龟及其妻修己（"修"为长，"己"是蛇，修己即长蛇）有关①，笔者认同这一认识，但他们没有指出为什么玄武会跟鲧和修己有关，经过笔者的爬梳探析，认为这里面饱含有伏羲女娲、鲧与修己等上古神话中的神格认知以及他们与西亚创世神话的关联等情由。下面试作分析。

一、中国及其他古文明区龟、蛇的神话

玄武既为龟、蛇合体之形，要想研讨玄武合体之形的起源，经过爬梳，笔者认为要特别关注中国上古传说时代的伏羲女娲、鲧和修己、禹、共工等与龟蛇相关的神话。

先看伏羲女娲与蛇的神话。一方面是文献证据，闻一多先生曾做过统计，至少有七处相关记载，只不过这些文献出现的时间早不过东汉②。

王逸《楚辞·天问》注："女娲人头蛇身。"③

王延寿《鲁灵光殿赋》："伏羲鳞身，女娲蛇躯。"④

曹植《女娲画赞》："或云二皇，人首蛇形。"⑤

《列子·黄帝篇》："庖牺氏，女娲氏……蛇身人面。"⑥

《帝王世纪》："庖牺氏……蛇身人首"，"女娲氏……亦蛇身人首"。⑦

《拾遗记》："又见一神，蛇身人面……示禹八卦之图，列于金版之上。……蛇身之神，即羲皇也。"⑧

---

① 孙作云. 敦煌画中的神怪画［M］//孙作云文集·美术考古与民俗研究. 开封：河南大学出版社，2003：289；何新. 诸神的起源［M］. 北京：民主与建设出版社，2018：182；徐斌. 伏羲与大禹——基于信仰与民俗起源意义上的比较研究［M］//王建华. 海峡两岸大禹文化研究. 北京：中国社会科学出版社，2010：288.
② 闻一多. 神话与诗［M］. 天津：天津古籍出版社，2008：8-9.
③ 洪兴祖，白化文等点校. 楚辞补注［M］. 北京：中华书局，81.
④ 萧统，李善. 文选［M］. 长沙：岳麓书社，2002：346.
⑤ 欧阳询. 艺文类聚（上）［M］. 上海：上海古籍出版社，1999：208.
⑥ 王强模. 列子译注［M］. 贵阳：贵州人民出版社，1993：62.
⑦ 皇甫谧，陆吉. 帝王世纪［M］. 济南：齐鲁书社，2010：2-3.
⑧ 王嘉，萧绮，齐治平. 拾遗记校注：卷二［M］. 北京：中华书局，1981：38.

《玄中记》:"伏羲龙身,女娲蛇躯。"(《文选·鲁灵光殿赋》注引①)

另一方面是实物图像证据。包括石刻类和绢画类,图像证据要比文献多了许多(图7-1、7-2),且时代可早到西汉,反比文献记载早了200余年。伏羲女娲人首蛇身的形象,从图像和文献两个角度已被坐实。但是,他们为什么是这样的超自然形体?其寓意何在?在闻一多之前,还没有好好讨论过,自然也没有结论。经过闻先生的多方利用文献、考古实物图像和人类学材料(也即今天所说的三种证据法或多重证据法),证明这是一种上古氏族图腾现象,"人首蛇身"经过了"人的拟兽化"和"兽的拟人化"两个阶段而形成,伏羲女娲是以"龙(蛇)"为图腾的族群所信奉的始祖神,这一族群也就是后来的华夏族。其人首蛇身形象,是上古图腾崇拜现象的遗痕②。

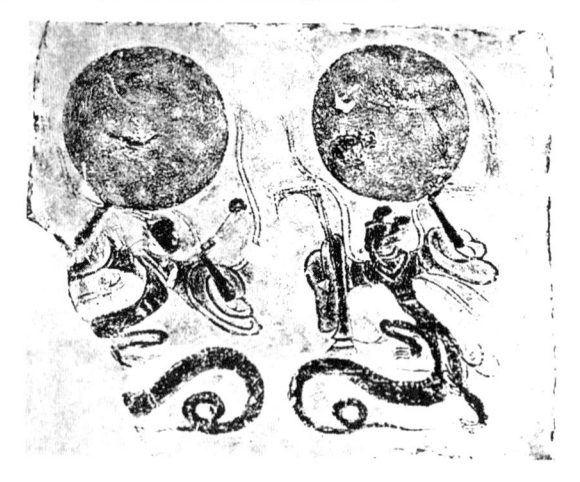

图7-1 伏羲女娲画像砖③

---

① 萧统,李善. 文选[M]. 长沙:岳麓书社,2002:353.
② 闻一多. 伏羲考[M]//神话与诗. 天津:天津人民出版社,2008:1-49.
③ 高文编. 四川汉代画像砖[M]. 上海:上海人民美术出版社,1987:100号.

第七章 "玄武"龟蛇形象的神话解读

图7-2 唐代伏羲女娲绢画①

再看鲧和修己与龟蛇的神话。先秦典籍有多处记载伯鲧化龟或化龙神话。如《天问》:"伯禹腹鲧,夫何以变化?阻穷西征,岩何越焉?化为黄能,巫何活焉?"②《国语·晋语八》:"昔者鲧违帝命,殛之于羽山,化为黄能以入于羽渊。"③《左传·昭公七年》也有类似记载。这些典籍中的有些版本,也将"黄能"写作"黄熊",苏雪林④、孙作云⑤都认为是"能"不是"熊"。而"能"属龟鳖之类。也有一处说伯鲧化黄龙,即《山海经》郭璞注引《归藏·开筮》:"鲧死三岁不腐,剖之以吴刀,化为黄龙也。"龙字繁体为"龍",与"能"字

---

① 王炳华. 新疆干尸——古代新疆居民及其文化 [M]. 乌鲁木齐:新疆人民出版社,2001:182.
② 苏雪林. 天问正简 [M]. 武汉:武汉大学出版社,2007:233.
③ 黄永堂. 国语全译 [M]. 贵阳:贵州人民出版社,1995:543.
④ 苏雪林. 天问正简 [M]. 武汉:武汉大学出版社,2007:240,268.
⑤ 孙作云. 敦煌画中的神怪画 [M] //美术考古与民俗研究. 开封:河南大学出版社,2003:288.

易混，笔者颇疑是"能"字误写成了"龍"字。

修己为鲧妻，见于较多文献。如《帝王世纪》："颛顼生鲧，尧封为崇伯，纳有莘氏女，曰志，是为修己。"① 《竹书纪年》："帝禹夏后氏，母曰修己。"② 《礼纬》："禹母修己吞薏苡而生禹，因姓姒氏"③ 等。古籍中没有直接提到修己跟蛇有什么关系，但多位学者分析了"修己"二字的字面意义，认为"修己"就是"长蛇"的意思。他们甚至认为，鲧与修己的龟蛇形象，正是玄武得形的原由。只不过他们多从图腾而不是神话的角度来理解鲧和修己所具有的异形现象。

鲧之子大禹也有化龟的经历。例如《绎史》卷十二引《随巢子》："禹娶涂山，治鸿水，通轩辕山，化为熊（能）。"④当然前此学者将伯鲧化龟以图腾作解，自然也会将大禹化龟按图腾来解。因鲧禹是父子关系，有相同的图腾再正常不过。

还有一位与蛇有关系的传说人物是共工。共工也是人首蛇身的记载至少有三处：一是《山海经·大荒西经》注引《归藏·启筮篇》："共工人面蛇身朱发。"⑤ 二是《淮南子·地形》高诱注："共工，天神也，人面蛇身。"⑥ 三是《神异经》："西北荒有人焉，人面朱髯（发），蛇身人手足，而食五谷，禽兽顽愚，名曰共工。"⑦

以上数位跟龟蛇有关联的上古传说人物，在主流观点里，常认为他们是历史人物，发生在他们身上的非人力所能为的神迹，一般看作是历史人物死后，后人替他造出来的神话，即是历史的神话化。有的连神话也说不圆的，便认为是图腾崇拜所致。上述人首蛇身和化龟的人物，都被看作是图腾制所引起的文化现象。

---

① 皇甫谧，陆吉. 帝王世纪：第三 [M]. 济南：齐鲁书社，2010：21.
② 王国维. 今本竹书纪年疏证 [M]. 沈阳：辽宁教育出版社，1997：48.
③ 赵在翰，钟肇鹏，萧文郁. 七纬 [M]. 北京：中华书局，2012：319.
④ 马骕. 绎史（一）：卷十二 [M]. 北京：中华书局，2002：158.
⑤ 郭璞，郝懿行. 山海经笺疏 [M]. 北京：中国致公出版社，2016：408.
⑥ 何宁撰. 淮南子集释（上）[M]. 北京：中华书局，1998：370.
⑦ 上海古籍出版社. 汉魏六朝笔记小说大观 [M]. 上海：上海古籍出版社，1999：56.

第七章 "玄武"龟蛇形象的神话解读

如果仅从华夏上古文化内部看图腾说,似乎很有解释力。但若我们环顾四周,发现其他古文明区,也存在着人首蛇身的神话和图像,也有神人变幻龟、蛇的神话,也有龟负大地的传说,那难道这许多地方的龟蛇神话传说和图像哪怕极其相似,也各不相干?也都只是图腾制度的遗痕?如果不是,我们就不好咬定我们的故事和图像就一定是图腾现象了。它们也完全可能是世界龟蛇神话流传延布到上古中国的结果。

试举一些域外相关神话和图像的例子。

在西亚苏美尔人的泥板上,天神图像被刻画成上半身是人下半身是蛇的样子(图7-3)①。印度神话中的那伽神,上半身是人的形貌,下半身是蛇的躯体(图7-4),在印度石窟中,还有那伽女神与其配偶蛇尾缠绕在一起的雕刻(图7-5)②,其形貌与伏羲女娲交尾图如出一辙。在古印度神话中,还认为是乌龟趴在衔尾蛇背上,四只大象再站在乌龟背上,支撑着大地(图7-6)。这龟蛇结合的样子,与中国玄武的形象非常接近。印度神话中的另一说是蛇神舍沙(Shesha)环绕着龟神俱利摩(Kurma),龟神背负着八头大象支撑起整个世界③。这里的龟蛇结合方式,与中国的玄武更像。这些域外神话,比起在中国战国秦汉以来流行的伏羲女娲、鲧与其妻修己的相关载籍和图像,其流传的时间更为久远。如果说,中外之间这样的龟蛇神话流传的具体路线还较模糊,那么西亚神话中的父子神哀亚(Ea)和马杜克(Marduk)神话,对中国的鲧禹父子神神话,其影响的程度和绵密度,就更为清晰可观了。下面来做具体对比。

---

① 段守虹. 灵蛇图像 [M]. 西安:陕西人民美术出版社,2014:31.
② 段守虹. 灵蛇图像 [M]. 西安:陕西人民美术出版社,2014:37.
③ 段守虹. 灵蛇图像 [M]. 西安:陕西人民美术出版社,2014:64.

早期东西文化交流研究 >>>

图7-3 苏美尔泥板上的上半身是人下半身是蛇的天神①

图7-4 印度那伽女神②

---

① 段守虹. 灵蛇图像 [M]. 西安：陕西人民美术出版社，2014：31.
② 段守虹. 灵蛇图像 [M]. 西安：陕西人民美术出版社，2014：36.

图 7-5 那伽女神与其配偶神雕刻①

图 7-6 印度乌龟趴在衔尾蛇背图案②

二、西亚创世神话对鲧、禹神话的影响

西亚创世神话体现在近东开辟史诗中,史诗是西亚阿卡德人的创世神话,

---

① 段守虹. 灵蛇图像 [M]. 西安:陕西人民美术出版社,2014:37.
② 段守虹. 灵蛇图像 [M]. 西安:陕西人民美术出版社,2014:64.

用楔形文字刻写在七块泥板上。有饶宗颐先生的中译本①。我们研读史诗情节，会发现史诗中的创造主马杜克（Marduk）及其神父哀亚（Ea）或阿伯苏（Apsu），他们的神功神迹，与中国传说时代的鲧、禹神话多有契合。苏雪林认为这是因为前者影响了后者之故②。笔者赞同林说，这里便以林说为基础，继续考察二者的源流关系。

先看近东开辟史诗：史诗讲道，宇宙未造成之前，充塞整个空间的都是水，名叫"深渊"（The Deep，也叫 Apsu 或 Abyss），此深渊人格化为一女性神，叫蒂亚华滋（Tiawath）或蒂亚马特（Tiamat），也称混沌孽龙（Dragon of Chaos），还称 Kudarru，俗称原始女怪。她的外形，有时如有角之巨蛇，有时如有翅之狮，有时则为头生双角身披鳞甲的异兽，还有时为龟形③。

原始女怪生出许多天神，天帝阿努、水主（水神、水星神）哀亚都是她的子孙。后来原始深渊（The Deep）分化为甘咸二水，哀亚主甘水，为善神。哀亚的形貌，有五种之多，其中也有龟形和蛇形④。阿伯苏主咸水，为恶神。以这善恶二神为标志，神界形成了神、魔两个对立的阵营。

据苏雪林考证，中国古籍中的水神共工及伯鲧，其"共工"和"鲧"之音读，皆源自原始女怪之名 Kudarru，二者皆由恶神阿伯苏变来。杨宽和顾颉刚等先生也指出"共工"不过是"鲧"音的缓读，"鲧"字则是"共工"的急音⑤。我们在文献中也发现有许多情节，一说是共工所为，又说是伯鲧所做⑥，正印证了二者当是西亚神话中的恶神阿伯苏在不同阶段传入中国所造成的分化。由于阿伯苏的恶神性，影响到共工和伯鲧在中国神话里也成为四凶之二。当然，鲧在中国文献中也有布土造地治水的善行，这一方面是由于阿伯苏本为原始深

---

① 饶宗颐. 近东开辟史诗［M］. 沈阳：辽宁教育出版社，1998.
② 苏雪林. 天问正简［M］. 武汉：武汉大学出版社，2007：264 – 281.
③ 苏雪林. 天问正简［M］. 武汉：武汉大学出版社，2007：265.
④ 苏雪林. 天问正简［M］. 武汉：武汉大学出版社，2007：179.
⑤ 杨宽. 中国上古史导论［M］//古史辨：第七册. 海口：海南出版社，2005：195；顾颉刚，童书业. 鲧禹的传说［M］//古史辨：第七册. 海口：海南出版社. 2005：582.
⑥ 杨宽. 中国上古史导论［M］//古史辨：第七册. 海口：海南出版社，2005：192 – 196.

第七章 "玄武"龟蛇形象的神话解读

渊,有其创造天地而利世的一面而来,另一方面则是鲧也因袭了甘水神和善神哀亚的特性所致。阿伯苏在神魔大战中败北,身被戮。这当是伯鲧虽布土造地息土填洪,结果仍落得被殛于羽山的命运之所由。而其子伯禹做的是同样的布土造地奠山导水的工作,却能被封赏拥戴,这也是因为其前身是西亚创世大神倍儿马杜克,后者所拥有的崇高地位转移给了大禹所致。所以,鲧、禹的结局,无关个人努力,是因为他们的不同命运早就"前世注定"。

开辟史诗讲到的神魔大战以神方胜利而结束。创世主哀亚用催眠法将魔军统领阿伯苏催眠,夺其冠冕,析其筋肉,锁而杀之。并在阿伯苏遗体上建居所,生出群神领袖马杜克。另一说则是马杜克为哀亚与其妻唐克娜(Damkina)所生。还有一说,马杜克从阿伯苏尸腹中诞出。史诗这样说:"于阿伯苏内,马杜克诞生,于神圣的阿伯苏内,马杜克诞生。"① 中国神话中的鲧腹生禹,显然就是阿伯苏腹中诞出马杜克的翻版,而且这两对父子也刚好是对应关系。知道了这层渊源,就不必像一些学者那样非得去论证鲧为女性才能生禹等徒劳无功的事了。因为这本是神话。若一定要说鲧是女性,我们从原始女怪所具有的女神特征方面出发也不是不可以找到一些鲧是女性的证据,但那样太迂回,鲧腹生禹直接源自阿伯苏腹诞马杜克的神话才是最便捷的解释。

开辟史诗另有一种说法是原始女怪之夫魔军统帅京固败于火神,被火焚死。西亚神话中的夫妻父子经常混同互换,这里的京固也就相当于原始女怪或阿伯苏。而《山海经》中有"帝令祝融杀鲧于羽郊"之说,祝融是中国的火神。显然这也是外来的情节被安排在祝融和鲧的身上。

水主哀亚被称为"群神之大巫",因此他有着起死回生的法力,所以他的祭司总是唱道:"我是哀亚的祭司,我能使死者复活。"而伯鲧被杀于羽山三年不腐,经巫者法术而复活并化为黄能入羽渊。可以看到这里的巫者、复活等情节正可对应于哀亚故事。

还有就是哀亚曾是西亚神话中的创造主(齐地八神中的天主,正是水星神

---

① 饶宗颐. 近东开辟史诗[M]. 沈阳:辽宁教育出版社,1998:24. 据句意重译。

123

哀亚，奉水星神哀亚为天主，体现了齐地八神神话传来时应在哀亚作为创造主的西亚苏美尔神话时期），后来其子马杜克也有屠龙创世之伟业。而中国文献中也屡提"禹、鲧是始布土，均定九州"等布土造地的业绩。鲧、禹各称伯鲧、伯禹，这"伯"字，并非要说他们均是长子，也不是说他们有"伯"之爵位，而是"爸""父"之义，是人类祖之意。这也跟哀亚、马杜克父子在西亚神话中的创造主地位相一致了。

　　以上的对比，能够说明鲧禹神话的很多情节和事功，能在西亚创世神话中的哀亚、阿伯苏和马杜克身上找到原型①，而西亚的蒂亚马特、哀亚、阿伯苏等的龟形和蛇形形貌，正是受其影响者伏羲女娲、鲧和修己的蛇形、龟形之来源。而不是什么龟、蛇图腾的影响所致。至于伏羲女娲、伯鲧修己的全部神格，是纯然外来，还是在民族神身上附着了许多外来的同类神的神格？很难作出肯定的判断，依据古代各民族神话同类神相互之间常有影响和借代关系的特征作判断，属于后者的可能性会更大一些。但可以肯定的是，这些具有龟蛇形象的所谓历史人物，实在是我们的古人没有分清神话和历史，或者说将本来就搅合在一起的神话和历史也即所谓的"神话历史"，当成了客观发生过的真实历史了。我们现在应该还原他们的真实身份——他们是神，不是人！

三、玄武龟蛇形象的由来

　　上文已提到，玄武的龟蛇形象，源于鲧与修己夫妇的龟蛇形象，但这个解释并不彻底，它未能进一步解释为何鲧和修己有龟蛇之形？为何由鲧和修己的龟蛇之形合体而成的玄武，来表示北宫之象？下面试作分析。

　　先看鲧和修己的龟蛇之形。古籍所载的鲧化龟（黄能）神话，已揭示了鲧在神话中的变形是龟，鲧能够化龟，跟他的原型，即西亚创世神话中的原始女

---

① 更细致的比较可参看宋亦箫. 良渚文化神徽为"大禹骑龟"说 [J]. 民族艺术，2019 (4)；宋亦箫.《天问》中的鲧禹故事与近东开辟史诗 [M] //禹功. 北京：文物出版社，2019：46-50.

怪蒂亚马特、水神哀亚和阿伯苏都有龟形形貌有关，即后者影响了前者。修己作为鲧妻，跟西亚原始女怪所衍化的大女神易土塔儿、水神哀亚之妻唐克娜等有对应关系，因此后者的蛇形形象同样也影响到了修己，这也应该是修己得名的原因。因此，鲧和修己的龟蛇形象，是他们的原型哀亚和唐克娜的龟蛇形象所带来。

那又为何用鲧和修己的龟蛇形象表示北宫之象呢？这当与五行思想在战国秦汉时代兴起后有关，五行对应着五大行星，也对应着金木水火土五种物质，同时还对应着东西南北中五个方位以及青白赤黑黄五种颜色。其中北方对应的是水、颜色黑，按《淮南子·天文》当中的完整说法是："北方，水也。其帝颛顼，其佐玄冥，执权而治冬。其神为辰星，其兽玄武。"[1] 这里提到的"帝"是颛顼，不是鲧，但前人的研究早就表明，伏羲、颛顼、伯鲧、共工，全都是西亚水神哀亚或阿伯苏的遗型，他们可能是在不同时期传入华夏，形成各自为政但又彼此密切相关的联系[2]。因此，此处的颛顼，可用伯鲧替代。因鲧在五个方位中能代表北方位，故在星象中以他及妻子的龟蛇形象代表。且玄武中"玄"字，表黑，也对应着北方的颜色。

但是，根据冯时的研究，天文中的北宫之象，并非一开始就是龟蛇，它经历了鹿（麒麟）、龟再到龟蛇合体的变化，他认为龟蛇合体的玄武形象很可能是在西汉初年或稍前的一段时间完成的[3]。对于这种现象，还需作一个合理的解释。我们的理解是，古人观测星象以识星，既会将某些星组成象，同时更会将在人间已形成的神话传说及其图像直接搬上天空组成星象。北宫之象所经历的从鹿到龟蛇合体的变化，可能是开始仅仅从观星组象，便以鹿为记，到后来在龟及龟蛇形象代表北方的文化越来越普及的时候，便以后者取代前者，以达到更匹配、更有神话色彩和文化内涵的效果。

---

[1] 刘安，等. 淮南子全译 [M]. 许匡一，译注. 贵阳：贵州人民出版社，1993：114.
[2] 苏雪林. 屈原与《九歌》[M]. 武汉：武汉大学出版社，2007：183-200.
[3] 冯时. 中国天文考古学 [M]. 北京：中国社会科学出版社，2010：433.

四、玄武的生殖象征

龟蛇合体的玄武形象形成后，其圆龟长蛇相依相偎的模样，常蕴含有负阴抱阳、男女构精的生殖意味。虽然过去的解释，以为雄龟缺乏生殖能力，不能交合，要靠雌龟与雄蛇交配才能繁衍后代[1]是错误的，但它仍揭示出了龟蛇交合的生殖象征寓意。通过上面的分析，我们现在知道，这种生殖象征的真实意匠源头当在鲧和修己以及他们的神话源头哀亚和唐克娜，乃至更早的渊源——原始女怪蒂亚马特那里。因此，双身双头的伏羲女娲也好、龟蛇合体的玄武也好，都隐含了人类父母和生殖之神的意味，我们在汉画和历代图像中所见到的大量玄武、伏羲女娲，乃至将伏羲女娲和玄武刻画在一幅画面上的图像（图7-7），都是当时人崇拜生殖、渴盼子孙绵延、家族兴旺的表现。

若以龟表鲧、蛇表修己的象征来分析龟蛇的阴阳符号特性，似乎是龟表男性阳性、蛇表女性阴性，但在中国传统象征文化里并非如此，而是龟、蛇各自既能代表男性阳性，也能代表女性阴性。下面举例说明。

图7-7 伏羲女娲与玄武画像石[2]

龟代表阳性。一方面体现在鲧、禹化龟的神话中，鲧、禹是神话中的父子，

---

[1] 张华. 博物志：卷四 [M]. 北京：中华书局，1985：10.
[2] 中国画像石全集编辑委员会. 中国画像石全集5 [M]. 济南：山东美术出版社，2000.

故他们所化之龟当代表阳性。另一方面体现在更多的民间文化中，如平剧《阴阳斗法》，里面的龟为阳男，蛇为阴女。台湾民间故事《周公斗法桃花女》和同名歌仔戏中，乌龟精是男子，蛇精为桃花女郎①。

龟代表阴性。古希腊的美神和爱神阿芙洛狄忒诞生神话之一，是说克洛诺斯将他父亲的生殖器割下扔到海里后，在溅起的海浪泡沫中升起了一个巨大贝壳（海螺壳），阿芙洛狄忒从贝壳中诞生（图7-8）。这里的贝壳或海螺，与龟均属介类动物，在这个神话中有互文性，因此可看成阿芙洛狄忒是从龟壳中诞生，自然就与龟有了同一性。笔者曾分析过黄帝之妻嫘祖的"嫘"字，认为此"嫘"通"螺"，"嫘祖"之名揭示了她与阿芙洛狄忒有相同的诞生神话——螺壳中诞生。除了嫘祖，古代中国还有类似的天渊玉女、白水素女、螺仙、田螺姑娘等民间故事，它们都有着共同的螺壳诞生神话，与阿芙洛狄忒的诞生有着共同的神话源头，其源头当在西亚创世神话中同样带壳的神、人共祖——龟形原始女怪身上②。因此，这些中外螺（龟）生女性神话，将龟指向了阴性特征。

图7-8 从贝壳中诞生的阿芙洛狄忒③

此外，古代罗马的乌拉尼亚（Uranie）用龟祭祀维纳斯，说这样是为了象

---

① 陈器文. 玄武神话、传说与信仰［M］. 西安：陕西师范大学出版社有限公司，2013：65.
② 宋亦箫. 西王母的原型及其在世界古文明区的传衍［J］. 民族艺术，2017（2）.
③ 弗雷泽. 金枝［M］. 徐育新，汪培基，张泽石，译. 北京：新世界出版社，2006：312.

征妇女的聪明和贞洁。苏雪林认为这是曲解原旨，真相当是维纳斯本身是龟，故以龟祭她①。

中国民间故事还有类似象征，如清代章回小说《桃花女斗法》中，便以龟为阴，蛇为阳，鼓吹阴阳和合之道②。

再看蛇的阴阳两性象征。

蛇代表阳性。首先是同为人首蛇身的伏羲女娲中的伏羲，表明蛇可代表阳性。还有鲧化黄龙神话，此处的黄龙，自然可与蛇归为同类。此外，古代的蛇郎传说，也将蛇与男性联系在了一起。

蛇代表阴性。首先也是同为人首蛇身的伏羲女娲中的女娲，还有鲧妻修己。古代的蛇女、美女蛇传说，特别是《白蛇传》中的白素贞和小青，都将蛇指向了女性阴性。

通过上文分析，可看到，虽然龟蛇交合可表达生殖象征，但龟蛇所象征的阴阳性别却是可以互换的。其原因，我认为在玄武的神话原型——西亚创世神话中的神、人共祖原始女怪身上，因后者有阴、阳两性特征，而龟、蛇又都是原始女怪的象征，因此象征原始女怪的龟、蛇，如其本尊一样，既可是阳性，也可是阴性。

五、小结

中国上古传说时代的所谓"历史人物"伏羲女娲、鲧与修己、大禹、共工等，实际上只是神话人物，他们变为历史人物，是神话历史化的后果。在他们的神话故事当中，都有与龟蛇相关的神话。例如伏羲女娲是人首蛇身、共工也是。伯鲧和大禹都有化龟的神话，即是说神龟都是他们的化身，鲧妻修己从其名可知有长蛇的形象，因此鲧与修己正合龟蛇相交的玄武之象。

中国上古神话人物的龟蛇神话，并非中国所独有。环顾四周，可发现西亚、

---

① 苏雪林. 屈原与《九歌》[M]. 武汉：武汉大学出版社，2007：160.
② 陈器文. 玄武神话、传说与信仰[M]. 西安：陕西师范大学出版总社有限公司，2013：65.

南亚等古文明区同样存在着人首蛇身的神话和图像，也有神人变幻龟、蛇的神话，也有龟负大地的传说等，它们之间是文化的传播和影响关系，其中西亚苏美尔人文化是源，南亚印度和东亚古代中国文化中的相似成分则是流。在这种认识的基础上，我们断定，玄武的龟蛇形象不是北宫七宿的具象化，也不是图腾制度的遗痕，而是流传在中外之间的水神神话的表现形式。

在中外神话交流和影响的诸多因素中，最为清晰可观的是西亚原始女怪及水神哀亚和他的妻子唐克娜、其子马杜克神话对鲧禹神话的影响。可以说，父子神鲧禹的很多神功神迹，都是西亚父子神哀亚（阿伯苏）与马杜克神话事迹的翻版，例如伯鲧的水神性、鲧禹的布土造陆、鲧腹生禹，等等。

因此，玄武的龟蛇形象，直接来源可看成是鲧与修己夫妇所具有的龟蛇形象的借用，远源则应追踪到印度和西亚神话当中，如印度的蛇神舍沙（Shesha）环绕着龟神俱利摩（Kurma）的造型、西亚神话中的哀亚和唐克娜合体造型等，玄武代表北宫之象，则是因为在五行中北方属水、颜色黑，故采用水神伯鲧及其妻修己的龟蛇形象表示，玄武之"玄"，也体现着黑色之义。

作为北宫之象的玄武，出现后也表达着负阴抱阳、男女构精的生殖意味。这种生殖象征的真实意匠源头当在鲧和修己以及他们的神话源头哀亚和唐克娜，乃至更早的渊源——原始女怪蒂亚马特那里。但同样都是原始女怪象征的龟、蛇，其性别则可男可女、可阴可阳。原因当在玄武的神话原型——西亚创世神话中的神、人共祖原始女怪身上，因后者有阴、阳两性特征，自然影响到她的象征符号——龟、蛇身上，使后两者如其本尊一样，既可是阳性，也可是阴性。

原载《神话研究集刊》第二集，巴蜀书社，2020年，第57-69页

第八章

战国《人物御龙帛画》为"湘君乘龙车"论——兼论湘君、黄帝神话所反映的早期中外文化交流

本章提要：战国《人物御龙帛画》中的"人物"，不是墓主人，也不是《九歌》中的河伯，而是《九歌》中的湘君。帛画的构图元素，如龙车、水上环境等，完全同于《九歌·湘君》的描写。帛画出土地点与湘君崇拜地域也完全重合。此帛画可改称《湘君御龙帛画》。作为土星神的湘君，其驾乘工具龙车，也被同是土星神的黄帝和域外众多土星神所共有，土星神驾龙车的形象，还被映射到星座神话中，那便是域外的翼龙负狮形象（即狮子座立于长蛇座上方，因土星神有狮形形象）和古代中国的"焉有虬龙，负熊以游？"神话，即轩辕星座立于代表文昌帝君的张宿之上。湘君御龙帛画当是墓主人生前极喜爱的宗教画，以至他死后随葬。此随葬行为成为此后一些汉墓中帛画的引魂升天功能的滥觞。

战国《人物御龙帛画》也称《人物御龙图》，1973年5月出土于湖南长沙子弹库楚墓①。同墓在1942年曾被盗掘出一幅《帛书十二月神图》，而距此墓仅2公里的陈家大山楚墓，1949年也被盗掘出一幅《人物龙凤图》帛画。此外，1982年，在湖北江陵马山1号楚墓中，也曾出土过一幅帛画②。这便是通过盗

---

① 湖南省博物馆. 新发现的长沙战国楚墓帛画[J]. 文物, 1973（7）；湖南省博物馆. 长沙子弹库战国木椁墓[J]. 文物. 1974（2）
② 陈锽. 古代帛画[M]. 北京：文物出版社，2005：51-56.

<<< 第八章　战国《人物御龙帛画》为"湘君乘龙车"论——兼论湘君、黄帝神话所反映的早期中外文化交流

掘和考古发掘所仅见的4幅战国中晚期楚地帛画。马山帛画因残损漫漶，内容难辨，学界少有论及，其他3幅帛书画则自发现伊始，便得到众多学者的关注①，其中《人物御龙图》和《人物龙凤图》因画风、构图元素接近，常被放在一起进行讨论②。关于《人物御龙图》，主要观点有"乘龙升天形象"说③、"引魂之舟"说④、"招魂和引魂之具"说⑤、"招魂安魂"说⑥、"引魂升天"说⑦、"魂像"说⑧、"招水死之魂"说⑨，以及"河伯出游"说⑩等，归纳起来，可概为两类，一类认为此帛画是招魂引魂的道具，画中人物是墓主人，龙则是导引墓主人升天的工具；另一类认为帛画中人物是《九歌》中的河伯，是河伯乘龙舟出游图。笔者较认同后者的讨论思路，但提出一个新见解，即认为此帛画中人物是《九歌》中的湘君，该图描绘的是湘君乘龙车的形象。下面从三个方面予以讨论。

一、《人物御龙帛画》与《九歌·湘君》之"湘君乘龙车"神话比较

先简述《人物御龙帛画》出土时的基本情况及其构图（图8-1）。该墓为带一条斜坡墓道的长方形竖穴木椁墓，棺椁共三层，一椁二棺。帛画平放在椁盖板下方、外棺上方的隔板上面，画面朝上。绢质，长方形，长37.5厘米、宽

---

① 陈锽. 古代帛画 [M]. 北京：文物出版社，2005：10-29.
② 黄宏信. 楚帛画琐考 [J]. 江汉考古，1991（2）；陈锽.《人物龙凤图》与《人物御龙图》简论 [J]. 美术，2015（5）.
③ 湖南省博物馆. 新发现的长沙战国楚墓帛画 [J]. 文物，1973（7）.
④ 萧兵. 引魂之舟——楚帛画新解 [M] //湖南考古辑刊（2）. 长沙：岳麓书社，1984：167-174.
⑤ 王建勇.《人物御龙帛画》略考 [J]. 中原文物，2014（6）.
⑥ 刘晓路. 帛画诸问题 [J]. 美术史论，1992（3）.
⑦ 黄宏信. 楚帛画琐考 [J]. 江汉考古，1991（2）.
⑧ 陈锽.《人物龙凤图》与《人物御龙图》简论 [J]. 美术，2015（5）.
⑨ 刘信芳. 关于子弹库楚帛画的几个问题 [M] //楚文艺论集. 武汉：湖北美术出版社，1991：111-122.
⑩ 庞光华. 是御龙升天还是河伯出游——再论楚帛画《人物御龙图》[J]. 五邑大学学报，2012（1）.

28厘米。帛画上端横边有细竹条，长30厘米，近中部系有一棕色丝绳，用于悬挂。画幅左边和下边为虚边，整个画幅因年久而呈棕色，但质地仍然保存较好。

图8-1 战国人物御龙帛画①

帛画正中为一留须男子，侧身向左，宽衣博带，腰佩长剑，手执缰绳，驾驭着一条巨龙，龙头高昂向左，龙尾翘卷向右，龙身平伏，略呈一舟形。龙尾上端站立一鹤，引颈向右。男子头戴冠，头顶上方有车舆之华盖，三条飘带随风拂动。龙身左下侧，有一向左游动的鱼。华盖、人物及龙颈处的飘带拂动方向一致，使画面动感十足，让后人看到的是一幅神人水面上驾龙车乘风破浪的样子②。

---

① 陈锽. 古代帛画［M］. 北京：文物出版社，2005：彩页二.
② 湖南省博物馆. 长沙子弹库战国木椁墓［J］. 文物，1974（2）；湖南省博物馆. 新发现的长沙战国楚墓帛画［J］. 文物，1973（7）.

第八章 战国《人物御龙帛画》为"湘君乘龙车"论——兼论湘君、黄帝神话所反映的早期中外文化交流

关于帛画上的人物为谁？他到底是人还是神？前人有过判断，多数观点认为是墓主人，极少数认为是水神河伯。如果我们将此帛画构图元素与《九歌·湘君》作一对比，并区别其他神灵乘龙驾龙的情形，答案或许就能出来。

关于对《九歌》中诸神的解读，最佳者当属苏雪林。她在《屈原与〈九歌〉》中，精辟地解读出《九歌》是一套神曲，是歌颂九重天的天神之歌。这九重天神分别是日月五星（金、木、水、火、土星）七星神加上大司命蚀神、少司命彗星神，再加上山鬼对应的大地之神，合为十神①。而五星中的土星神，对应的正是湘君。我们先来看看《九歌》中对湘君的描写。

"君不行兮夷犹，蹇谁留兮中洲？美要眇兮宜修，□□□□□。□□□□□，沛吾乘兮桂舟。令沅湘兮无波，使江水兮安流。望夫君兮未来，吹参差兮谁思？"

"驾飞龙兮北征，邅吾道兮洞庭，薜荔柏兮蕙绸，荪桡兮兰旌。望涔阳兮极浦，横大江兮扬灵；扬灵兮未极，女婵媛兮为余太息：'横流涕兮潺湲，隐思君兮陫侧！'"

"桂棹兮兰枻，斲冰兮积雪，采薜荔兮水中，搴芙蓉兮木末；心不同兮媒劳，恩不甚兮轻绝。石濑兮浅浅，飞龙兮翩翩，交不忠兮怨长，期不信兮告余以不闲。"

"朝骋骛兮江皋，夕弭节兮北渚，鸟次兮屋上，水周兮堂下。捐余玦兮江中，遗余佩兮醴浦，采芳洲兮杜若，将以遗兮下女。时不可兮再得，聊逍遥兮容与。"②

《湘君》歌词可分为4节，每节10句共40句，今本缺省2句。第一节是女

---

① 苏雪林. 屈原与《九歌》[M]. 武汉：武汉大学出版社，2007：138-143.
② 引自苏雪林. 屈原与《九歌》[M]. 武汉：武汉大学出版社，2007：238-239. 小方框表示缺省字。

信徒的唱词，言土星神湘君行动迟缓，祈祷他让沅、湘、江、汉风平浪静，还表达出女信徒对湘君迟迟不来的怨盼，体现了人神之爱恋。第二节言湘君驾着飞龙经过洞庭湖、大江而北征。第三节又是女信徒所唱，言她们在舟中等待湘君不至，便入手水中采芙蓉，并想象芙蓉或生于湘君所居水晶宫树之末梢，还言及自己与湘君心不同、恩不厚、交不忠、期不信，继续表达着怨望之词。第四节转为湘君所唱，言在大江扬灵后，晚上到达了北渚，描述北渚状貌，如鸟居在屋上，水在四周流动云云。并回忆一路行来，曾捐玦于大江、遗珮于澧浦，采摘芳洲上的杜若，将它们留给爱慕他的女信徒等。

歌词中的湘君，驾着飞龙，越过洞庭和大江，最后到达的是北渚，这都是水上世界，其周遭环境正合帛画上以游鱼为标志的水域，湘君的交通工具是飞龙，帛画上也以巨龙为车，除了手执缰绳御龙以示意，还特意画出车盖，其以龙为车作交通工具的表意十分明确。

湘君虽是土星神，但也当是湘地的地方神和湘江水神，这可以从《史记·秦始皇本纪》看出。该篇记载始皇帝封禅泰山后一路南行到达洞庭湖上的湘山祠，该祠也称湘君祠[1]，正是奉祀湘君的神庙。此湘山今称君山，恐怕是源自湘君之"君"字，其上今有君山庙，供奉大舜，自是秦代以来就搞错供奉对象的结果。因为当年的秦始皇不清楚湘君是何神，问旁边的博士，得到的竟是"尧女，舜之妻，而葬此"的答复。子弹库楚墓出土《人物御龙帛画》，联想到此墓地正在湘江左近，流行湘君神话图像非常符合情理。因此，笔者认为此帛画中的"人物"正是湘地的地方神、湘江水神湘君。

不过，在屈原的《楚辞》里乘龙飞升的形象并不止湘君一人，帛画中画的会不会是其他神灵呢？下面试做辨析。

《河伯》篇有"乘水车兮荷盖，驾两龙兮骖螭"的歌词，证明河伯确也以车为交通工具，并以龙、螭为驾为骖。但要注意，河伯所乘车是水车，非龙车，水车以荷叶为盖，非华盖。且河伯并非直接骑乘龙、螭，而是以龙、螭拖拉水

---

[1] 韩兆琦. 史记笺证（贰）[M]. 南昌：江西人民出版社，2015：449，460.

第八章 战国《人物御龙帛画》为"湘君乘龙车"论——兼论湘君、黄帝神话所反映的早期中外文化交流

车前行,拖拉水车的是两龙一螭,非单龙。河伯虽也驰行水上,但上述数项均不同于帛画内容,故不可能是河伯。

《云中君》篇有"龙驾兮既服,聊翱游兮周章"。《东君》篇有"驾龙舟兮乘雷,载云旗兮委蛇"。《大司命》篇有"乘龙兮辚辚,高驰兮冲天"。均有"驾龙"的描写,但也明显可看出这几位神灵均是在空中驾龙,而非江湖等水上,帛画中的水上环境不符合这几位神灵,则帛画中的人物也不该是这几位神灵。

还需给予回应的是将帛画中人物当作墓主人、帛画功能是招魂或引魂的观点。若真是如此,这该是战国中晚期楚地的一种葬俗,当具有一定的普遍性。因为不止子弹库和陈家大山楚墓才需要招魂或引魂的。但据已经发掘的长沙及江陵各自2000多座楚墓来看,并无第三例这样的所谓帛画出现。而且,《人物御龙帛画》及《人物龙凤帛画》都处于水上环境,恐怕只用"招水死之魂"也是解释不全的。因此,所谓两幅帛画中人物均是墓主人是没有说服力的。《人物御龙帛画》中的"人物"当是湘君,此画可改称《湘君御龙帛画》或《湘君御龙图》,也可称《湘君御龙北征图》。

而出土于近旁陈家大山楚墓的所谓《人物龙凤帛画》,笔者初步推断画中女子是《九歌》中的湘夫人,具体论证拟另文探讨。

二、黄帝乘龙车及世界神话中的土星神乘龙车神话

湘君对应《九歌》中的土星神,除此,中国古代的五星神另有一套叫法,即黄帝(土星神)、赤帝(火星神)、青帝(木星神)、黑帝(水星神)、白帝(金星神),这是以五色配五星神,合称五帝。司马迁著《史记·五帝本纪》,虽将五帝当作历史上的五位人君,但他也说了:"百家言黄帝,其文不雅驯",即多荒诞不经,他写《五帝本纪》,是"择其言尤雅者,故著为本纪书首",即有选择的记一些较为可信的事件。因此司马迁创作《五帝本纪》的行为,实际上是一种神话的历史化过程。《史记·封禅书》言"晋巫祠五帝、东君、云中

135

君、司命……",此处"五帝"与东君、云中君、司命并列,显然不是指《史记》篇首的五位人君,而应是与太阳神(东君)、月神(云中君)、蚀神(大司命)、彗星神(少司命)并列的五星神,不然就犯有非同类列举的逻辑错误了。这是司马迁有意无意暴露给后人的"五帝"的原始含义。

黄帝既是土星神,可有像湘君和帛画中人物一样驾龙车的神话?文献和口传神话中确有这样的记载。

《史记·封禅书》:"秦始皇既并天下而帝,或曰:'黄帝得土德,黄龙地螾见。'"① 此处言及对应黄帝的神灵是黄龙。

《淮南子·天文》:"中央,土也,其帝黄帝……其神为镇星(即土星),其兽黄龙。"② 这里指明黄帝是五方的中央,他是土星神,其圣兽是黄龙。

《史记·天官书》:"权,轩辕。轩辕,黄龙体。"③ 我们知道黄帝名"轩辕",而"轩辕"本意指"大车"。这里却成了中国天文学上的星宿名。张守节《史记正义》有对《天官书》"轩辕"的补充解释:"轩辕十七星,在七星④北。黄龙之体,主雷雨之神。"⑤ 这是说轩辕十七星构成黄龙之体,也是天上神圣的车形符号,实际上就是龙形之车,即龙车了。

如果说上述文献对黄帝驾龙车的记载还不够直接,下面的记述就直接多了。

如《史记·封禅书》:"黄帝采首山铜,铸鼎于荆山下。鼎既成,有龙垂胡髯下迎黄帝。黄帝上骑,群臣后宫从上者七十余人,龙乃上去。"⑥ 民间也有很多黄帝乘龙升仙的神话传说,基本情节均是黄帝铸鼎荆山下,鼎成有巨龙垂着胡须迎接他,黄帝骑上龙背升仙等,河南灵宝铸鼎原、鼎湖等地名,正是黄帝

---

① 司马迁. 史记·封禅书 [M]. 北京:中华书局,1963:1366.
② 刘安,等. 淮南子全译 [M]. 许匡一,译注. 贵阳:贵州人民出版社,1993:114.
③ 司马迁. 史记·天官书 [M]. 北京:中华书局,1963:1299.
④ "七星"指二十八宿中的星宿。参徐刚,王燕平. 星空帝国——中国古代星宿揭秘 [M]. 北京:人民邮电出版社,2016:206.
⑤ 司马迁. 史记·天官书 [M]. 北京:中华书局,1963:1301.
⑥ 韩兆琦. 史记笺证·封禅书(肆)[M]. 南昌:江西人民出版社,2015:1991.

<<< 第八章 战国《人物御龙帛画》为"湘君乘龙车"论——兼论湘君、黄帝神话所反映的早期中外文化交流

铸鼎升仙的地方云云①（图8-2）。推测这些传说当是以司马迁的记载为原型的。

作为土星神的湘君和黄帝均有驾龙车之举，环视域外，也多有土星神驾龙车的神话和图像。

如神话学家每言希腊土星神克洛诺斯（Cronus）乘飞龙车（图8-3），右手携大镰刀，左手携麦草一束，又为"时间之神"（God of Time）等。罗马土星神萨特农（Saturn）也乘飞龙之车等（图8-4）②。这里所引两则图例中的土星神不是直接骑乘飞龙，而是由两飞龙牵引两轮车的模式。当是土星神驾飞龙神话传至希腊、罗马后的变形所致。但在五星神话出现最早的西亚，则是另一番样貌。

图8-2 黄帝乘龙升仙③

---

① 何炳武，等. 黄帝的传说 [M]. 西安：陕西旅游出版社，1999：9-10.
② 苏雪林. 屈原与《九歌》[M]. 武汉：武汉大学出版社，2007：241.
③ 何炳武，等. 黄帝的传说 [M]. 西安：陕西旅游出版社，1999：11.

图8-3 希腊土星神克洛诺斯驾龙车①

图8-4 罗马土星神萨特农驾龙车②

① 引自微软 Bing 搜索国际版。
② 引自微软 Bing 搜索国际版。

<<< 第八章 战国《人物御龙帛画》为"湘君乘龙车"论——兼论湘君、黄帝神话所反映的早期中外文化交流

如西亚的安息王朝,曾发现过一块公元3世纪的陶筒,上有翼龙负狮像,龙首前方则有一枚八角星纹(图8-5)。西亚神话里,土星神尼尼伯(Ninib)有狮首鹰身或狮身的动物变形,因此这幅图代表了土星神尼尼伯乘翼龙(飞龙)的神话。而这种构型的渊源,则可找到西亚开辟神话中的尼尼伯为创造主时,其屠戮蛇形的原始女怪蒂亚华滋(Tiawath)的神话①,二者是同一神话的置换变形而已。非常巧的是,屈原《天问》里有一句"焉有虬龙,负熊以游?"一直未解。现参照西亚的翼龙负狮,或可有解。因为中国古代无狮,在处理外来文化时,常将涉狮之处臆改为熊虎之类。而黄帝也正"号有熊"。此被负之熊,似可解为黄帝之象征。如此,则屈原之问,原是对神话里土星神(在中国是湘君或黄帝)驾飞龙的设问。而且陶筒上的翼龙负狮像下的水波纹以及《天问》中的"负熊以游"之"游"字,都体现出土星神驾飞龙是驰骋在水面上的。

图8-5 西亚陶筒上的翼龙负狮像②

古人还将人间神话映射到天空,将众多的星星组合成一个个神话人物或图案,这便是星座及其起源的神话。西方天文学上有狮子座,其下是长蛇座,再下方便是茫茫银河。它们映射的正是上面提到的翼龙负狮以游于河的形象和神话(图8-6)。而较为巧合的是,这两个星座在中国古代对应的是轩辕星座和以南宫七宿部分星座为主的柳、星、张、翼、阵车等星官,后者虽未统一成一

---

① 苏雪林.屈原与《九歌》[M].武汉:武汉大学出版社,2007:247.
② 郭沫若.释支干[M]//郭沫若全集.考古编:第一卷.北京:人民文学出版社,2002:260.

个星座，但其中的张宿，却对应了中国古代神话中的文昌帝君或称梓潼帝君的化身普遍以张为姓的传奇神话。而文昌帝君或梓潼帝君的前身，正是一条大蛇①。如此，则土星神轩辕黄帝处于以张宿为代表的文昌帝君上方，土星神（黄帝）驾长蛇（飞龙）的形象，再次在中国古代的星座神话中出现，且与西方的星座神话呈精确对应关系。

图8-6 狮子座星图②

更为奇巧的是，在西方长蛇座所象形的长蛇尾部，立有一鸟，称乌鸦座（图8-7）。无独有偶，湘君御龙帛画中的巨龙尾部也立有一鹤。此鸟虽不同彼鸟，这或许是因中国古人认为乌鸦是恶鸟而不喜，便用象征长寿吉祥的仙鹤代之。但这种细节上的"巧合"，是很值得我们深思的。有了这样的比较背景，或许我们才觉得帛画中的立鹤不显得过于突兀。

---

① 苏雪林. 谈文昌帝君 [M] //屈赋论丛. 武汉：武汉大学出版社，2007：277-286. 高梧. 文昌信仰习俗研究 [M]. 成都：巴蜀书社，2008：5-9.
② 苏雪林. 屈原与《九歌》[M]. 武汉：武汉大学出版社，2007：247.

<<< 第八章 战国《人物御龙帛画》为"湘君乘龙车"论——兼论湘君、黄帝神话所反映的早期中外文化交流

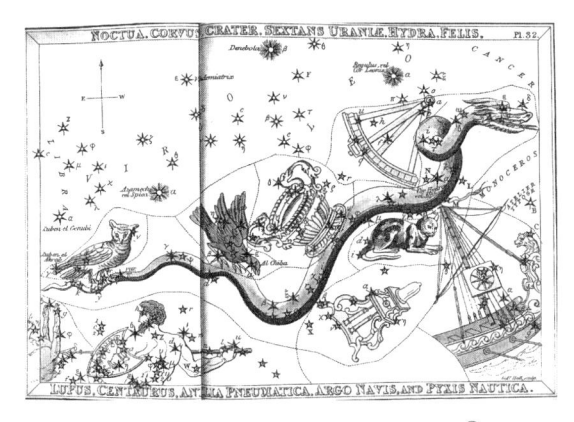

图8-7 星空中的长蛇座和乌鸦座①

上述中外土星神驾飞龙,狮子座、长蛇座与轩辕座、张宿为代表的南宫七宿等群星的星空位置和神话故事的精确对应,长蛇座尾部的乌鸦与帛画巨龙尾部的立鹤遥相呼应等,都只是巧合吗?

当然不是。这要拜极早期中外之间就存在过的文化交流所赐。苏雪林曾讨论过中外文化交流情况,提出域外文化曾两度来华,首次是夏商前,第二次是战国中叶,因此屈赋里饱含了大量的外来文化因子便毫不足怪等②。在今天的考古学视野里看中外文化交流,其中外文化接触的时间之早和规模之大,已超出了苏雪林当年的判断。笔者曾撰小文讨论过最早期的中外文化接触问题,指出彩陶、冶铜术、小麦、黄牛、绵羊、山羊等外来文化因子进入古代中国的时间和可能路径③,这些物质文化和技术都是中外早期文化交流的最鲜明标志。

在中外早期文化广泛交流的大背景下,湘君驾龙车与域外土星神也驾飞龙具有同源关系便毫不为奇了。湘君御龙神话及《九歌》十神神话中的中外共性

---

① [意]埃琳娜·帕西瓦迪. 星图:通往天空的旅程[M]. 武汉:华中科技大学出版社, 2019:194-195.
② 苏雪林. 域外文化两度来华的来踪去迹[M]//屈赋论丛. 武汉:武汉大学出版社, 2007:32.
③ 宋亦箫. 中国与世界的早期接触:以彩陶、冶铜术和家培动植物为例[J]. 吐鲁番学研究, 2015(2); 宋亦箫. 小麦最先入华的两地点考论[J]. 华夏考古, 2016(2).

部分，当是上述那些外来物质文化传来时，被一道或直接或辗转携来之故。

三、湘君御龙帛画的功用

帛画内容既为湘君御龙，它置于墓内有何作用？如何整体地看待这幅帛画的功用？也是要做一番梳理并回答的。

这幅帛画上端有细竹竿和丝绳，可悬挂，墓中是平放于椁盖下外棺上的隔板上，画面朝上。说明此画在随葬前曾用来悬挂于某处，它不是专为随葬而创作。该墓还出有一幅《帛书十二月神图》，简报作者推断此墓主人为一士大夫级贵族，综合起来看，墓主人当是一位文化修养较高、对巫术有了解和爱好、熟悉并喜欢地方神话的中下层贵族。

由墓主人的身份和个人爱好出发来推断，此帛画在墓主人生前，当是他极喜爱的一幅湘君御龙北征图，他喜欢湘君神话，便自己或请人创作了这幅画，生前可能挂于居室，欣赏摩挲。但鉴于湘君拥有湘江地方保护神的地位，他也可能在湘地楚人灵魂信仰的相关活动中充当顶礼膜拜的对象和引魂升天的中介。因墓主人极度喜爱这幅画，他死后便成了随葬品，又因在墓主人生前或充当过引领灵魂的法器，便置于墓中棺椁之间，希望此帛画能继续导引墓主人的灵魂，升入天界。正因此，它也就成了此后一些汉墓帛画的引魂升天功能的滥觞。

子弹库楚墓主人生前极度喜爱这幅帛画，死后随葬，这种行为带有特殊性和个人性，不具普遍意义，这也是在战国中晚期数以千万计的楚墓中我们找不到更多同类现象的原因。

四、小结

人物御龙帛画的构图，完全同于《九歌·湘君》中对湘君的描写。例如他们均乘龙车，均驰骋于江湖等水面上，帛画出土地点正是崇奉湘君这个地方神所在的区域等。而且，屈原的《楚辞》里也描写了其他神灵及他本人或驾或乘飞龙的情节，但河伯虽驰行水上，可交通工具不同于帛画，其他驾龙故事均是邀游于天

第八章 战国《人物御龙帛画》为"湘君乘龙车"论——兼论湘君、黄帝神话所反映的早期中外文化交流

空,非在水上。综此,此帛画中人物当是湘君,此图描绘的是湘君御龙北征的神话。可称之为《湘君御龙图》《湘君御龙帛画》,或称《湘君御龙北征图》等。

湘君是《九歌》所歌颂的日月五星神及蚀神、彗星神、大地之神等共计十神中的土星神。中国古代还有一套五星神的叫法,即黄帝(土星神)、赤帝(火星神)、青帝(木星神)、黑帝(水星神)、白帝(金星神),这是以五色配五星神,合称五帝。因此,土星神还有一个叫法——黄帝。黄帝虽被称作中华民族的始祖,被司马迁写入《史记·五帝本纪》之首,但他首先是五星神中的土星神,司马迁的创作是典型的神话历史化过程。

在中国典籍和口传神话中,都有黄帝乘飞龙的神话,而环顾世界,诸多古文明区也都有土星神乘飞龙的神话。因此,驾飞龙当是土星神的标准配置,各古代文明区土星神标配的雷同,当是文化交流的结果。

中外土星神驾飞龙的神话形象,还被先民安置到了天空中的星座神话中,这便是西方的狮子座立于长蛇座上方,构成的"翼龙负狮"形象,而中国古代的轩辕星座和代表了文昌帝君的南宫七宿中的张宿,可对应于西方的狮子座和长蛇座。因轩辕为黄帝,为土星神,文昌帝君的前世是一条大蛇。因此中国古代的星座神话中,也在相同的星空位置有一组"应龙负熊"(黄帝号有熊)神话形象的异化和变形。

最为精巧的是,西方星座长蛇座尾部有乌鸦座,它们组合成蛇尾立鸟形象,与湘君御龙帛画中的巨龙尾部的立鹤形象遥相呼应,这当然不是巧合,而是早期中外文化交流的真实细节反映。

随葬湘君御龙帛画的墓主人,当是一位文化修养较高、对巫术有了解和爱好、熟悉并喜欢地方神话的中下层贵族。他生前极度喜爱这幅帛画,乃至死后随葬。但因他生前可能将此幅帛画作为崇奉湘君的膜拜对象和引魂升天的工具,因此这幅帛画在墓中可能充当了导引墓主人灵魂升天的工具。这成为此后一些汉墓中帛画的引魂升天功能的滥觞。

原载《丝绸之路研究集刊》第七辑,商务印书馆,2021年

下　编　以文献学为中心的考察

第九章

大夏（吐火罗）新探

本章提要：本章在接受汉籍"大夏"就是西文"Tochari（吐火罗）"的观点的前提下，论证了中亚大夏（吐火罗）源自中国晋南，并辨析了几种非晋南说。同时也考证了晋南的"虞""虞氏"等语汇所代表的部族也是吐火罗人，其所示地名则因"地从族名"而来。在上述基础上，本章详细考订了晋南的吐火罗人（大夏、虞氏）西迁中亚的路线和时间。随后也探讨了大夏、虞氏与尧、舜、禹诸部族的关系，批驳了"古代中国欧罗巴种人假说"和"夏朝与'大夏'完全无涉，同名纯属巧合"这两种偏颇的说法。最后指出还存在的问题，希望通过进一步的考古发现和研究来获得答案。

一、引言

"大夏"是中国先秦诸多史籍记载过的一部族名和因"地从族名"① 所形成的地名。依据这些史籍推断，在传说中的五帝时代前后，"大夏"部族曾活跃于晋南、晋北及河套以北地区②，留下了"大夏""夏虚""大夏之虚""大夏河"等地名。汉代张骞应汉武帝之募，出使西域联络大月氏共抗匈奴。张骞归国后在给武帝的报告中提到中亚的吐火罗斯坦（阿姆河两岸）有一大夏国，且称流贯大夏的阿姆河为妫水，而留有众多大夏之虚的晋南正有一条河也叫妫水。张

---

① 王宗维. "敦煌"释名——兼论中国吐火罗人 [J]. 新疆社会科学, 1987 (1)：61.
② 余太山. 古族新考 [M]. 北京：中华书局, 2000：5-10.

骞为什么用晋南的古老地名和水名去称呼远在异域的地名（或国名）和水名？难道他们之间有什么联系？为什么汉武帝在知道了中亚有个大夏国后，"数问骞大夏之属"①，然后不畏艰辛积极经营西南夷，"欲地接以前通大夏"；再派张骞二使西域以便招徕"大夏之属皆可招来"；武帝此后还六次临幸河东（今山西），立后土祠于汾阴脽上。而此前他即位已21年，却从未踏上过河东的土地②。总之，武帝君臣如此重视一个"兵弱畏战"的大夏是为了什么呢？当时的史籍未作交代。经过后代史家们的多方考证，已得出一些有利于解答上面某些问题的结论，笔者也不揣谫陋，试图在前辈和时贤们的基础上，提出一些新的看法，来解答上述诸问题，以就正于方家。

前辈和时贤们较一致的结论是：东方的大夏便是西方的吐火罗③，也即是说张骞用"大夏"指称中亚两河流域的吐火罗人，正是看出了他们之间的相似相继关系，而不仅仅出于翻译上的对音关系（上古"大夏"之发音近于"驮互"④，也正合于Tocharian之对音）。关于吐火罗（大夏）人的语言和体质特征，现在也有了一致的认识：他们操一种古老的印欧语，脱离印欧共同体的时间相当早，尽管他们居住在印欧语系东方语支（Satem）分布区，却具有西方语支（Centum）许多特点。吐火罗人在到达中国新疆及北方地区之前，曾有过长途远徙的历史，在此过程中，它又与许多印欧语和非印欧语发生接触。吐火罗人在体质上也表现出典型的原始印欧人种的特征，也就是说他们属于一支古老

---

① 司马迁．史记：大宛列传 [M]．北京：中华书局，1962：3168．
② 王雪樵．博望侯的"大夏情结" [J]．运城高等专科学校学报，1999（4）．
③ 王国维．西胡考（下）[M] //观堂集林．石家庄：河北教育出版社，2003：310-311；黄文弼．重论古代大夏之位置与移徙 [M] //黄文弼历史考古论集．北京：文物出版社，1989：83；杨建新．吐火罗论 [J]．西北史地，1986（2）；王宗维．"敦煌"释名——兼论中国吐火罗人 [J]．新疆社会科学，1987（1）；林梅村．开拓丝绸之路的先驱——吐火罗人 [J]．文物，1989（1）；余太山．塞种史研究 [M]．北京：中国社会科学出版社，1992年；季羡林．敦煌吐鲁番吐火罗语研究导论 [M]．台北：新文丰出版公司，1993．
④ 杨建新．吐火罗论 [J]．西北史地，1986（2）．

的原始印欧人①。

在中亚与中国"大夏"源与流的关系上,也有了一致的结论,即前者是流而后者是源②。但在中国"大夏"故地的具体位置上,却颇多分歧。如王国维、张星烺、马尔瓜尔、法兰克的和田且末之间说(即覩货逻故国)③,黄文弼的凉州、河州、兰州一带说④,王守春的阴山、河套一带说⑤,余太山的晋南乃至山东说⑥等。在笔者看来,上述诸说因各种主客观原因,大多把大夏西迁的中转地(停留地)当成了起源地,难免离真相隔了一段距离。我们虽同意余太山先生的晋南说,但仍有内在的区别。余先生是想构拟一个古代中国欧罗巴种人的假说(即中国上古部族少昊氏、陶唐氏、有虞氏都是欧罗巴种)⑦,由此余先生的晋南说可说是地地道道的本土说。而笔者则相信晋南的大夏也不过是大夏人从遥远的西方东迁而来的最远一个落脚点。相对于早就世居于此的蒙古人种华夏先民,他们只能算是匆匆过客。至于大夏人又是如何东迁而来,笔者在后文中会作适当探讨。

---

① 徐文堪. 吐火罗人起源研究 [M]. 北京:昆仑出版社,2005:91-92;林梅村. 吐火罗人的起源与迁徙 [J]. 西域研究,2003 (3);王欣. 吐火罗史研究 [M]. 北京:中国社会科学出版社,2002:21-24.
② 王国维. 西胡考(下)[M]//观堂集林. 石家庄:河北教育出版社,2003:310-311;余太山. 大夏溯源 [M]//古族新考. 北京:中华书局,2000:1-28;王欣. 吐火罗史研究 [M]. 北京:中国社会科学出版社,2002:21-24;杨共乐. 东西大夏同族承继考 [J]. 北京师范大学学报(社会科学版),2006 (4).
③ 王国维. 西胡考(下)[M]//观堂集林. 石家庄:河北教育出版社,2003:310-311;张星烺. 中西交通史料汇编:第一册引 [M]. 北京:中华书局,2003;马尔瓜尔、法兰克二氏的观点转引自黄文弼. 重论古代大夏之位置与移徙 [M]//黄文弼历史考古论集. 北京:文物出版社,1989:81.
④ 黄文弼. 重论古代大夏之位置与移徙 [M]//黄文弼历史考古论集. 北京:文物出版社,1989:81-84.
⑤ 王守春. 大夏原居地及其西迁 [J]. 西域研究,1999 (4).
⑥ 余太山. 古族新考 [M]. 北京:中华书局,2000.
⑦ 余太山. 古族新考 [M]. 北京:中华书局,2000. 余氏此假说等于说咱们的老祖宗五帝及其部众是印欧人。可我们现在却不是了。但中国历史文化的一脉相承性让我们找不到历史上民族和种族大换血的痕迹。这是一个矛盾。余先生假说的最大症结就是要解决好这个矛盾。

149

另外，王欣先生在肯定了中国北方的大夏是东迁而来的原始印欧人的前提下，在具体的东来西迁路径和年代上，难以熔铸所有材料于一炉，便只好把早于他所能接受的相关文献记载判为假托①，这也是笔者不敢同意的。

由此，在充分吸收前人研究成果，尽可能广泛地占有材料并放宽历史视野的前提下，笔者尝试提出中亚大夏的东方起源地，大夏和虞氏的西迁路线及年代，大夏、虞氏与尧、舜、禹部落的关系，大夏在东方起源地之前的起源地等一系列看法。诚如伯希和先生之言："吐火罗语问题是一种必须深知中亚历史始能解答的问题……要使问题明了，只能作陆续接近的研究，各人利用前人研究的成绩，整理自己的主张，而为一种暂时学说。"② 吐火罗语问题如此，吐火罗问题的外延更大，就更是如此了。正是仗着前贤的说教，笔者才敢草此小文，希望在探索吐火罗问题的道路上，能起到一块铺路石的作用。

二、中亚大夏（吐火罗）源自晋南

（一）对几种非晋南说的辨析

在证实中亚大夏（吐火罗）源自中国晋南之前，先对前文提及的三种非晋南说略作分析。

---

① 王欣.吐火罗史研究［M］.北京：中国社会科学出版社，2002. 其基本观点：吐火罗人于公元前二千纪末到一千纪初由中亚大草原进入塔里木盆地，然后沿盆地南北缘继续东进，北支受阻于焉耆、吐鲁番一带并停留下来，南支大部东徙河西走廊和中国北部，到达中国北部的时间可能在公元前10世纪左右，大致相当于西周前期。至迟在齐桓公时代（公元前685—前643年），又从晋南等地西徙河西，并继续从河西经天山北麓西迁，历伊犁河、楚河流域、锡尔河以北地区，最后于前141年前后，越阿姆河占领巴克特里亚（即后来所称的吐火罗斯坦）。王判为假托的史料有：《吕氏春秋·古乐篇》《左传·昭公元年》《汉书·律历志》等，因这些史料所记中国北方大夏存在时间早于他所推定的公元前10世纪左右。

② 伯希和.说吐火罗语［M］//中国西部考古记：吐火罗语考.冯承钧，译.北京：中华书局，2004：158.

1. 和田且末之间说

持此说者有王国维①、张星烺②、李希霍芬③、马尔瓜尔④、法兰克⑤等。他们凭依的根据是唐玄奘《大唐西域记》卷十二所述之覩货逻故国。具体内容为：自于阗东境，"行四百余里，至覩货逻故国。国久空旷，城皆荒芜。从此东行六百余里，至折摩驮那故国，即沮末地也，城郭岿然，人烟断绝"⑥。沮末即且末，覩货逻即吐火罗（Tochari）之异写。从《汉书·西域传》的记载来看，相当于汉代小宛国的范围。已有学者推断中亚大宛国也是吐火罗人所建，且大宛国与民丰、且末间的小宛国存在某种渊源关系，"小宛民有可能是从帕米尔东进塔里木盆地的 Tochari 人"⑦。如此比照，"覩货逻故国"便很可能是汉代的小宛国⑧。笔者认同覩货逻故国便是汉代的小宛国，但对大宛与小宛的关系，则倾向于类同大月氏与小月氏的关系，即西迁费尔干纳盆地的大部为大宛，其不能去者留在原地的称小宛。这之间可能存在的具体迁徙动因和线路，容待后节详述。

2. 凉州、河州、兰州一带说

持此说者有黄文弼先生。黄先生乃依据《管子·小匡篇》所记齐桓公西征事。"西征，攘白狄之地，遂至于西河，方舟投柎，乘桴济河，至于石沉，悬车束马，逾太行与卑耳之溪。拘秦、夏，西服流沙西虞，而秦戎始从。"⑨《国

---

① 王国维. 西胡考（下）[M]//观堂集林. 石家庄：河北教育出版社，2003：310-311.
② 张星烺. 中西交通史料汇编：第一册引 [M]. 北京：中华书局，2003.
③ RICHTHOFEN F V. China [M]. Berlin, 1877：440.
④ Eransahr. P. 206, f. 转引自黄文弼. 重论古代大夏之位置与迁徙 [M]//黄文弼历史考古论集. 北京：文物出版社，1989：81.
⑤ 黄文弼. 重论古代大夏之位置与迁徙 [M]//黄文弼历史考古论集. 北京：文物出版社，1989：81.
⑥ 玄奘，辩机，季羡林，等. 大唐西域记校注 [M]. 北京：中华书局，2000：1031-1032.
⑦ 余太山. 塞种史研究 [M]. 北京：中国社会科学出版社，1992：72.
⑧ 王欣. 吐火罗史研究 [M]. 北京：中国社会科学出版社，2002：76.
⑨ 管子 [M]. 上海：上海书店出版社，1986：126.

语·齐语》所载与小匡篇略同，唯"石沉"作"石抗"，"卑耳"作"辟耳"，"西虞"作"西吴"。文中"秦、夏"推测乃"泰夏"之讹①，而"泰夏"即"大夏"。《管子·封禅篇》也有"西伐大夏，涉流沙，束马悬车，上卑耳之山"等语，与小匡篇略同。黄先生分析《管子》等篇所述地理形势，指出："春秋时之白狄，在今山西、陕西北部，即保德州与榆林府一带。西河即今宁夏一带。由白狄至西河，是桓公由山西北境西行，经陕西北边，至宁夏渡河，过贺兰山，即《管子》所称之卑耳山也，故云'悬车束马'再西行，经流沙之南，西至大夏，故云'涉流沙'。倘此推论不误，再参以《吕氏春秋》'昆仑在大夏西'之语，则古时之大夏，必分布于凉州、兰州、河州一带。……今河州（即临夏）为古大夏之中心区也。"② 当然，黄先生还列举了其他文献如《汉书·地理志》《水经注·河水篇》《十三州志》等所记"大夏川水""大夏县""大夏水"等，证明今临夏地区确有古大夏的存在。余太山先生也有类似证明③。笔者完全认同今临夏一带曾有过大夏人的活动这一"史实"，且留下了至今还存在的临夏、大夏河等地名。但这些证据并不能否定大夏人在更早的时候也存在于中国的其他地区，也就是说，黄先生的论证可以证明大夏人曾到过今临夏一带，但说今河州（临夏）一带乃古大夏之中心区就不一定了。

3. 宁夏平原或河套与阴山地区说

持此说者有王守春先生。王守春在《大夏原居地及其西迁》一文中指出，大夏西迁前的原居地在河套和阴山或宁夏平原，但他又说大夏族的发祥地在今甘肃临夏地区。即大夏有一个从临夏地区沿着黄河向下迁徙的过程，到齐桓公西征时已居宁夏平原或河套与阴山地区。照笔者理解，该文所说"发祥地"类似起源地，如此，王守春也可归入大夏起源于"凉州、河州、兰州一带说"的

---

① 余太山. 古族新考[M]. 北京：中华书局，2000：24.
② 黄文弼. 中国古代大夏位置考[M]//黄烈. 黄文弼历史考古论集. 北京：文物出版社，1989：80.
③ 余太山. 大夏溯源[M]//古族新考. 北京：中华书局，2000：7.

观点中。但该文花费了大量笔墨论证齐桓公西征前大夏曾居于宁夏平原或河套和阴山地区，这一点前两说不曾提到，是追索中亚大夏起源地的一个重大进步。故笔者将其单列为一说。我们非常欣赏王守春先生将《管子·小匡篇》中"大夏"和"流沙"的空间位置作了不同于前说的厘定，即"大夏应在流沙之东，而不是流沙之西或西南"①。至于流沙所指，黄文弼、余太山等先生为了论证齐桓公西征的目标大夏在临夏一带，便将"流沙"指定为今腾格里沙漠。现既然大夏在流沙之东，显然齐桓西涉流沙的目标就不是大夏了，而是《管子·小匡篇》等提到的"西虞"。西虞是春秋以前中原人对月氏的称呼之一（关于西虞和月氏的关系，后节详论），时处今巴丹吉林沙漠以西的新疆东部地区。由此，流沙当指"巴丹吉林沙漠"。这样，齐桓公越太行、拘大夏、涉流沙、服西虞就成了一条合理而便捷的西征路线。

但是，我们不能同意王守春所言河套阴山或宁夏平原的大夏迁自甘肃临夏一带的说法，而认为他们应迁自山西。下面便试作分析。

（二）中亚大夏源自晋南的证据

很多史籍记载了山西的晋南乃至晋北古大夏族的活动。余太山先生已作过相关史料的细致梳理和研究②，有开拓之功。为说明问题，不妨对相关史料择要罗列一番。

1. 《左传·昭元年传》："昔高辛氏有二子，伯曰阏伯，季曰实沉……迁实沉于大夏，主参，唐人是因……"③ 杜注："大夏，今晋阳县。"晋阳即今太原。不过《史记·郑世家》"集解"引服虔语："大夏在汾浍之间，主祀参星。"汾浍之间指汾河、浍河两水之间，地在晋南。这两说虽有抵牾，但都明言大夏地在今山西境内。

2. 《左传·定四年传》："分唐叔以大路、密须之鼓、阙巩、沽洗、怀姓九

---

① 王守春. 大夏原居地及其西迁 [J]. 西域研究, 1999 (4): 14.
② 余太山. 古族新考 [M]. 北京: 中华书局, 2000: 7-10.
③ 左丘明. 左传 [M]. 杜预, 集解. 上海: 上海古籍出版社, 1997: 1196.

宗、职官五正。命以《唐诰》而封于夏虚，启以夏政，疆以戎索。"杜注："夏虚，大夏，今太原晋阳也。"然而《史记·郑世家》"正义"引《括地志》云："故唐城在绛州翼城县西二十里。"再据《史记·晋世家》："武王崩，成王立，唐有乱，周公诛灭唐。……于是遂封叔虞于唐。唐在河、汾之东，方百里。"晋阳在汾水之西，而翼城正在河、汾之东，汾浍之间，可见唐叔封地夏虚当在翼城，则晋南翼城也有大夏之虚。

3. 《吕氏春秋·本味篇》："和之美者……大夏之盐。"① 此"盐"当指史上有名的河东解池之盐，解池在晋西南现运城市，故此"大夏"所指便也只能是在晋西南境内。《史记·郑世家》"正义"引《地记》云："唐氏在大夏之墟，属河东安县。今在绛城西北一百里有唐城者，以为唐旧国。"这又是一条晋西南（河东安县）有夏虚的证据。

4. 《史记·秦始皇本纪》及同书"李斯列传"均有"禹凿龙门，通大夏"之语。这条史料至少透露给我们两点信息：一是大夏之地在龙门附近，而龙门在今晋西南河津市内；二是能说明此语中的"大夏"与大禹所代表的夏部落是二而非一，如是一回事，就成了自己通自己，于文不通，于理不合了。这进一步告诉我们，"夏虚"之语虽也可指夏部落乃至后来的夏朝所存遗迹，但史籍中更多的是指夏部落形成之前的"大夏之虚"。即此"大夏"与后来的夏后氏乃至夏朝无涉，那些所载史事明显早于夏禹部落出现前的"大夏"，就更是如此了。

由上列史料可知，大夏人确曾活动于晋南、晋中的许多地方，留下了"大夏""大夏之虚""夏虚"等诸多地名。但凭什么说此"大夏"就一定是属印欧人种的中亚大夏人的源头？让我们回到张骞时代，再作一些更细致的推敲和分析吧。

张骞将自己在中亚吐火罗斯坦所见的吐火罗人称之为"大夏"，前文已分析那不仅仅是出于简单的对音，而是他注意到了吐火罗人与先秦史籍上的大夏人

---

① 陈奇猷. 吕氏春秋校释（二）[M]. 上海：学林出版社，1984：741.

之间的相承相继关系,乃至他将吐火罗人面临的阿姆河也音译作"妫水"。我们知道,历史上民族的迁徙从而把出发地的地名水名带到迁徙地继续使用的现象是屡见不鲜的。或许当时的阿姆河被译作"妫水"也是这一现象的反映。

中亚大夏的被发现,受到西汉朝廷的空前重视。乃至被看作是张骞西使的最大功绩而彪炳史册。如《史记·建元以来侯者年表》在述及张骞西使功绩时,只提"使绝域大夏",而不及西使的初始目标大月氏之事。《史记·卫将军骠骑列传》在论说张骞首次西使时,同样突出大夏而不及其余。《汉书·叙传下》竟用"博望仗节,收功大夏"八字总结张骞的一生。史册上对大夏的突出体现了当时西汉社会尤其是朝廷对大夏的重视。

而西汉社会对大夏的重视又跟汉武帝本人对大夏的着迷分不开。《史记·大宛列传》写道:"天子数问骞大夏之属"。在张骞的建议下,又派其第二次西使以便"大夏之属皆可招来",同时不畏艰辛大规模经营西南夷,在西南置郡以便"欲地接以前通大夏"。自武帝元狩四年(公元前119年)张骞二次西使回国后,武帝先后六次临幸河东。第一次在元鼎四年(公元前113年),"冬十月,东幸汾阴。十一月甲子,立后土祠于汾阴脽上"①。而此前武帝即位已21年,却从未踏上过河东的土地。

武帝君臣为何如此着迷于一个"兵弱畏战",已被大月氏臣服的大夏?如果它与中土无任何瓜葛,就像当时正如日中天的罗马帝国,他们自然犯不着念兹在兹。如此,就只能设想武帝君臣认为中亚大夏是与中土大有干系了。我们的看法是:他们相信中亚之大夏迁自中土之晋南,并认为武帝家族血统与大夏人有着密切关系。是寻根问祖、认土归宗的心理支持着武帝"欲通大夏""六临河东"等行为。下面借相关史料及"夏""吴""唐"等字的释义进行综合解析。

《史记·高祖本纪》:"高祖为人,隆准而龙颜,美须髯。"这与描述自大宛以西至安息,包括大夏人在内皆"深眼,多须髯"是颇为相似的。再说得透亮点,高祖刘邦颇有印欧人的外貌特征。为什么会这样呢?

---

① 班固. 汉书:武帝纪第六[M]. 北京:中华书局,1962:183.

《汉书·高帝纪》"赞"可以为此作进一步解释："《春秋》晋史蔡墨有言：'陶唐氏既衰，其后有刘累，学扰龙，事孔甲，范氏其后也。'而大夫范宣子亦曰：'祖，自虞以上为陶唐氏，在夏为御龙氏，在商为豕韦氏，在周为唐杜氏，晋主夏盟为范氏。'范氏为晋士师，鲁文公世奔秦，后归于晋，其处者为刘氏。刘向云：战国时刘氏自秦获于魏，秦灭魏，迁大梁，都于丰。……是以颂高祖云：汉帝本系，出自唐帝。降及于周，在秦作刘。涉魏而东，遂为丰公。丰公，盖太上皇父，其迁日浅，坟墓在丰鲜焉。"此段话告诉我们，高祖刘邦乃刘累之后，刘累学过扰龙（即驯养马，扰为驯服之意，龙指马。这也可见出刘累与善养马的吐火罗系游牧民族较密切的关系。或许正是因他身上流淌有善养马的吐火罗人血液，才机缘凑巧去学"扰龙"，这也正体现了基因遗传，擅长祖业的特征）。而刘累又是陶唐氏之后。陶唐氏虽指的是尧部落，但笔者在后文中会分析陶唐氏的民族构成。这里作简要介绍以利理解。即迁自山东济阴定陶的尧部落有陶氏，在讨伐了晋南的有唐氏（大夏）之后，迫使有唐氏大部北迁，少部分则融入有陶氏之中，形成新的部落联合体——陶唐氏。陶唐氏以来自山东的蒙古人种尧部落为主体，但既以陶唐为号，除了占据了有唐氏之地外，融入部分印欧种的大夏人也极为自然。所以，陶唐氏之后刘累及其后裔高祖刘邦一系含有部分印欧人（即大夏人）血统从而表现出一些印欧人的外貌特征，也是完全可能的。如以上推论不误，武帝对中亚大夏的着迷就能得到一个合情合理的解释。

我们还可以分析一下"夏"字的字形，从祖先造字中体会"大夏"之本意。许慎在《说文解字》中释"夏，中国之人也。引申之义为大也"[①]。笔者倒认为这引申义是它的本义，本义是后起之义。金文和篆文的"夏"字，"像一个挺胸叉腰，四肢健壮、高大威武的人形，其本义指高大威武之人，引申为物之壮大者"[②]。笔者以为此说甚当。以夏字所组字词为例进一步申述如后。"夏

---

① 许慎，段玉裁.说文解字注[M].郑州：中州古籍出版社，2006：233.
② 谢光辉.汉语字源字典[M].北京：北京大学出版社，2000：56.

季",指一年当中的第二个季节,俗话说春生夏长,秋收冬藏,因夏有壮大之意,安排它作一年当中的生长季节再合适不过。再比如"厦"字,指大房子,就是取"夏"之"大"意。

因此可以说,蒙古人种华夏先民用"大夏"指称这些远道而来,游牧的高大威武之吐火罗人,既照顾到发音(上古"大夏"音近"驮互",与 Tochari(吐火罗)音近①)又兼顾形义(高大威武之人),是十分形象贴切的。

在此一并讨论一下"吴""唐"等字之义,以为后文张本。夏、吴、虞三字古音相同,音近现"互"音。"吴"字《说文解字》曰:"大言也。""吴"字甲骨文由"口"和"夭"或其变体构成。"夭"字是双手舞动的示意图,有跳舞的含义,整个字的意思是又跳舞口中又唱歌,由此产生娱乐的含义。后来"吴"字其旁加"女",专指娱乐之义②。"唐"在说文中释为"大言也",与"吴"同义。也有释为"大"③,则与"夏"同义。即无论如何,"唐"与"吴""夏"字总有千丝万缕的关系。余太山先生以为"'唐[dang]'无妨视为'大(夏)'或'吐[火罗]'的省译"④。可备一说。

(三)晋南虞氏与"西虞(吴)""月氏""大夏"的关系

下面再讨论晋南的"虞氏"与"西虞(吴)"和"月氏""大夏"的关系。

1.《论衡·正说篇》:"唐、虞、夏、殷、周者,土地之名。尧以唐侯嗣位,舜从虞地得达,禹由夏而起,汤因殷而兴,武王阶周而伐,皆本所兴昌之地,重本不忘始,故以为号,若人之有姓矣。"⑤ 这段话告诉我们,舜部落的"有虞氏"之称,乃是因他们到了"虞"这个地方得以发展壮大,便以"虞"为号才有的。即因地名得族名而不是相反。同理禹因从"夏"地兴起而得"夏后氏""夏"之号。我们已论证过"夏"的地望,那么"虞"又在什么地方呢?让我

---

① 杨建新. 吐火罗论[J]. 西北史地,1986(2):21-22.
② 窦文宇,窦勇. 汉字字源[M]. 长春:吉林文史出版社,2005:201.
③ 张永言主编. 古汉语字典[M]. 成都:巴蜀书社,2003:585.
④ 余太山. 古族新考[M]. 北京:中华书局,2000:15.
⑤ 王充,袁华忠,方学常. 论衡全译[M]. 贵阳:贵州人民出版社,1993:1727-1728.

们继续分析下面的史料。

2.《尚书·尧典》:"帝曰:'我其试哉! 女于时,观厥刑于二女。'釐降二女于妫汭,嫔于虞。"① 孔安国疏:"虞与妫汭为一地。……妫水在河东虞乡县历山西,西流至蒲板县,南入于河,舜居其旁。周武王赐陈胡公之姓为妫,为舜居妫水故也。"

3.《尚书·尧典》引皇甫谧:"尧以二女妻舜,封之于虞。今河东太阳山西虞地是也。然则舜居虞地,以虞为氏,尧封之虞为诸侯,及王天下,遂为天子之号。故从微至著,常称虞氏。"

由这两段史料可知,虞地在河东(今山西)太阳山西虞地妫汭,也即今山西南部平陆一带。且进一步肯定了舜部落号称虞氏或有虞氏,是因其居于妫水之汭即虞地而得名。那么,虞地又是如何得名的呢?

我们在前文已说过虞、吴、夏上古音相同,字义相近,而虞地所在晋南也与大夏之虚在一个地域。这就提示我们,使晋南妫汭得名"虞"的人群可能也是吐火罗人,或许虞与夏的关系是一个族群的不同部族。前文所分析的"吴"的本义是"又跳舞口中又唱歌"和"大言",倒是十分契合属游牧民族的吐火罗人的民族特性。直到今天的游牧民族都有能歌善舞,豪迈大言的天性,看来是由来有自的嘛!

还有几条史料对证明"虞"的族群特征有些帮助。《左传·僖二年传》:"晋荀息请以屈产之乘与垂棘之璧假道于虞以伐虢。"杜注:"屈地产良马,垂棘出美玉,故以为名。"②《春秋公羊传·僖二年传》何注:"屈产,出名马之地。"③《太平寰宇记·隰州·石楼县》(卷四十八)载:"屈产泉在县东南四里,土人相传,昔白马母饮此泉生得龙驹。《春秋》曰:晋献公以屈产之乘假道于虞以伐虢,盖此地生良马也。"④ 这三段史料虽对产名马之地是叫"屈"还是

---

① 顾颉刚,刘起釪. 尚书校释译论:第一册[M]. 北京:中华书局,2005:86.
② 左丘明. 左传[M]. 杜预,集解. 上海:上海古籍出版社,1997:238.
③ 王维堤,唐书文. 春秋公羊传译注[M]. 上海:上海古籍出版社,2004:185-186.
④ 余太山. 古族新考[M]. 北京:中华书局,2000:38.

"屈产"理解有异，但都认为该地产名马。我们知道，先秦时期，能培育、驯养名马的族群，仍以游牧的印欧人群或阿尔泰语系族群为多。"屈"或"屈产"在今天的隰县、石楼县一带，地属晋南，靠近黄河，今天仍有屈产河注入黄河。目前尚未有有关阿尔泰语系族群在春秋时期便深入晋南的蛛丝马迹，那么晋南能出现生产名马的地方只能是跟吐火罗系的印欧人群有关了。余太山先生甚至推断，"屈产（khiuet – shean）"也许就是"虞氏"的异译①。如此说不误，"虞"族的游牧民族特性就更突显了。

上面讨论了晋南的"虞""虞氏"的族性及其与大夏的关系，还需分析一下在《管子·小匡篇》等史籍中出现过的"西虞（吴）""禺氏""禺知""月氏"与"虞""虞氏"之间的瓜葛。

1.《逸周书·王会》："禺氏騊駼，大夏兹白牛。"禺氏与大夏并提，看来两者属两个集团而非一体，但两者又紧排在一起，应有地域或其他方面的密切关系。他们向周成王贡献的方物是騊駼这种名马和驳牛②，可见他们是多牛马的游牧民族。该篇所附《伊尹朝献篇》又载："正北空同、大夏、莎车、姑他、旦略、豹胡、代翟、匈奴、楼烦、月氏、孅犁、其龙、东胡，请令以橐驼、白玉、野马、騊駼、駃騠、良弓为献。"③ 此处未提到"禺氏"，但提到"月氏"，却又提到了"禺氏"所贡献的騊駼，看来"禺氏"就是"月氏"，乃不同时代对同一民族的不同译写。

2.《穆天子传》卷一："甲午，天子西征，乃绝隃之关隥。己亥至于焉居、禺知之平。"④ 据考证，此禺知之平在今河套以北，"禺知（ngio – tie）可视为"虞氏"之异译⑤。《山海经·大荒北经》："逮之于禺谷"，郭璞注："禺渊，……今作虞"。这也是"禺""虞"互通的例证。如此，则禺知可看作是晋

---

① 余太山. 古族新考 [M]. 北京：中华书局，2000：37 – 38.
② 张闻玉. 逸周书全译 [M]. 贵阳：贵州人民出版社，2000：275.
③ 张闻玉. 逸周书全译 [M]. 贵阳：贵州人民出版社，2000：278.
④ 王贻梁，陈建敏. 穆天子传汇校集释 [M]. 上海：华东师范大学出版社，1994：13.
⑤ 余太山. 古族新考 [M]. 北京：中华书局，2000：40.

南的"虞氏"北迁而去的。

3.《管子·轻重乙篇》："玉出于禺氏之旁山，此皆距周七千八百余里。其涂远，其至阨。"① 同书"揆度""国畜""地数"诸篇所记略同（地数篇"禺氏"作"牛氏"，"旁山"作"边山"）。同书"轻重甲篇"又说："辟千金者，白璧也，然后八千里之崐崘之虚可得而朝也。簪珥而辟千金者璆琳、琅玕也，然后八千里崐崘之虚可得而朝也"。有学者指出"禺氏"或"牛氏"即"禺知""月氏"或"虞氏"②。此处"崐崘"指阿尔泰山③。因此，在《管子·轻重篇》等所描述的时代，自晋南北迁的虞氏即禺氏又已西迁至阿尔泰山东麓了。

4.《管子·小匡篇》则提到齐桓公西征时"西服流沙西虞"，前文已论及"流沙"是指巴丹吉林沙漠，而"西虞"则在流沙之西，即新疆东部，这与同书《轻重篇》等所述"禺氏""牛氏"在同一位置，也与汉代史籍所记月氏位置重合④。因此可以认定，《小匡篇》中的"西虞"（《国语·齐语》作"西吴"）与"月氏""禺氏""牛氏""禺知""虞氏"是指同一部族，即曾作为东疆霸主的"月氏"部族。

三、晋南大夏、虞氏西迁路线及年代

我们在上节以史料为基础，列举并讨论了中亚大夏源自晋南的各种证据，同时也分析了虞氏与大夏、月氏的关系，并在剖析几种大夏故地非晋南说中揭示了大夏西迁过程中的停留地。现在仍以上节所列文献为基础，以晋南为起点，中亚吐火罗斯坦为终点，将这些点串联起来，同时推定大夏、虞氏西迁到各点的时间和停留时间，从而建立起一个自成体系的大夏西迁时空框架。然后辅之

---

① 管子［M］.上海：上海书店出版社，1986：404.
② 余太山.古族新考［M］.北京：中华书局，2000：41.
③ 孙培良.斯基泰贸易之路和古代中亚的传说［M］//中外关系史论丛：第1辑.北京：世界知识出版社，1985：21.
④ 林梅村.吐火罗人与龙部落［J］.西域研究，1997（1）；王建新.中国西北草原地区古代游牧民族文化研究的新进展——古代月氏文化的考古学探索［M］//周秦汉唐研究：第三辑.西安：三秦出版社，2004：243.

以西迁沿线上所发现的可能属吐火罗人遗存的考古资料，予以进一步论证。至于晋南的大夏又来自何处？将在第五节中作一适当讨论。

我们认为：大夏人活动于晋南大致在五帝时代（约公元前26世纪—公元前22世纪）的颛顼、帝喾阶段，时间约200年。尧舜阶段到春秋中期（公元前651年以前），大夏和虞氏已北迁至阴山、河套、宁夏平原一带，停留时间最长，约1600年。齐桓西征，迫使大夏和虞氏继续西迁，大夏大部涉流沙，经河西西部入罗布泊及和田且末之间，形成被唐玄奘称之为"靚货逻故国"的政权，此阶段起于春秋中期，止于秦献公伐西戎（献公在位时间：公元前384年—前362年），约300年。小部大夏分为两支，一支西进到伊犁河流域，成为塞种四部之一（Tochari）。另一支南下甘肃临夏地区。虞氏则西行融入此前已存在于阿尔泰山东麓、东天山南北的吐火罗部落中，被中国史籍呼之为"月氏"。"靚货逻故国"之大夏人在羌人的挤压下西越帕米尔高原经费尔干纳盆地，留在盆地者建立大宛国，继续西迁进入吐火罗斯坦者被张骞再称之为大夏。少部分未迁离"靚货逻故国"者被汉籍称之"小宛国"。小宛国到东汉时灭于鄯善。塞种四部（包括大夏人）受月氏人挤压，西迁锡尔河北岸，最后越河消灭了希腊化的巴克特里亚王国。月氏人除占有今哈密地区，余部也分散到吐鲁番、焉耆、库车等绿洲上，后世的吐火罗语文献（A方言和B方言）正发现于这三处（罗布泊又发现有第三种方言）。东天山的月氏人受匈奴的打击先是西迁伊犁河流域，再受乌孙打击继续西迁中亚两河流域，征服阿姆河南北两岸因大夏人居多而称之的大夏国，都妫水（阿姆河）北。至此，大夏（吐火罗）人横贯欧亚，长达3000年的大迁徙便告一段落。我们的追索也到此打住。

大夏及虞氏在晋南的活动年代主要依靠《吕氏春秋·古乐篇》《鹖冠子·世兵》及《左传·昭元年传》等史籍作出推断。古乐篇说到黄帝时，伶伦从大夏的西边到阿尔泰山的北麓，显示大夏在阿尔泰山之东且离其不远，说明黄帝时大夏还未迁至山西①。"世兵"篇中称"尧伐有唐",前文已论及"有唐"也是大夏的异称。《逸周书·史记解》又称:"文武不行者亡。昔者西夏性仁非兵,城郭不修,武士无位,惠而好赏,财屈而无以赏,唐氏伐之,城郭不守,武士不用,西夏以亡。""唐氏"应指陶唐氏即尧部落,因尧伐有唐,占唐地,以唐为号,故后代追述就存在以"唐氏"呼尧部落的情况。这里的西夏也即大夏,同时也证明了"大夏(西夏)"和"有唐"是一而非二的关系。《左传·昭元年传》说后帝(尧)"迁实沉于大夏"。说明大夏地的大夏人已出现了迁徙移动,为控制或占据大夏地,才有尧帝的迁实沉之举。

以上说明,大夏人在尧部落的打击下,已迁离晋南。(当然,大夏和虞氏并不一定是全部撤离了晋南,他们除了大部北走且带走了名号,一小部被融入尧部落有陶氏后形成陶唐氏,会否还有独立存在的群体徘徊于晋南左近,乃至发展成商周时期见于甲骨、金石和后代文献的方国如鬼方等呢?笔者会继续钩沉索隐,并参诸考古材料,希望为晋南的大夏、虞氏问题作出续篇。)迁入地是阴山、河套和宁夏平原一带。这正好也是他们的来路。顺来路回撤是一种有经验和理性的转移方式。

《逸周书·王会篇》及其所附《伊尹朝献》《管子·小匡篇》《国语·齐语》等史籍为大夏和虞氏在阴山、河套、宁夏平原一带活动过作了很好的证明。王会篇所讲是周成王会诸侯的盛况及各方国的贡献。其中讲到"禺氏騊駼,大夏兹白牛"。所列诸侯在禺氏、大夏前后的还有犬戎、匈奴等,可见禺氏、大夏也属于周的北方诸侯。《伊尹朝献》称:"正北空同、大夏……月氏……。"这是商汤时事,也是大夏、月氏并举,在商的北方。《管子·小匡篇》等所述及的大

---

① 本文如此叙述是以承认大夏人是吐火罗人,是原始印欧人的一支为前提,尽管原始印欧人和吐火罗人的起源地有很多说法,但也多是在中、东欧和西亚等地打转,总之是非东方的。因此笔者不能同意余太山先生的"古代中国欧罗巴种人的假说"。而认为大夏人相对于早已存在于东亚大陆的蒙古人种华夏先民,不过是一群外来户和晚来户,且漂泊不定来去匆匆。

夏（泰夏）、西虞（吴）的位置，王守春先生已作过很好的辨析①，即齐桓西征时（公元前651年前不久），大夏位于阴山、河套和宁夏平原一带，西虞位于新疆东部、阿尔泰山东麓。可见大夏、虞氏离开晋南的下一站便是阴山、河套及宁夏平原一带，他们在此处一直停留到齐桓西征才又继续西迁。不过根据《管子·小匡》等篇，虞氏（西虞）比大夏早一些西迁，形成齐桓西征时，大夏在东，西虞在西的分布态势。如此，大夏、虞氏在阴山等地停留了约1600年。

大夏被齐桓公所驱西迁，似乎未保持一致的行动。大部涉巴丹吉林沙漠经河西西部（今疏勒河三角洲之南榆泉盆地尚有地名"吐火洛泉"，可以为证）入塔里木盆地东缘的罗布泊和南部的和田且末之间的"靓货逻故国"之地。一部南下今甘肃临夏一带，留下现今仍存的大夏河、临夏等地名。一部顺东天山北麓西进，在今伊吾县留有"吐葫芦乡"的地名。这群大夏人主体西进到今伊犁河流域，成为塞种四部之一（Tochari），当然也可能有少部分融进了东疆的月氏人中。

"靓货逻故国"的大夏人在此地停留了大约300年，至秦献公伐西戎时，导致曾活动在青海河湟一带的羌族部落"出赐支河曲西数千里，与众羌绝远，不复交通"②。这支羌族经阿尔金山进入塔里木盆地南缘，分布在东起若羌，西及帕米尔的广大地区③。"靓货逻故国"的大夏人似是受这些羌人的侵扰，主体复西越帕米尔高原，经费尔干纳盆地至阿姆河流域，建立张骞所称之的"大夏国"，部分停留于费尔干纳盆地的大夏人建立了大宛国。留在"靓货逻故国"的少部分大夏人所建国家则被汉籍称之为"小宛国"。一度称霸东疆的月氏人扩散他们的势力于吐鲁番、焉耆、库车等地，留下了公元6—8世纪的吐火罗语文献④。月氏大部则先受到匈奴的打击，从东疆迁到伊犁河流域（被汉籍称为大

---

① 王守春. 大夏原居地及其西迁［J］. 西域研究，1999（4）；王守春. 齐桓公至新疆试证［J］. 西域研究. 1999（1）.
② 范晔. 后汉书·西羌传第七十七：第10册［M］. 北京：中华书局，1965：2876.
③ 杨建新，马曼丽. 西北民族关系史［M］. 北京：民族出版社，1990.
④ 徐文堪. 关于吐火罗人的起源和迁徙问题［M］//吐火罗人起源研究. 北京：昆仑出版社，2005：97.

月氏),逼走游牧于此的塞种四部(时间在公元前 177/176 年),塞种四部复西迁,越锡尔河灭希腊—巴克特里亚王国①(时间在公元前 140 年左右②)。伊犁河流域的大月氏不久又遭乌孙人的复仇攻击,再西迁至中亚,灭塞种四部所建大夏国,设王庭于阿姆河北,统治跨有阿姆河两岸的大夏地。张骞西使到中亚,看到的正是这最后一幕。

下面介绍一些在大夏(虞氏)人曾经活动过的地域的相关考古发现和研究,以便更好地说明问题。

据考证,双马神是印欧人原始宗教系统中最古老的神祇之一。古代印欧人崇祀双马神的习俗为欧亚草原上的游牧人所传承。吐火罗人的神祇也是双马神,吐火罗语"神"字 ñakte(B 方言)、ñkät(A 方言)相当于雅利安语 nāsatya(双马神)③。我们在阴山和天山地区,都发现过双马神岩画或其他形式的艺术品。据盖山林先生调查,阴山地区已发现五组双马神岩画(图 9-1:3-7)④。东天山巴里坤八墙子岩画中也发现有一幅"对马图"⑤,东部天山深处的呼图壁康家石门子大型生殖崇拜岩画中,也发现有两对"双马神"岩刻(图 9-1:1-2;图 9-3)⑥。这几处岩画的时代至少不晚于晚商时期,因为晚商青铜器族徽符号中出现了类似于阴山岩画的双马神像(图 9-2)⑦。他们之间应是源与流的关系,且后者明显是流。源早于流自然毫无疑义了。

---

① JONES H L. (tr.) The Geography of Strabo [M]. London, 1916.
② 余太山. 古族新考 [M]. 北京:中华书局, 2000:2.
③ 林梅村. 吐火罗神祇考 [M]//古道西风——考古新发现所见中西文化交流. 北京:生活·读书·新知三联书店, 2000:12-13.
④ 盖山林. 阴山岩画 [M]. 北京:文物出版社, 1986:8, 45, 48-49, 图49.
⑤ 王毅民. 哈密文物志 [M]. 乌鲁木齐:新疆人民出版社, 1993:240.
⑥ 王炳华. 新疆天山生殖崇拜岩画初探 [M]//丝绸之路考古研究. 乌鲁木齐:新疆人民出版社, 1993:364-367.
⑦ 林梅村. 吐火罗神祇考 [M]//古道西风——考古新发现所见中西文化交流. 北京:生活·读书·新知三联书店, 2000:22-23.

<<< 第九章 大夏（吐火罗）新探

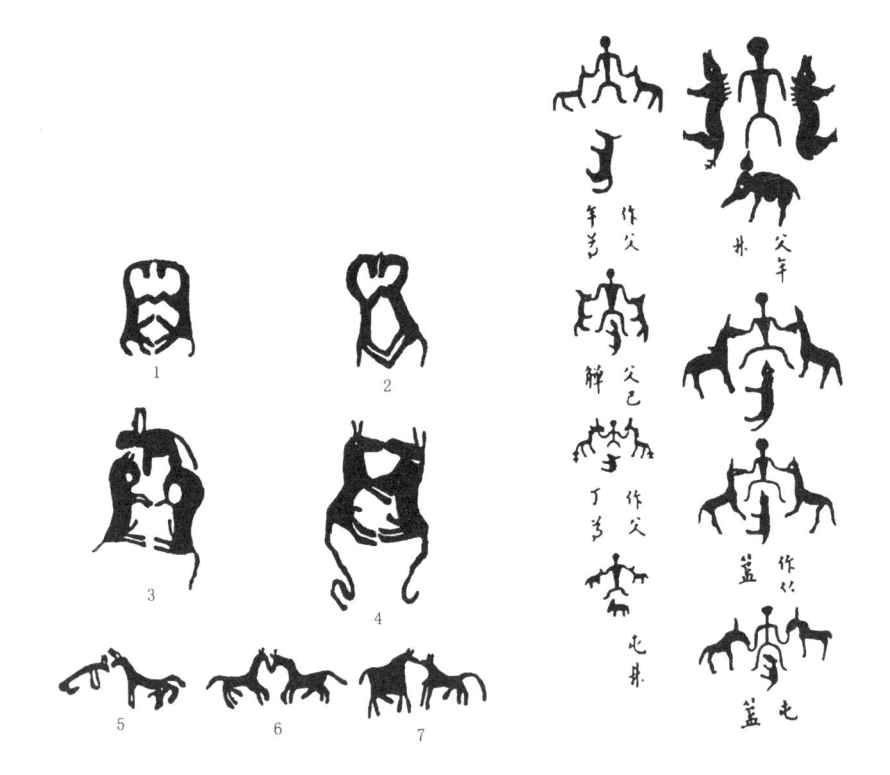

图9-1 天山、阴山古代岩画上的双马神像① 图9-2 晚商青铜器族徽上的双马神像②

这几处发现正好都处在我们使用文献材料得出的吐火罗人东来西往的主要停留地上，是非常好的"第二重证据"。在此要予以说明的是，我们认为，新疆地区的吐火罗系人群来源是不止一条的。比如青铜时代早期的克尔木齐文化（公元前2200—公元前1900年）和小河—古墓沟文化（公元前1800—公元前1700年）的创造者，被认为是吐火罗人③，他们显然不能认为也是源自晋南和

---

① 林梅村. 吐火罗神祇考 [M] //古道西风——考古新发现所见中西文化交流. 北京：生活·读书·新知三联书店，2000：20.
② 林梅村. 吐火罗神祇考 [M] //古道西风——考古新发现所见中西文化交流. 北京：生活·读书·新知三联书店，2000：23.
③ 林梅村. 吐火罗人的起源与迁徙 [J]. 西域研究，2003（3）：9.

阴山地区。合理的解释应该是：吐火罗人在东迁的过程中，一部分南下阿尔泰、罗布泊以及东天山，留下上面提及的两种考古学文化。一部分继续东进最后到达山西，被汉籍称作大夏和虞氏。他们在走走停停、离离合合中创造着相同的双马神信仰形象。

图9-3 康家石门子带两组双马神图像岩画①

观察游牧民族兽（环）首刀的发现地点，也与大夏和虞氏的迁徙路线暗合。这些地点有：哈密盆地②、山西保德晚商墓③、殷墟妇好墓④等（图9-4）。结合发现的双马神岩画点，山西—阴山—东疆的线路是十分明晰的。妇好墓所出兽首刀应看作是商人与吐火罗系游牧人文化交流的结果。

---

① 王炳华．新疆天山生殖崇拜岩画［M］．北京：文物出版社，1990.
② 新疆文物考古研究所．新疆古代民族文物［M］．北京：文物出版社，1985：图版59.
③ 吴振录．保德县新发现的殷代青铜器［J］．文物，1972（4）．
④ 中国社会科学院考古研究所．殷墟妇好墓［M］．北京：文物出版社，1994：301 图一六一·1.

图 9-4 兽（环）首刀比较①

四、大夏、虞氏与尧、舜、禹诸部族的关系

上文讨论了大夏、虞氏都是吐火罗人，但对与大夏、虞氏有着或多或少关系的尧、舜、禹诸部族，却未来得及分析他们之间到底有着什么样的关系。而这种辨析是非常必要的。本节即探讨这些问题，以避免认为尧部落（陶唐氏）和舜部落（有虞氏）是欧罗巴人种②、中国历史上的夏朝与"大夏"无涉③，其同名纯属巧合这两种偏颇的倾向。

1. 尧部落（陶唐氏）与大夏的关系

尧部落即陶唐氏④。《汉书·高帝纪下》颜师古注引许慎《说文解字》称："陶，丘再成也，在济阴。《夏书》曰：东至陶丘。陶丘有尧城，尧尝居之，后居于唐，故尧号陶唐氏。"这是说尧部落先在山东济阴，后西迁唐地（唐即大夏），更号陶唐氏。有两处史籍记载过尧伐大夏的史实：一、《鹖冠子·世兵》："尧伐有唐，禹服有苗。"二、《逸周书·史记解》："昔者西夏性仁非兵，城郭

---

① 引自 166 页注释②③④中相关图片。
② 余太山. 古族新考 [M]. 北京：中华书局，2000：3, 12, 21, 29.
③ 王欣. 吐火罗史研究 [M]. 北京：中国社会科学出版社，2002：46.
④ 《尚书·五子之歌》"正义"引《世本》称："帝尧为陶唐氏"。

不修，武士无位……唐氏伐之，城郭不守，武士不用，西夏以亡。"前文已分析过，有唐即大夏，西夏也即大夏，许是相对于东方的尧部落，前者又称西夏。唐氏则是指尧部落，因尧部落占据大夏地后改号陶唐氏，也称唐氏。逸周书乃周代史籍，用后起的名号指称同一团体的前事是常见的。

大夏、虞氏北迁后，晋南一带在史籍中被称之为夏虚、虞地等，而阴山附近又出现"大夏""禺氏"的消息。这正体现了大夏、虞氏被尧部落打击迁到阴山一带的实况。所以，把陶唐氏指认为"以尧部落为宗主，包括前有唐氏即大夏在内的部落联合体"① 并不太恰当。合理的说法应是：从山东定陶西迁到晋南的蒙古人种尧部落，更号陶唐氏，在陶唐氏联合体中，融有少部分欧罗巴人种大夏人，比如汉高祖刘邦之先祖刘累，是陶唐氏之裔，学过扰龙（驯马），遗传给刘邦"隆准而龙颜，美须髯"的类印欧人体质特征。大部大夏、虞氏人则北迁阴山一带，以大夏、禺氏之名继续与中原部族保持着一定的联系。

所以尧部落（陶唐氏）与大夏是打击与被打击，后者败迁而前者袭占其地的关系。战争中胜方俘虏有败方的部分人员。这些人员融入到了陶唐氏部族中。也许，中原地区印欧人种与蒙古人种文化血统的融合，便开始于此。

2. 舜、禹部落与虞氏、大夏的关系

正如《论衡·正说篇》所言，舜部落称有虞氏，禹部落称夏后氏，均与他们兴起于虞地和夏地有关。我们在前文已讨论过虞地与夏地皆得名于在晋南驻牧过的吐火罗人"虞氏"和"大夏"。舜部落自山东西迁至晋南"虞地"，便以虞为氏，禹部落自蜀地东迁至夏虚，便以夏为号。所以舜部落（有虞氏）、禹部落（夏后氏）与虞氏、大夏是同名而异质的关系。前两者得名于后两者。

舜部落有了"有虞氏"称号后，汉籍称北方的吐火罗人"虞氏"为"禺氏""禺知""牛氏""月氏"等。也许正是为了与中原的有虞氏相区别。舜、禹部落来到中原时，吐火罗系大夏、虞氏人已迁离晋南，应不存在两大人种混血的现象。但也不排除他们与陶唐氏中的吐火罗血统后裔融合的可能性。如

---

① 余太山. 古族新考 [M]. 北京：中华书局，2000：16.

"尧以二女妻舜"等就潜藏着这种可能。

五、存在的问题

我们在前文分析过大夏、虞氏都是吐火罗人,但也有一个问题:既然都是吐火罗人,为什么不是以一个统一的名号出现?是因为他们正处在族外对偶婚阶段,已形成两个独立的互为婚姻的集团,有不同的称号,汉籍中才如实地记录的吗?这都只能是猜测而难有实据。不过,著名伊朗学家亨宁(W. B. Henning)曾提出,在古巴比伦楔形文字上多次提到的"库提人"(Guti/kuti)很可能就是后来的吐火罗人。而在相邻的东方有一个库提人的兄弟部族"图克里"(Tukri),这正是"吐火罗""敦煌"等名称在语音上的对应,而"库提"则可以对应属于吐火罗人的"月氏""龟兹"等名称①。亨氏所说的库提和图克里,既然可对音于月氏和吐火罗,当然也可对应于虞氏和大夏。亨氏说他们是相邻的兄弟部族,这倒为我们解释虞氏和大夏的关系以及推测库提、图克里与虞氏、大夏的关系,提供了绝好的素材和想象的空间。

其次,我们已讨论了晋南大夏、虞氏西迁的较详细的路线和年代,但对他们如何来到晋南却并没有如同西迁一样清晰的认识。只能依据考古发现和史料,大致认为:他们从东欧或中欧稍偏北的地区②东进,公元前2600至2200年左右,到达了阿尔泰山周边地区③,一部分留居此地,其余有部分南下罗布泊,另有部分继续东迁,经阴山地区顺黄河东岸南下晋北、晋南。

再次,对大夏从阴山一带西迁时部分南下甘肃临夏的大夏人的归宿,我们也没有清晰的认识。我们不倾向这批大夏人顺河西走廊西迁入新疆,因河西走

---

① 徐文堪. 从一件婆罗谜字帛书谈我国古代的印欧语和印欧人;关于吐火罗人的起源和迁徙问题[M]//吐火罗人起源研究. 北京:昆仑出版社,2005:39;96-97.
② 徐文堪. 关于吐火罗人的起源和迁徙问题[M]//吐火罗人起源研究. 北京:昆仑出版社,2005:101.
③ 《吕氏春秋·古乐篇》记有黄帝时,伶伦到大夏之西,阿尔泰山之北采竹,黄帝时代被推为BC26世纪;阿尔泰山南麓的克尔木齐文化被认为是吐火罗人所为,时间在BC2200-BC1900年。

廊此时已存在强大的羌人势力，而倾向认为他们没有再行大的迁徙活动，但也未长久保有独立性，而是逐步融入了周边的羌藏民族之中。

最后，大夏、虞氏活动过的地区，除了少量的双马神岩画、兽（环）首刀遗物等遗存外，其他的发现还太少，尤其是还缺乏对可能是吐火罗人遗存的人骨进行体质人类学的鉴定和研究，如果这些方面能有大的进步，对证实或证否上面的结论将是非常有帮助的。只能寄希望于以后的考古发现和研究。

六、小结

汉籍中"大夏"和"虞氏"属印欧系统的吐火罗人，他们从遥远的东、中欧播迁到中、东亚，最远到达中国的晋南，后在东方蒙古人种势力的多次挤压下逐步西迁。他们的西迁路线是：晋南—阴山一带—东疆、河西走廊西部（虞氏）—罗布泊、塔里木盆地南缘（大夏，少部分大夏人直接从阴山、宁夏平原一带南迁甘肃临夏一带）。虞氏人比大夏人先一步离开阴山一带进入东疆，融入早已存在于此的吐火罗人族群中，被汉籍称作西虞（吴）和月氏等，大夏人在齐桓西征中离开阴山一带西迁，经东疆和河西西部，大股南下塔里木盆地南缘，建"靚货逻故国"，后在羌人压力下越帕米尔高原、费尔干纳盆地进入中亚两河流域，其中到达阿姆河以南吐火罗斯坦者被汉籍称之为"大夏"，留居在费尔干纳盆地者被称为"大宛"，未迁离塔里木盆地者称"小宛"。小股经天山北麓西入伊犁河流域，成为塞种四部之Tochari部。后在月氏人的挤压下随塞种其他三部一起西迁中亚锡尔河北岸，灭希腊化的巴克特里亚王国，不久又臣服于受乌孙打击放弃伊犁河流域西迁而来的大月氏。

东疆的吐火罗族群在融入虞氏后，被汉籍统称为"月氏"。他们大部在东疆天山南北过着逐水草而居的游牧生活，另有一部分散居于吐鲁番、焉耆、库车等绿洲，过着一种定居的半农半牧生活，被称作月氏、车师、焉耆、龟兹等。月氏一度成为东疆霸主。所谓"当是时，东胡强而月氏盛"[①]。后因匈奴崛起，

---

① 班固. 汉书·匈奴传第六十四上：第十一册[M]. 北京：中华书局，1962：3748.

在匈奴的打击下，离开东疆西迁入伊犁河流域，不久再受乌孙的复仇攻击，继续西迁进入中亚两河流域并臣畜大夏。至此，长达近 3000 年的吐火罗系民族大迁徙才告一段落。在这之后中亚及新疆各地的吐火罗人的活动不在本文讨论范围。

吐火罗人是古代印欧人大迁徙运动中走得最远的部族，他们为东西方文化的早期交流和丝绸之路的开辟做出了重大贡献。

原载《东天山文化研究》，新疆人民出版社，2008 年 3 月

第十章

鬼方种族考

本章提要：本章从鬼字字义，存在于印欧语系民族中的胁生传说，鬼方与商、周关系的相关文献、卜辞、金文及殷墟西北岗人骨的种系，鬼方的活动地域四个方面论证了鬼方属印欧人种。并讨论了鬼方的渊源和流向，从源、流民族也为印欧种系这一结论上进一步申述以上观点。还从"第二重证据"考古遗存角度强化了本章论点，同时也为这些遗存的属性找到了最合理的诠释。文中还适当探讨了土方的种系，提出土方也可能是印欧人种的观点。

鬼方是殷商至西周时期，屡受先秦文献及卜辞、金文记载的一个强大方国。自王国维的《鬼方昆夷獯狁考》问世以来[1]，有关鬼方的地望[2]、与他族的关系[3]等问题得到了热烈的讨论，大多已有定论。唯鬼方的种族问题，自王国维以来，却少有涉及。也许是觉得这不成什么问题，也许是还未有足够的材料来

---

[1] 王国维. 鬼方昆夷獯狁考 [M] //观堂集林：卷十三史林五. 石家庄：河北教育出版社，2003：296-307.

[2] 王国维. 鬼方昆夷獯狁考 [M] //观堂集林：卷十三史林五. 石家庄：河北教育出版社，2003；郭沫若. 中国史稿：第一册 [M]. 北京：人民出版社，1976；陈梦家. 殷墟卜辞综述 [M]. 北京：科学出版社，1956：274-275；王玉哲. 鬼方考 [M] //古史集林. 北京：中华书局，2002：289-308；沈长云. 獯狁、鬼方、姜氏之戎不同族别考 [J]. 人文杂志，1983（3）.

[3] 可参考注2各篇及蒙文通. 周秦少数民族研究古族甄微 [M]. 成都：巴蜀书社，1993：101；李毅夫. 鬼方工方考 [J]. 齐鲁学刊，1985（6）.

讨论这个问题。稍涉及此问题的有两位学者，一位是沈兼士先生，曾著宏文①论及"鬼"字的原始意义，对鬼方的种系始有考虑，他从"鬼"字的字义出发，提出"鬼方"乃"异种之人"之意。另一位是余太山先生，在论及《犬方、鬼方、工方与猃狁、匈奴同源说》时②，也对鬼方的血统发出了有"印欧语族之嫌疑"（此处用"人种"比用"语族"似更准确）的疑问。但他们都只点到为止，惜未作深入的追究，也就未敢遽然得出具体的结论。本章正是在上述诸贤的启发下，综合文字、文献、体质人类学和考古学等方面的材料，在分析得出鬼方的渊源、流向等相关问题的基础上，试图解决鬼方的种族问题，以就教于方家。

一、鬼方乃印欧人种

上文谈到沈、余两先生已约略指出鬼方为异种之人，有印欧人种之嫌疑。这在传统的中国学坛，实有石破天惊之举，此说在当时有众多漏洞不能补，中华民族情绪的不能抗，难免让他们放不开手脚，犹抱琵琶，欲说还休。但今天的学术环境已大为改观，可印证的材料也丰富了起来，笔者便不揣浅陋，经多方的爬梳索隐，正式提出"鬼方乃印欧人种"的观点。下面从"鬼"字字义；存在于印欧语系民族的胁生传说；鬼方与商、周关系的相关文献、卜辞、金文及殷墟西北岗人骨的种系；鬼方的活动地域四个方面予以论证。

1. "鬼"字字义

说到"鬼"字字义，首先要提到沈兼士先生写成于1936年的大作《"鬼"字原始意义之试探》，该文开辟鸿蒙，纠正了许慎在《说文解字》中释"鬼"之本义为"人所归"之偏颇，指出"鬼"字的原始意义为"似人之异兽"，与

---

① 沈兼士．"鬼"字原始意义之试探［M］//沈兼士学术论文集．北京：中华书局，1986：186–202．
② 余太山．犬方、鬼方、工方与猃狁、匈奴同源说［M］//古族新考．北京：中华书局，2000：77–110．

"禺"同属①，并引郭璞《山海经传》云："禺似猕猴而大。"沈先生在文章最后列表总结：鬼字由 A："禺属之兽"之本义，如鬼、夒、魖、魌等；引申为 B：异种之人，如鬼方、媿、隗等；C：偶相之名，如傀儡；D：鬼神之义，如鬼等；E：奇伟之形，如魁梧、崔嵬等；F：畏惧之情，如畏、愧等；G：诡黠之性，如诡、谲、怪、黠、慧等。该文追根究底，旁征博引，读来让人茅塞顿开，有拨云见日之效。难怪大家如郭沫若评价"新颖翔实，可为定论"。陈寅恪读后复函说"欢喜敬佩之至"，并道出了流传至今的名言："依照今日训诂学之标准，凡解释一字即是作一部文化史"。接着推许道："中国近日著作能适合此定义者以寅恪所见，惟公此文足以当之无愧也。"②

在此我们关心的是沈先生所考析出的鬼字 A、B、E 三义项。在我们看来，此三义项环环相扣，乃层层引申而来。我们先假设鬼方所代表的族群是异种系之人，在蒙古种系的商人看来，自然不引为同类，或许还觉得他们"状类猕猴"，便将指称"类人之异兽"的"鬼"字（即鬼字的 B 义项）安在了他们头上。这当然是一种丑化的他称。既然不同类，我们首先要怀疑他们是印欧种人了。因为后世仍有对印欧种人形貌的类似评价。如《汉书·西域传》颜师古注："乌孙于西域诸戎其形最异。今之胡人青眼，赤须，状类猕猴者，本其种也。"就是今天，我们看到西方白种人的形貌，仍或有与颜老夫子隔代相知之感，看来蒙古种系的华夏族群对异类的印欧人群的形貌感受，是一以贯之的。

怀疑鬼方是印欧人种，由"鬼"字 E 义项之字义可进一步申论。我们知道，印欧人种从体格上总体略比蒙古人种高大，鬼字既然能引申出魁梧、崔嵬等高大之意，似与它所指称的"鬼方"人有关（如果相信他们是比之于商人等而显高大的印欧人种的话），而不太可能直接从似猕猴等类人异兽的本义而来。因为就笔者所知，还没有比人更高大的猴类。这就是说，E 项引申自 B 项而不是

---

① 许慎在《说文解字》中释"禺"为母猴属。见段玉裁. 说文解字注［M］. 郑州：中州古籍出版社，2006：436.
② 沈兼士. "鬼"字原始意义之试探：附录［M］//沈兼士学术论文集. 北京：中华书局，1986：201-202.

A 项。

此外，我们所熟知的"洋鬼子"之名，曾在近代中国多用来指称西方人（东洋鬼子、日本鬼子则又是进一步的引申之义）。与其说是现代人的发明创造，不如看作是旧习古语，由来有自。

2. 存在于印欧语系民族的胁生传说

上文从"鬼"字的字义方面讨论了鬼方所代表的族群既然被名之为"鬼方"，可能是因为他们是异类的印欧人种，他们似"禹"类"鬼"，"鬼方"之名乃拜其"状类猕猴"、身材高大的形貌特征所赐。但这也只能说是可能，仅此一条孤证是不能令人信服的。下面继续从其他方面寻找证据，以期形成可圆其说的证据链。

饶宗颐先生曾著《中国古代"胁生"的传说》[1]一文，文中引述 Erie pirart 教授在《亚洲学报》中论及波斯名 Parśu，意为"胁"，并列举了西方古代有关胁生的记录。如《梨俱吠陀》经 4.18.1~2 中，印度大神 Indra 自言："余即自胁之宽广处出来的！"《普曜经》中佛陀 Buddha 也有胁生而出的说法。这一点我们直接从汉译佛经中便可得窥一二。如东汉孟康祥译《修行本起经·菩萨降身品第二》：

> 能仁菩萨化乘白象来就母胎。……十月已满，太子身成，到四月七日……夫人举树枝，便从右胁生堕地，行七步举手而言：天上天下，唯我独尊。（《大正藏》3，463 页下）

三国吴支谦译《佛说太子瑞应本起经》卷上：

> 菩萨初下，化乘白象，冠日之精，因母昼寝而示梦焉。从右胁入，夫

---

[1] 饶宗颐. 中国古代"胁生"的传说 [J]. 燕京学报, 1997 (3): 15-27.

人梦寤……到四月八日夜晚星出时，化从右胁生，堕地，即行七步。(《大正藏》3，473 页中~下)

佛陀从其母右胁出生的"瑞征"，佛经中还有多处记载，此不赘引。法国富莎（A. Foucher）研究佛祖事迹，认为这是源自《梨俱吠陀》中大神 Indra 胁生的故事。总之，饶先生总结认为欧洲学人已将这种圣哲从胁而生的奇迹，看成是印欧语系民族丰富神话中的特有形态。

无独有偶。华夏古史亦有"胁生"传说。不过此传说，就目前所知，与鬼方且只与鬼方有关。请看《大戴礼记·帝系》：

黄帝居轩辕之丘，娶于西陵氏之子，谓之嫘祖氏，产青阳及昌意。……昌意娶于蜀山氏，蜀山之子谓之昌濮氏，产颛顼。颛顼娶于滕氏，滕氏奔之子，谓之女禄氏，产老童。老童娶于竭水氏，竭水氏之子谓之高缗氏，产重黎及吴回。吴回氏产陆终。陆终氏娶于鬼方氏，鬼方氏之妹谓之女隤氏，产六子。孕而不粥。三年，启其左胁，六人出焉。其一曰樊，是为昆吾。其二曰惠连，是为参胡。其三曰篯，是为彭祖。其四曰莱言，是为云邻人。其五曰安，是为曹姓。其六曰季连，是为芈姓。

《太平御览》卷三百七十一引《世本》：

陆终氏聚于鬼方氏之妹，谓之女嬇，生六子，孕而不育。三年，启其左胁，三人出焉；启其右胁，三人出焉。

《史记·楚世家》：

吴回生陆终，陆终生六子，坼副而生焉。

三者所记为同一件事，大同而小异。《帝系》中陆终氏之前无胁生之事，直到陆终氏娶了鬼方氏之妹女隤后，胁生传说便出现，这就不得不让人怀疑"胁生"的传说乃鬼方氏所带来。而前文已论，胁生传说是印欧语系民族丰富神话中的特有形态。如此，在"鬼方乃印欧人种"这一观点上又多了一重砝码。

行文至此，顺便荡开一笔。陆终氏既为楚之先祖，如鬼方氏确为印欧人种，则楚之公族必含有印欧种系血统和相应的文化因子了。苏雪林先生曾撰《屈原与九歌》《天问正简》《屈赋论丛》《昆仑之谜》等著作①，探讨了屈赋中她认为大量存在的域外文化因素，如天问中的神话对应了西亚神话，九歌中的十神是整套神曲，像"河伯""大司命"等一一对应着西亚、希腊神话中的水星之神哀亚（后为尼波）、蚀之神尼甲等。三闾大夫如此丰富的可对应于域外的神话知识，会否是自鬼方氏传承而来的呢？

3. 鬼方与商、周关系的相关文献、卜辞、金文及殷墟西北岗人骨的种系

鬼方作为商周时的强大民族，在商周人的文献、卜辞和金文里多有记载。他们之间有过和平交往，乃至商王曾封鬼方首领为侯，称鬼侯（也写作九侯，"九"即"鬼"，此不赘），位为商之三公之一。也有过相互的征伐。本章着意的是后一方面。现转录几则他们之间的征伐记述，以为后文张本。

《诗·大雅·荡》：

  文王曰咨！咨女殷商。……内奰于中国，覃及鬼方。

《易·既济·爻辞·九三》：

  高宗伐鬼方，三年，克之。

---

① 苏雪林. 苏雪林文集：第四卷［M］. 合肥：安徽文艺出版社，1996.

同书《未济·爻辞·九四》：

震用伐鬼方，三年，有赏于大国。

甲骨卜辞中也有商人征伐鬼方的记载，如：

己酉卜，宾贞：鬼方易。亡祸？（《乙》6684；《合集》8591）
壬辰卜，争贞：隹鬼，它㞢。
贞，不隹之它㞢。（《乙》3407）
贞不隹乎它㞢鬼。（《合集》1110 正；《存》1·616）

王玉哲先生曾作《鬼方考补正》①，详细讨论了鬼方曾作为商人的敌对者，故出现过以其战俘为人牲的现象，可为我们参考。

西周金文对伐鬼方的记载更为详细，仅举《小盂鼎》一篇为例：

唯八月既望。……王［命］盂以□□伐鬼方。□□□□［执酋］三人，获馘四千八百□二馘，俘人万三千八十一人，俘马□□匹，俘车十辆，俘牛三百五十五牛，羊二十八羊，盂或（又）□□□□□呼□我征，执酋一［人］，获馘百卅七馘，［俘人□□□人］，俘［马］百四匹，俘车百辆。

此器为康王器（从郭沫若说），可惜字残太多，难观全豹，但对我们理解周与鬼方之间的争战并无大碍。从铭文中我们得知，周伐鬼方获得两次大捷，所获战利品中，俘虏过万，战车一次十辆，一次一百多辆，另有马、牛、羊等牲畜，其中不完全统计的马匹有一百多，牛有三百多头，显示出了一定的畜牧或

---

① 王玉哲. 鬼方考补正［M］//古史集林. 北京：中华书局，2002：309-317.

游牧经济成分。

这些战争及战俘事件，可以与安阳殷墟西北岗王陵西侧祭祀小墓中的人头骨建立联系。我们知道，西北岗"人头坑"属入侵殷王朝的异族战俘遗骸[1]。对这些头骨进行的体质人类学研究，为我们认识曾与殷商王朝发生过战争（如工方、羌方、土方、鬼方等），并有俘虏被作为人牲的这些方国的族群种系，是极好且难得的办法。诸多中外专家对这批头骨进行了广泛深入的研究，出现了异种系说[2]和同种系说[3]这两种相反的意见。异种系说认为西北岗组头骨虽属蒙古人种成分，但可能包括其他种系成分如海洋尼格罗种、北欧种等种系。同种系说认为纯属蒙古种系。杨希枚先生又于1983年重新检讨了这两说的得失优劣，最后总结道："如果论者认为西北岗头骨异种系说难以取信，则笔者认为西北岗头骨同种系说的难以成立尤甚于异种系说。"[4]

由这段话可看出，杨先生虽对同种异种系说的最后结论留有余地，但在没有更进一步可信研究出来之前，他的态度还是十分鲜明的。

综合分析各家理论及杨先生的总结讨论，我们是倾向于异种系说的。若果如杨先生等所分析，西北岗组头骨中有少量印欧种系，就得从那些曾与殷商为

---

[1] 杨希枚. 卅年来关于殷墟头骨及殷代民族种系的研究 [M] //杨希枚集. 北京：中国社会科学出版社, 2006：192-217.

[2] 李济. 安阳侯家庄商代颅骨的某些测量特征（英文）[M] //台北"中央研究院"院刊：第一辑, 1954; COON C S. 1954: The Story of Man [M]. 331-3322; COON C S. 1958: An Anthrop geographic Excursion AroundtheWorld [M]. Human Biology. 30, 29-42; COON C S. 1964: The Living Races of Man [M]. 133; 杨希枚. 河南安阳殷墟头骨的测量和形态观察（英文）[J]. 中国东亚学术研究计划委员会年报, 1966 (5); 杨希枚. 河南安阳殷墟墓葬中人体骨骼的整理和研究 [M] //历史语言研究所集刊：第四十二本第二分册, 1970. 杨希枚集 [M]. 北京：中国社会科学出版社, 2006：142-191.

[3] Turner 11 C. G. 1976: Dental Evidence on the Origins of the Ainu and Japanese, Science [J]. 193; Turner 11 C G. 1977: Additional Features of Ainu Dentin [J]. American Journal of Physician Anthropology, 46, (1): 13-24; HOWELLS W W. 1979: Origins of the Chinese People: Interpretations of the Recent Evidence. K. C. Chang. Shang Civilization [M]. 1980; 韩康信, 潘其风. 殷代人种问题考察 [J]. 历史研究, 1980 (2).

[4] 杨希枚. 卅年来关于殷墟头骨及殷代民族种系的研究 [M] //杨希枚集. 北京：中国社会科学出版社, 2006：214.

敌并被俘而作为人牲的方国里去找寻。根据一些学者的研究，羌方和工方均为蒙古种系①，如他们有被俘而殉于西北岗"人头坑"，自然可对应于这里面占多数的蒙古种系头骨。还有土方和鬼方等方国，土方笔者也怀疑他们具有印欧种系血统（见后文辟专节讨论）。由此，西北岗组头骨中的印欧种系，可以对应于鬼方和土方这两大族群。换句话说，认识到鬼方甚或土方属印欧人种，我们才能为殷墟西北岗组头骨中的印欧种系找到来源。

4. 鬼方的活动地域

自王国维以来，对鬼方的活动地域多有考证，且说法不一。如王国维的"在宗周之西北而包其东，陇山之西或更西是其地"说②，郭沫若的"鬼方活动在今陕北、内蒙及其以北的辽阔地区"说③，陈梦家的晋南说④等。王玉哲先生在其《鬼方考》⑤一文中旁征博引，举五证而论定殷周两代的鬼方活动于山西南部，与陈梦家的晋南说相合，使人信服。笔者曾撰拙文《大夏（吐火罗）新探》⑥，探讨了属印欧人种的大夏、虞氏人在五帝时代的前期曾活动于晋南，尧舜时因受东边蒙古人种势力的挤压，北迁阴山河套一带。这批印欧人可能存在部分迁离，部分留徙的状况，如同汉时受匈奴打击的月氏大部迁走称大月氏，小部不能去者保南山羌称小月氏。笔者在此想说明的是，殷周时代的鬼方，与

---

① 王玉哲. 卜辞工方即猃狁说 [M] //古史集林, 北京：中华书局, 2002：285-288；马长寿. 北狄与匈奴 [M]. 桂林：广西师范大学出版社, 2005；李毅夫. 鬼方工方考 [J]. 齐鲁学刊, 1985 (6)；马长寿. 氐与羌 [M]. 桂林：广西师范大学出版社, 2006；韩康信，潘其风. 古代中国人种成分研究 [J]. 考古学报, 1984 (2)；李水城. 四坝文化研究 [M] //苏秉琦. 考古学文化论集：三. 北京：文物出版社, 1993：80-121.

② 王国维. 鬼方昆夷猃狁考 [M] //观堂集林：卷十三史林五. 石家庄：河北教育出版社, 2003：296-307.

③ 郭沫若. 中国史稿：第一册, 北京：人民出版社, 1976.

④ 陈梦家. 殷墟卜辞综述 [M]. 北京：科学出版社, 1956：274-275.

⑤ 王玉哲. 鬼方考 [M] //古史集林. 北京：中华书局, 2002：289-308.

⑥ 宋亦箫. 大夏（吐火罗）新探 [M] //东天山文化研究. 乌鲁木齐：新疆人民出版社, 2008：70-86.

五帝时代的印欧种系大夏、虞氏，有着相同的活动地域，这种地域上的一致性加强了鬼方属印欧人种的可能性。

二、鬼方的渊源与流向

由以上四证，鬼方的印欧种系身份是越来越明朗了。为加强论证力度，笔者再从鬼方的源流上着手，论证其源流也属印欧人种，申述以上观点。

1. 鬼方是吐火罗人（虞氏、禺氏）留在晋南的遗裔

笔者在上章《大夏（吐火罗）新探》中详尽论证了属印欧人种的吐火罗人（大夏、虞氏人）从遥远的东、中欧播迁到中、东亚，最远到达中国的晋南，后在东方蒙古人种势力的多次挤压下，又逐步西迁的历史。但这些吐火罗人显然没有全部西迁而去，他们有一部分融入了东侵而来的有陶氏尧部落中形成陶唐氏，是否还有如后世的小月氏那样退守自保的群体呢？在研究大夏和虞氏人时，笔者只是存而未论。现在看来，答案是肯定的。这群体便是到了商周时期被称作鬼方的族群。

说鬼方是吐火罗人（大夏、虞氏）留在晋南的遗裔，证据有二。其一，相同的印欧种系特征。笔者曾在《大夏（吐火罗）新探》一文中，从大夏和虞氏是印欧种系的吐火罗（图克里）和月氏（库提）的别译；夏、吴（虞）等汉字的本义是"大、高大威武的人形"等字义字形；汉高祖刘邦"隆准而龙颜，美须髯"；汉武帝热衷于接交一个"兵弱畏战"的中亚大夏国等多个方面出发，论证了曾在五帝时代前期活动于晋南的大夏、虞氏人是印欧种系的吐火罗人[①]。本章第二节，笔者又从四个方面论证了鬼方也属印欧种系，从而可得出两者之间乃同属印欧人种的结论。其二，相同的活动地域。五帝时代前期的大夏和虞氏，活动于山西中南部，笔者已在拙文《大夏（吐火罗）新探》中作了详尽的

---

① 宋亦箫. 大夏（吐火罗）新探［M］//东天山文化研究. 乌鲁木齐：新疆人民出版社，2008：70-86.

分析论证，此不赘述。而鬼方的活动地域也恰好在晋南，这已由陈梦家①、王玉哲②诸先生作过细致入微的论证。可知大夏、虞氏和鬼方虽活动的时间有先后，但地域却是同一的。相同的种族特性加上相同的活动地域，在他们周围是蒙古种系族群环伺的情况下，说他们有着源和流的关系，是能被取信的。

说大夏、虞氏与鬼方是同根同种的继承关系，除了他们有着相同的生存地域，各自都有着印欧人种特性的证据外，从"鬼""禺"两字的字义上，也可予以佐证。

我们知道，吐火罗人的一支虞氏也称禺氏、禺知③，而"禺"字在前文已提及，为"母猴属""似猕猴"，与"鬼"同类。这难道不是因为他们血源上有着承继关系，有着相同的印欧人种体貌特征，才被一称之禺氏，再称之鬼方的吗？

2. 鬼方是春秋战国时期"赤狄"族群的先祖

"鬼方之后，在春秋时为隗姓之赤狄。"④这已得到诸家的论证⑤。其论据概言之有两端。一为姓氏相同。从王国维起，就论证过鬼方以国为姓，为媿（隗）姓⑥，前文也引过"鬼方氏之妹谓之女隗"的史载。而赤狄也为隗姓，史籍更多有记载。现举几例以证之。

《左传·僖二十三年》："狄人伐廧咎如，获其二女叔隗、季隗，纳诸公子，公子取季隗，生伯鯈、叔刘，以叔隗妻赵衰，生盾。"廧咎如是赤狄六部之一部，公子指晋公子重耳。又如《国语·周语中》和《左传·僖二十四年》都谈及周襄王有狄后称叔隗。相关记载是"王德狄人，将以其女为后"，大臣富辰便

---

① 陈梦家. 殷墟卜辞综述 [M]. 北京：科学出版社，1956：274-275.
② 王玉哲. 鬼方考 [M] //古史集林. 北京：中华书局，2002：289-308.
③ 宋亦箫. 大夏（吐火罗）新探 [M] //东天山文化研究. 乌鲁木齐：新疆人民出版社，2008.
④ 王玉哲. 鬼方考 [M] //古史集林. 北京：中华书局，2002：299.
⑤ 可参见王国维、蒙文通、王玉哲、沈长云诸先生的著作。
⑥ 王国维. 鬼方昆夷玁狁考 [M] //观堂集林：卷十三史林五. 石家庄：河北教育出版社，2003：300.

谏曰："狄隗姓也……王不忍小忿而弃郑，又登叔隗以阶狄，狄封豕豺狼也，不可厌也。"赤狄其他部如潞氏（《左传·宣十五年》有记）、甲氏、留吁、铎辰（《左传·宣十六年》有记）等在左传中均有为隗姓的记载。

其实鬼方与赤狄的关系，在一些史籍中已见端倪。如《后汉书·西羌传》章怀太子引古本《竹书纪年》："武乙三十五年，周王季伐西落鬼戎，俘二十翟王。"翟即狄，《通鉴外纪》二引便直接写为"武乙三十五年周系狄王"十字。伐鬼戎却说俘狄王，可见"鬼""狄"在西周时便已纠缠一起打成一片了。

二为地望相同。"顾栋高《春秋大事表》谓赤狄之种有六：曰东山皋落氏，曰廧咎如，曰潞氏，曰甲氏，曰留吁，曰铎辰。东山皋落氏据《续汉书志》注《上党记》谓在壶关城东南，潞氏在今山西潞城县，甲氏在河北鸡泽县境，留吁在今山西屯留，铎辰在今山西长治县。廧咎如地望虽不能确指，然晋、卫、白狄均曾伐之，则其所在，亦当距其他赤狄不远。如此则隗姓赤狄之地域不出今山西、河北南部、大河以北之地"[①]，与鬼方的地望正相一致。王玉哲先生还曾言："晋始兴于曲沃，本戎狄之窟穴。并引《左传·昭十五年》籍谈曰：'晋居深山，戎狄与之邻，而远于王室。'"表达了狄在晋南的相同意思。

除上列两端，略可补充的是山东临淄春秋战国时期墓葬中人骨的古 DNA 研究[②]，研究者王沥等人经过检测分析，认为 2500 年前的临淄人线粒体结构接近印欧种系的西亚人，并认为这种接近是因为人类的迁徙造成的。不妨略述一下他们的研究方法：一是，他们成功提取出 34 个 2500 年前临淄人的线粒体中属于高变区 HVS-I 的一段序列，长 185 个碱基对（简称 bp），其中有 6 人和欧洲人的常见序列（以剑桥标准序列 CRS 为代表）一模一样。二是，依王沥选定的五个位点的突变之有无为标准，将她所用到的序列（只用其中的 172bp）分为六类，每群人都由此六类人组成。除了她参与测得的 2500 年前（出自两醇墓地），

[①] 王玉哲. 鬼方考 [M] //古史集林. 北京：中华书局，2002：306-307.
[②] LI W, OOTA H, SAITOU N, ed. Genetic Structure of a 2,500-Year-Old Human Population in China and Its Spatiotemporal Changes [J]. Molecular Biology Evolution, 2000, 17 (9)：1396-1400.

2000年前（出自乙烯厂墓地）临淄人以外，她还用到了另外17个人群，有西欧人，中亚人，蒙古人种包括日本、韩国、蒙古和现代当地山东人。经过分类比较，她发现古代（距今2500年前）齐地有接近现代西欧人群的种群，汉代（距今2000年前）山东人接近现代黄白混血的中亚人。当代山东人已浑然于蒙古人种。据此她认为，在最近的2500年间，临淄人发生了从近似西欧人到蒙古人种的转变，显然这是移民造成的，而不是基因突变。

当然，对王沥的研究结论也有持不同意见者。如姚永刚先生认为，山东古代群体mtDNA类型，基本上都可以归属到报道过的东亚人群mtDNA类型中，遗传结构总体上和我国南方人群相似性较大①。韩康信先生等也持反对意见②。其主要理由是，依据过去对古代人骨种族形态特征的研究，两条最有可能成为印欧种系进入中国内地的通道（指中国北方和西北）上都横亘着蒙古人种群。在不相信山东古代有印欧种系的"空中飞人"的前提下，他们作出了反对意见。有争论说明还没有定论，也就还不能否定任何一方的观点，比如王沥等人的结论。

我们再从史籍中为王沥博士等人找找可能的依据。"春秋时戎狄最为猖獗，僖、文、宣之间，鸱张尤甚，灭邢、灭卫、灭温、伐齐、伐鲁、伐郑、伐晋，蹂躏殆数千里，所幸其间二三诸侯镇抚其间，故'南夷与北狄交侵，中国不绝如线'。"③ 蒙文通先生在《周秦少数民族研究》中辟专节讨论了"狄东侵齐鲁宋卫"的"盛况"，言及狄"南下沿河北山西之间，以及河南，抵于山东，若封豕，若修蛇，长驱深入，东西侵寇，为祸以极"④。

说到春秋齐地可能存在着印欧种群的踪迹，《诗经·国风·齐风》中的"卢令"也可以拿出来进行比对。据研究，卢令乃春秋周桓王、庄王、齐襄公时的

---

① 姚永刚，张亚平．古老人群mtDNA研究中存在的问题和对策［J］．科学通报，2003（6）．
② 韩康信，尚虹．山东临淄周—汉代人骨种族属性的讨论［J］．人类学学报，2001（4）．
③ 王玉哲．鬼方考［M］//古史集林．北京：中华书局，2002：298．
④ 蒙文通．周秦少数民族研究［M］//古族甄微．成都：巴蜀书社，1993：116．

作品。其文本为：

> 卢令令，其人美且仁。
> 卢重环，其人美且鬈。
> 卢重鋂，其人美且偲。

　　诗写一位携犬出猎者，诗人闻犬环声令令，夸誉猎人卷发美髯，仪容威严。鬈，《诗集传》云："鬈，须、鬓好貌。"头发卷着好看之意。偲，多须之貌。指胡子丰满好看①。卷发多须，不类我华，倒是很像异种系的印欧人。

　　此外，我国考古学一代宗师苏秉琦先生曾在李济先生等对殷墟人头骨研究的基础上提出，孔子的"'有教无类'主要不是指社会贫富等级差别，而是种族特征差别，孔子的教育思想是要平等待人，反对种族歧视"②。联想到孔子的弟子大多是齐鲁人士，苏公的认识是可以作为本章要论证的鬼方及其后裔赤狄为印欧人种的一个旁证的。

　　最后还想谈一点的是，赤狄之后的印欧人种在中国的境遇又如何呢？不用说，在华夏诸邦如"晋灭赤狄潞氏"等重重打击下，以及长期的互为婚姻中，赤狄的大部渐渐融入了华夏族群中。如果说东周以后他们在中原仍有少量保留自己族群特征的团体存在，或许五胡乱华中的羯人可以当之。羯人散居在上党郡一带（今山西东南部，这也是鬼方以至赤狄的老巢）。十六国后赵国主石勒就是上党郡武乡（今山西榆社县北）人。

　　蒙文通先生曾论证石勒即赤勒、力羯之异音③，而狄历、丁零、高车，"古赤狄之余种也"④，"石勒"之名是汲桑以石勒部落之名而取，其音若一。得此

---

① 注释选自任自斌，和近建. 诗经鉴赏词典［M］. 南京：河海大学出版社，1989：210－211.
② 苏秉琦. 中国文明起源新探［M］. 北京：生活·读书·新知三联书店，1996：5.
③ 蒙文通. 周秦少数民族研究［M］//古族甄微. 成都：巴蜀书社，1993：104－105.
④ 魏收. 魏书列传第九十一：高车［M］. 北京：中华书局，1974：2307.

名后，石勒将其部落名更为"力羯"①。羯人的胡族（亦即印欧种族）特征是很明显的。如"石虎图画忠臣烈士，皆变为胡状；冉闵诛胡羯，高鼻深目，至有滥死；石宣最胡状目深"②等记述，皆可见羯人的印欧人种体貌特征。当然，羯族最终也大部融入了华夏族群的汪洋大海中。

三、鬼方与土方可能存在的关系

殷商时期，见诸卜辞有一百多版的土方，是值得拿来与鬼方一并探讨的。有关土方的地望和族属，已有诸家作过一定程度的研讨。如郭沫若的包头附近说③和夏民族说④，胡厚宣的夏民族说⑤，邹衡的土方位于山西石楼一带说⑥，余太山的晋南说和土方便是"大夏"说⑦等。在此简述一下余太山先生的晋南说和土方即大夏说。

余先生引了两则卜辞及《诗·商颂·长发》《楚辞·天问》《史记·封禅书》等相关文献，证明土方的位置在晋南之地，与大夏之墟相重。又从字音上认为"土方"之"土"，不妨视为"大夏"之"大"（上古"大夏"音近"驮互"⑧），"土［方］"又可视为"吐火罗"最贴切的省称。在"土"之字音的探讨上，余先生与胡厚宣先生不谋而合。胡先生也认为"土通杜，杜通雅，雅通

---

① 蒙文通. 周秦少数民族研究［M］//古族甄微. 成都：巴蜀书社，1993：105.
② 蒙文通. 周秦少数民族研究［M］//古族甄微. 成都：巴蜀书社，1993：105.
③ 郭沫若. 释臣宰：附土方考［M］//郭沫若全集考古编第一卷·甲骨文字研究. 北京：科学出版社，2002：78.
④ 郭沫若. 中国古代社会研究［M］. 北京：商务印书馆，2011：327. 不过后来郭沫若未坚持此说。
⑤ 胡厚宣. 甲骨文土方为夏民族考［M］//日知. 古代城邦史研究. 北京：人民出版社，1989：340－353.
⑥ 邹衡. 关于夏商时期北方地区诸邻境文化的初步探讨［M］//夏商周考古学论文集. 北京：文物出版社，1980：279.
⑦ 余太山. 大夏溯源［M］//古族新考. 北京：中华书局，2000：10－12.
⑧ 杨建新. 吐火罗论［J］. 西北史地，1986（2）：21－22.

夏，是土即夏也"。① 只不过，胡先生的"夏"指的是夏（禹）民族，而余先生则指的是印欧人种大夏（吐火罗）民族。

最后，余先生还通过传世战国"土匀（军）量器"、《元和郡县图志·河中府·隰州》（卷十二）所记"石楼县，本汉土军县也。……后魏孝文帝于此城置吐京郡……"等实物和文献材料的互证，说明"土军""吐京"均可视为"土方"之名的遗留，更可追至Tocharian（吐火罗）之略译等。

余先生对土方地望和族属的判定，笔者大体赞同。唯在族属的具体所指上，与拙见略有偏差。在我们看来，尧舜时就已大部北迁阴山、河套的大夏、虞氏民族②，到了商周时期，与其说土方是大夏，不如说是大夏留在晋南的孑遗。其道理与禹氏留在晋南的部分被称作鬼方一样。

果若如此，鬼方和土方便又是一对同为印欧人种，同在晋南这一片区域活动的兄弟民族。这不由得让笔者想起曾在拙文《大夏（吐火罗）新探》中谈起过的大夏和虞氏，"库提"（Guti/kuti）和"图克里"（Tukri）的两两对应关系③。如真有这样的对应，对他们形成的内在机制是值得进行深入探究的。

四、对一些考古遗存的族属判别

商周阶段的中原地区，出土了一些被判定为有明显印欧人特征的蚌壳、青铜、玉质人形雕像等遗物，在蒙古人种分布区出现了这种异种系的人形雕像，引起了不少迷惑、猜想和探索。如陕西周原所出两件蚌雕人头像④，其形"长

---

① 胡厚宣. 甲骨文土方为夏民族考［M］//日知. 古代城邦史研究. 北京：人民出版社，1989：352.
② 宋亦箫. 大夏（吐火罗）新探［M］//东天山文化研究. 乌鲁木齐：新疆人民出版社，2008：70-86.
③ 宋亦箫. 大夏（吐火罗）新探［M］//东天山文化研究. 乌鲁木齐：新疆人民出版社，2008：70-86. 徐文堪. 从一件婆罗谜字帛书谈我国古代的印欧语和印欧人［M］//吐火罗人起源研究. 北京：昆仑出版社，2005：39；徐文堪. 关于吐火罗人的起源和迁徙问题［M］//吐火罗人起源研究. 北京：昆仑出版社，2005：96-97.
④ 尹盛平. 西周蚌雕人头像种族探索［J］. 文物，1986（1）.

脸、高鼻深目、窄面薄唇，一望而知应为西方人种"①。原报道者尹盛平先生著文认为其种族当是西域的塞种②。斯维至先生持相同见解，并进而推论允姓之戎、昆夷、犬戎之类皆为塞种③。水涛先生从尖帽塞克的所谓尖帽，实际在很多印欧人种中都有存在，而非塞克所独有；汉代以前连接中原与西域的河西走廊，分布的是几支属蒙古人种族群创造的青铜文化；周人与远在伊犁河流域和塔里木盆地的塞人尚无机会建立直接联系等几个方面，对尹、斯的塞种说（此说谓周人与塞种有直接接触）提出了质疑，并分析这两件蚌雕人像最初不会是周人自创的艺术形象，而应出自中亚欧罗巴人部落中的某一支人群。周人因某种原因获得后对其作了改造，截去了帽饰和衣饰，仅保留了异族形象特点的头面部，变成用来盘发的骨笄帽。最后水先生还推测可能是周人西北方的犬戎、狁狁等部族，在周人与塞种之间架起了桥梁④。笔者十分赞同水先生鞭辟入里的谨慎分析，只是在推测这两件雕像的来源上，认为来自周之近邻的鬼方的可能性更大。周人与鬼方，不管是通过如《小盂鼎》那样所铭记的战争，还是平时的和平交往，都有可能将这两件雕像转入其手中，从而有了如水先生文中所述的，改造成我们现在所见到的骨笄帽模样。

　　据介绍，在陕西扶风召陈还发现有一尊高鼻深目的玉雕小人（现藏于召陈村文管处）⑤；甘肃灵台白草坡西周墓一青铜戟上的人头像也具有白种人特征⑥。这些具印欧人种特征的铜、玉雕像，如舍远而求近，是更有可能与鬼方或土方联系上的。

　　至于以陕西清涧李家崖遗址命名的李家崖文化，有学者指出此考古文化是

---

① 水涛. 从周原出土蚌雕人头像看塞人东进诸问题［M］//中国西北地区青铜时代考古论集. 北京：科学出版社，2001：62.
② 尹盛平. 西周蚌雕人头像种族探索［J］. 文物，1986（1）.
③ 斯维至. 从周原出土蚌雕人头像谈狁狁文化的几个问题［J］. 历史研究，1996（1）.
④ 水涛. 从周原出土蚌雕人头像看塞人东进诸问题［M］//中国西北地区青铜时代考古论集. 北京：科学出版社，2001：62.
⑤ 罗益群. 殷商时期白种人在中原的足迹考［J］. 河北学刊，1985（4）：75.
⑥ 甘肃省博物馆文物队. 甘肃灵台白草坡西周墓［J］. 考古学报，1977（2）：114.

鬼方所创造①，或认为属鬼方或工方的可能性比较大②。我们认为能将此考古文化与鬼方对应的证据尚嫌不足，故存而不论，以待来者。

笔者还愿意借此机会谈一点华夏古语中的印欧语成分问题，因为这也算是一种"语言"考古遗存。周及徐先生通过对古汉语和古印欧语的词汇比较，得出汉语和印欧语系语言在史前时期曾有过密切的关系③，虽然还不清楚这种关系到底是同源而异流形成的呢？还是异源而接触形成的呢？亦或同源异流又再接触形成的呢？谈济民先生也作过类似的探索④，且得出了相同的结论。这是一个重要的发现，对语言的起源、东西文化交流诸问题都有着十分重要的意义。当然，这样的大问题我们且先不去管它。只说说春秋以至今天，世界语系的分属、语言的不同，已是不争的事实。《左传·襄十四年》曾记戎人之言："我诸戎饮食衣服不与华同，贽币不通，言语不达。"这些"言语不达"的族群随着生存地域的移动而相互接触，自然会对双方的语言有所认识和影响。周人和以鬼方、赤狄为代表的北方诸戎便属这种情况。下面试以汉语"剑"之曾用名"轻吕"为例说明。

林梅村先生经过精密考证，认为周人对"剑"的称谓"轻吕"似来自吐火罗语 Kare（剑)⑤。但这 Kare 之名是如何传给周人的呢？林先生解释说"早在先秦时期吐火罗人就出现于中国北方，先秦文献作'禺知'或'禺氏'，秦汉文献作'月氏'或'月支'。吐火罗人活动范围相当大，从塔里木盆地直至鄂

---

① 吕智荣. 陕西清涧李家崖古城址陶文考释［J］. 文博，1987（3）；吕智荣. 鬼方文化及相关问题初探［J］. 文博，1990（1）；吕智荣. 朱开沟文化遗存与李家崖文化［J］. 考古与文物，1991（6）.
② 乌恩岳斯图. 北方草原考古文化研究——青铜时代至早期铁器时代［M］. 北京：科学出版社，2007：168.
③ 周及徐. 汉语印欧语词汇比较［M］. 成都：四川民族出版社，2002.
④ 谈济民. 汉英词汇的近源探秘［M］. 北京：原子能出版社，2001.
⑤ 林梅村. 商周青铜剑渊源考［M］//汉唐西域与中国文明. 北京：文物出版社，1998：56.

尔多斯草原"①。笔者赞同林先生对周人"轻吕（剑）"语源的解析，在对吐火罗人早在先秦就已活动于中国北方的认识上也大同而小异。但在笔者看来，周人称呼"剑"为"轻吕"，更可能是得自于与之有直接接触的吐火罗系鬼方和赤狄。

五、小结

商周时期活动于晋南一带被名之为鬼方的族群，是一支印欧种族人群。他们是早在五帝时代前期就已东迁而来并在尧舜时期部分迁离西去的吐火罗民族（汉籍名之为大夏、虞氏等）遗留下来的后裔。春秋战国时期，他们被改称赤狄，继续活跃于以晋南为中心的北中国，成为当时的一股强大势力。后在以"晋灭赤狄潞氏"为标志的华夏国家重重打击下，分崩离析如盐入水，逐步融入了华夏民族。

商代殷墟西北岗和山东临淄春秋战国墓中的部分印欧种系人骨，从实体上揭示了当时的中原地区存在印欧人种的事实，尽管相对于蒙古人种系的土著，他们不过是一群群"少数民族"而已。相继出土的蚌、铜、玉质印欧人种雕像，又从实物上证明了他们的文化和创造文化的族群在东亚大陆的存在。

认识到早在先秦时期华夏族群就已开始与大夏、鬼方等印欧人群为邻并交往的事实，对我们在研治东西文化交流史时，防昧而求慧、防偏而求全、防塞而求通，有着极其重要的意义。

原载《晋阳学刊》2008 年第 4 期

---

① 林梅村.商周青铜剑渊源考［M］//汉唐西域与中国文明.北京：文物出版社，1998：56.

第十一章

《穆天子传》所反映的战国时期东西文化交流

本章提要：《穆天子传》是一本由战国魏人所虚构的叙事作品。它虽假托西周穆王西游，反映的却是战国时期的中西文化交流情况。"穆王"西游的路线，符合战国时期的政治、经济地理形势，从双方交换的物资看，各沿途部落"贡献"给"穆王"的贡品，有马、牛、羊、玉石等，而"穆王""赏赐"给各游牧部落的则是金银器物、漆器、文贝、丝绸等物品，这与新疆等地出土的战国墓葬随葬品所体现的中原与西域物资交流一致。并推断中国的女神西王母，当源自印度的女神乌摩。

《穆天子传》（以下简称"穆传"）发现于西晋初年被盗的战国魏襄王（卒年公元前296年）墓①。它沉睡地下五百数十年，虽避过了秦火之劫，却因是盗掘而出，简错篇残，再加上时代距离导致后人曲解，从它一被发现起，就已是一部存在着众多异说曲解的奇书。不过，经过千百年来历代学人不断的摸索辩难，现在已获得了不少真知灼见。我们在前贤的研究基础上，从三个方面提出自己的主张。

---

① 一说出土于魏安釐王墓（卒年公元前243年）。

一、穆传的性质、成书年代及著者

关于穆传的性质,基本上有两种倾向:史官实录[1]或小说家言。二说当然只能有一种符合历史实际,没有调和的余地。近年来,有关穆传的性质、成书年代及著者的考证中,有两篇论著最值得关注,一为历史学家钱伯泉的《先秦时期的"丝绸之路"——〈穆天子传〉的研究》[2],一为文学史家杨义的《穆天子传的史诗价值》[3]。他俩均持穆传是小说(或称虚构叙事作品)而非信史的观点。为此钱伯泉从四个方面进行了详细论证,穆传为小说的结论可圈可点。杨义也认为穆传是一部古拙的带史诗性的作品,它采取历史记事和虚构叙事相结合,如主人公为历史上的真实人物周穆王,以天干地支标示日子并接续历史时间,长度达数年之久。其史书形式使虚构想象得到真实之形,而虚构想象又使史书形式达到雄奇之神,虚实互动,形神互蕴,成为新形式创造的一种典范[4]。此种历史与虚构相结合的形式,可拿今天广为流传的金庸小说来与其媲美。

至于成书年代及著者,历代聚讼纷纭。归纳起来至少有四种说法,如成书年代的西周说、战国说、春秋末战国初说及汉以后人伪作说等,著者也有西周史官,战国中山人、赵人、魏人,汉以后人等诸说[5],莫衷一是。笔者仍认为杨义及钱伯泉对这两个问题的分析最为接近历史真相。杨义从穆传中闪烁着若隐若显的魏文化色彩,论定其为战国魏人之作。其论据主要有二。其一,从历史地理学的角度,一批魏国及其周边诸侯国的地名进入穆天子的行踪,甚至可以

---

[1] 王天海. 穆天子传全译:前言中的介绍[M]. 贵阳:贵州人民出版社,1997:4.
[2] 钱伯泉. 先秦时期的"丝绸之路"——《穆天子传》的研究[J]. 新疆社会科学,1982(3).
[3] 杨义. 穆天子传的史诗价值[M] // 中国古典小说史论. 北京:科学出版社,2004:76-107.
[4] 杨义. 穆天子传的史诗价值[M] // 中国古典小说史论. 北京:科学出版社,2004:76-107.
[5] 王天海. 穆天子传全译:前言中的相关介绍[M]. 贵阳:贵州人民出版社,1997:4-5.

第十一章 《穆天子传》所反映的战国时期东西文化交流

说,除了宗周和南郑,穆天子西征和在中原的巡行均是以魏地始,又以魏地终。这些地名当然唤起魏人亲切的乡土感,甚至会由其间所牵连的一些历史事件而产生兴衰荣辱的复杂感慨。该书卷一的开头当有若干佚简,今存可以确认的地名是:"天子北征,乃绝漳水。"郭璞注:"漳水今在邺县。"据《史记·河渠书》记载,"西门豹引漳水溉邺,以富魏之河内",这当是魏国最强的魏文侯之世的盛事之一。频繁出现的魏地名,不仅联系着魏的远祖和先朝强盛的荣耀,而且联系着现世魏国的危机和屈辱。这类地名之多,令人感到魏人在描写穆王盛世时总在下意识地频频反顾自己命运的忧患情结。如卷四写穆天子北征西巡三万五千里,回到宗周祭庙,这当是此番盛举的圆满结束。但作品却节外生枝,安排穆天子从乙酉到丁酉的十余日,由洛水北渡黄河进入魏的腹地和西陲,"以西北升于盟门九河之隥。乃遂西南,仲冬壬辰至累山之上,乃奏广乐,三日而终",天寒地冻地走了一大段冤枉路才进入南郑。盟门,即孟门山,也就是关锁黄河,连接魏国河东、河西两地的龙门上口山脉。《吕氏春秋·开春论·爱类》说"昔上古龙门未开,吕梁未发,河出孟门,大溢逆流"便指此地。累山即三累山,《水经注》说:"横溪水出三累山,其山层密三成。"此地在今之陕西韩城,属战国魏之河西。然而自魏惠王割河西之地与秦,这些地方成了秦侵吞魏的前沿,它们是魏由盛而衰的地理见证。甚至可看出,似乎穆传中穆天子一项大行动开始的地方,都与魏人的光荣相联系;而一项大行动终结的地方,又令人联想到魏人的屈辱。这应不是历史的巧合而是著者的有意安排。可以说,处于战争割据、交通艰难的战国时代,非魏人作者很难有如此精确的地理知识。且穆传中每写完穆天子一番大举动之后,总是频频回顾魏之河西、河东之地,这些地名不可能是穆王时代的史官留下的遗产。其二,从特定地域的民俗心理学角度分析,祭河宗的描写深切地透露了魏人作者的风俗信仰和忧患情结。如穆传卷一写了穆王于渗泽的河宗之祭[①],这是先秦虚构叙事作品中所描写的至为隆重的一次祭典,也是河伯作为神所受到人间天子的最崇高礼遇。我们知道,

---

[①] 王天海.穆天子传全译[M].贵阳:贵州人民出版社,1997:14.

秦、魏二国有以少女妻河伯的风俗，西门豹治邺时还有破"河伯娶妇"之旧俗的事件。可知穆传中这段祭典描写，乃是崇拜河神的魏俗的审美升华。杨义最后总结道，穆传是魏国失河西到魏襄王之死这三十余年间（或安釐王之死这八十余年间）的作品①。

钱伯泉就成书年代及著者作了简短的分析：穆传出土于魏襄王或安釐王墓中，墓址汲县，是战国时期魏国的国土。穆传虽记周穆王事，记时记月不用周正，用的却是夏正，与以魏国为主体的编年史且同出一墓的《竹书纪年》相同。穆传卷二、卷四记有"季夏""孟秋""季冬"等词，以孟、仲、季去配春、夏、秋、冬，这种记载节候的形式，据现有的古书和文物来看，只能上溯到春秋末期。所以毫无疑问，穆传一定出于战国时期的魏国文士之手②。杨、钱的论据虽不同，却殊途而同归，正可互为补充，是以可为至论。

既然不过是战国时期魏人虚构的小说，还有史料价值吗？答案是：有。我们知道，艺术源于生活，任何小说都源于现实生活，一定以现实为基础。即便中国古代小说中最神乎其神的《封神演义》《西游记》等，也概莫能外。关于历史与小说的关系，唐德刚先生说得最为透彻精彩："历史和小说的分别则是：历史是根据实人实事所写的社会现象；小说则是根据实有的社会现象而创造的虚人虚事，二者是一个铜元的两面。"③ 这即是说，历史和小说是殊途而同归的。穆传虽是虚构叙事，却向我们透露了著者所经历和了解的真实社会现象，那便是战国时期中西交通密切、丝绸贸易兴旺的社会图景。下面试作解析。

二、穆传所反映的战国时期中原与西域的交通路线和交流物资

前文已述，穆传虽假托西周穆王西游，反映的却是战国时期中西文化交流

---

① 杨义. 穆天子传的史诗价值 [M] //中国古典小说史论. 北京：科学出版社，2004：80-87.
② 钱伯泉. 先秦时期的"丝绸之路"——《穆天子传》的研究 [J]. 新疆社会科学，1982（3）.
③ 唐德刚. 小说和历史——1988年6月7日在台北耕莘文教院讲稿 [M] //史学与红学. 桂林：广西师范大学出版社，2006：39.

第十一章 《穆天子传》所反映的战国时期东西文化交流

情况。按钱伯泉的说法,"穆王"实际上是一个战国时期中原商人的"模特儿",他经商的对象是西方和北方的少数民族①。下面,我们综合诸家对穆王西游和东归路线的考订,模拟出战国时期中西交通路线,最后从沿途部落的贡献和穆王的赏赐物出发,讨论中西方的物资交流情况。

先看西游路线。该书卷一的开头当有若干佚简,今存可以确认的地名是"天子北征,乃绝漳水"之"漳水",即今天河北省南部的"漳河"。这已是"穆王"北征到魏的北部与赵交界之处,前面佚简中当还有些魏的其他地名。然后经河北沿太行山东缘北上,过滹沱河后进入山西北部,又西渡黄河到陕北,过六盘山,经兰州附近渡河入青海,经柴达木盆地越阿尔金山入新疆塔里木盆地,然后沿盆地南缘一直到盆地西部的叶尔羌河,再改向"东还",即沿塔里木河到库车,在此北越天山经特克斯河谷达伊犁河边。继续西行至伊塞克湖,其西边不远便是西王母之邦。"穆王"逗留西王母之邦四十四日,饮于楚河之上,并在河旁大旷原——塔拉斯草原狩猎九日,获得无数鸟兽。"穆王"西征至此为终点。其后便是东归南还。

再看东归路线。"穆王"一行仍沿伊犁河谷东行,越尤尔都斯草原至焉耆盆地,然后取道孔雀河沿岸至罗布泊,越白龙堆至甘肃敦煌,再继续东行过巴丹吉林沙漠至河套地区,再南行入山西北部,经过井陉口、壶口关等东越太行山,南渡黄河,回到出发地洛阳。

由以上考订的路线,可以看出,"穆王"西游和东归的路线除少量重合外,多数并不相重,且回程多取直道,体现了往返旅途的不同目的:西游是为了与沿途各部族物资交易,回程则只需带着交换物返归故里,自然不必曲曲折折而回。但值得注意的是,"穆王"一行往返都未走路线最近的关中,而绕道河北、山西、陕西北部,如果说去时是为了就近与当地的游牧民族交易便利,那么返程仍走河套、山西一线就有点不可思议了。但如果能将"穆王"西行的时代还

---

① 钱伯泉. 先秦时期的"丝绸之路"——《穆天子传》的研究 [J]. 新疆社会科学,1982 (3).

原到如上文所分析的战国时代，其时强大的秦国占有关中并与东方六国为敌，函谷关一闭，六国想与西北民族交往的话，只好绕道而行了。这一点进一步映证了穆传所描写的社会现象是发生在战国时代，而不可能是"率土之滨，莫非王土"的统一的并把都城设在关中的西周。

我们再来看看双方交流的物资情况。沿途各部落"贡献"给"穆王"的，多为马、牛、羊、猎犬等牲畜，说明他们是畜牧或游牧部落。有些部落也种植黍、粟之类，酿造有大量的酒，如有的部落给"穆王"献酒，竟以千斛计算。这些酒多半是粮食酿制，也应有一些是葡萄酒。从这些方面分析，有些畜牧部落也从事一定规模的农业生产和园艺活动。这是与新疆地区春秋战国时代的考古遗存相符合的。此外，西域部落还"贡献"给"穆王"许多昆仑、春山、群玉山之玉石，这也是东方人民喜爱的贵重物品。而"穆王""赏赐"给各部落的，则有金银制造的各种器物，文贝和丝线编成的贝带，染衣或化装用的朱砂，游牧部落肉食时必需的调味品桂皮和生姜，丝绸锦缎及其制成品"黻服雕官"，还有"银木璞采""狗璞采"等错银雕花的漆器。

战国时期东西方的这些物质文化交流，能在考古遗存中得到印证。且不说东方的和田玉、"蜻蜓眼"玻璃珠等，单看新疆及邻近地区发现的战国时期中原物品便可略见一斑。如乌鲁木齐阿拉沟墓地，墓葬时代被确定为战国到西汉，随葬品中有中原的漆器、丝织物，其中丝绸中的菱纹链式罗，更明显标记着它们的中原身份①。苏联阿尔泰地区的巴泽雷克古墓中，出土有大量中国织物及一面中国四山镜，另在阿尔泰山西麓的一座墓中，也发现一面完全相同的四山镜，这些墓葬的时代被定在公元前一千纪的中叶②。

三、"西王母""乌摩"的比较及其所反映的中印文化交流

穆传中有"穆王"会见西王母的故事，可算是该小说的高潮部分。关于西

---

① 新疆社会科学院考古研究所. 阿拉沟竖穴木椁墓发掘简报 [J]. 文物，1981（1）.
② 鲁金科. 论中国与阿尔泰部落的古代关系 [J]. 考古学报，1957（2）.

第十一章 《穆天子传》所反映的战国时期东西文化交流

王母,也不仅见于穆传,与其同时代的《山海经》《庄子》及其后《史记》《尔雅》《淮南子》等典籍中均有西王母的记载。西王母的传说自战国时代有文字记载以来,流传了两千多年,传之既久,范围也广,在当今中国几乎妇孺皆知。但西王母自战国时代以来,留给人们的认识就不十分清楚,如《庄子·大宗师》上说,西王母"莫知其始,莫知其终"。在历代的纷繁议论中,有认为西王母是地名,也有认为是人名,更有其他或人或神的议论,莫衷一是。而二十多年前库尔班·外力的一篇探讨西王母的新论最值得重视①。他首度将西王母与印度神话人物 Umā（乌摩）作比较,得出了让人耳目一新的观点。本章在此基础上论证中国的西王母传说乃源于印度的 Uma（乌摩）神话,并列举战国或其以前时代其他中印交流事迹作为补证。

首先比较西王母传说与乌摩传说的内容。中国传说中的西王母,在《山海经》里是"其状如人,豹尾虎齿而善啸,蓬发戴胜,是司天之厉及五残"②的形象。在《穆天子传》里是一位"雍容平和,能唱歌谣"的西方女国君形象。在《汉武内传》里是"容貌绝世"的天女形象。在《神异经·中荒经》里为西王母塑造了一个配偶,称"东王公"。从此有了"男仙"和"女仙"的说法,西王母被看作"女仙"。《太平经》卷三十八中说:"九十字策"是西王母传给中国方士的。该经卷三十九中说:西王母是"神之长也"。由于道教的宣扬,西王母在中国民间是一个长生不老的象征。

无独有偶。在古代印度的传说中,有一神女形象与西王母极似,梵文作 Umā,《梵和大辞典》中作"乌摩"。她在印度被视为降魔能力的化身。在众多的印度传说故事中都提到乌摩,概括起来,她有两种形象,即善良的形象和残忍的形象③。乌摩善良的形象,与穆传里的西王母相似,而残忍的形象又与《山海经》里的西王母相吻合。对西王母的另一些描绘,如"容貌绝世""女仙""神之长""长生不老"等,

---

① 库尔班·外力.《西王母》新考[J]. 新疆社会科学, 1982 (3).
② 关于"司天之厉及五残",郭璞注:"主知灾厉及五刑残杀之气也"。
③ 关于乌摩在印度的传说故事详细内容,参见库尔班·外力.《西王母》新考[J]. 新疆社会科学, 1982 (3).

也与乌摩的一些描绘相吻合。至于"九十字策传给中国方士"之说和她的配偶是"东王公"的说法等应是西王母形象在中国的补充和发展。

其次比较"西王母""乌摩"二词的语音。西王母在中国史籍中或作"王母""金母""西姥""王母娘娘"等。由此可见"西"字并不是人名的构成部分,而是方位词作定语,"王母"才是人名。在汉语中古音中,"王"字切韵雨方切,转写成拉丁字母是 Uang,"母"字切韵莫厚切,转写成拉丁字母是 Mou,Uang + Mou (－ng 与 M 连声时同化为 M) = Uammou。乌摩的梵文是 Umā,在古代,汉译梵典的翻译家们一般都用 o/ou/au 的韵母音译梵文以 a/ā 为尾音的音节。如 brāhman 译作婆罗门,bhārata 译作婆罗多,sattva 译作萨埵,公元 640 年时的一位印度国王叫 Udita,他保护和赞助过玄奘,他的汉文译名就是乌地多。根据这些汉译梵文人名、地名和专用词的一贯范例,Umā 的汉译语音是 Uammou,这就跟"王母"的语音一致。"乌摩"便可看成是"王母"的同名异译。当然,"王母"二字也当是音译和意译的兼顾。因为这二字也揭示了西王母的尊长和性别属性。

再次看西王母与乌摩传说的起始年代。中国的西王母传说,有文字记载始于战国时期,不见于此前的文献。则此传说出现于中国的时间应不晚于战国时期,或许即在此阶段或略早。乌摩的名字见于文献的以《诃利世系》(*Harivanśa*)为最早,而《诃利世系》是大史诗《摩诃婆罗多》的第十九章。据学者们推测,大史诗的萌芽和雏形时代大约在公元前 10 世纪,其成书年代约为公元前 4 世纪至公元 4 世纪。由此可见,印度的乌摩传说要早于中国的西王母故事,两者被文字记载的时间或大体相当。

综合以上三个方面的比较,可以认为,中国的西王母形象,源于印度的乌摩[①]。

上说虽然可信,但一方面,中国学术素有"孤证不立"的传统,如能发现同时代或更早时期其他中印文化交流现象,上述结论的可信度将会更高。而且,

---

① 其实神话人物西王母还有着世界性的原型,她是西亚金星神和大母神伊南娜,阿卡德语称易士塔儿,其衍形流播于世界各古文明区,说西王母神话源于印度的乌摩,或许只揭示出了部分真相。可参见宋亦箫. 西王母的原型及其在世界古文明区的传衍 [J]. 民族艺术, 2017 (2).

第十一章 《穆天子传》所反映的战国时期东西文化交流

文化交流本来就很少是单个现象的交流和单方向的交流,如果承认中国的西王母源于印度的乌摩,那么也必然还存在着同时代的其他文化现象的相互交流。果真如此吗?下面再作拓展分析。

季羡林先生曾指出,中国和印度天文学中的二十八宿,肯定存在渊源关系,在经过一番对比分析后,他认为二十八宿起源于中国,然后传入印度,时代大概在周初[1]。中印之间二十八宿的源流关系,我们仍持保留意见,但有一点却是肯定的:早在西周初年,中印之间已存在交往和交流了。中国古代有十二岁之说,最早见于《吕氏春秋》,十二岁的名称很奇怪,如太岁在子称为"困敦",在汉语中语义难解,有学者认为可能是从梵文音译过来的,这就是说十二岁的概念可能是从印度传来的,传入的时间不会晚于战国末年。印度和中国的古代传说中都有月中有兔的说法,季羡林先生认为中国的月兔故事应源于印度,至迟在屈原时代传入中国,时间上限则无法确说[2]。

此外,战国时代的一些寓言和传说,有与印度相似者,不少中外学者认为是受印度影响。如《战国策》中狐假虎威之类若干动物寓言,完全源于印度,只是有些动物名称不同而已。还有《吕氏春秋》中的"刻舟求剑",《韩非子·说林》中的"有献不死之药于荆王者",《战国策·楚策四》记载"郑袖谗楚王美人",《左传》卷四十四记载"师旷讽晋侯",《列子·汤问》中巨鳌负山的传说,《山海经》中"巴蛇吞象",《庄子》中关于大鹏的寓言,邹衍所谓大九洲说等,都有源自印度的同类传说故事的成分[3]。

由以上讨论,可知中国的"西王母"故事源于印度的"乌摩"这一中印文化传播现象并非孤例,至迟到战国时期,中印之间已存在较密切的文化交流。

---

[1] 季羡林. 中印文化交流史 [M]. 北京:新华出版社,1993:9-10.
[2] 季羡林. 中印智慧的汇流 [M] //周一良. 中外文化交流史. 郑州:河南人民出版社,1987:138-140.
[3] 季羡林. 中印智慧的汇流 [M] //周一良. 中外文化交流史. 郑州:河南人民出版社,1987:138-140;季羡林. 印度文学 [M] //在中国比较文学与民间文学. 北京:北京大学出版社,1991:102-103;石云涛. 早期中西交通与交流史稿 [M]. 北京:学苑出版社,2003:123.

第十二章

《天问》中的鲧禹故事与近东开辟史诗

本章提要：屈原的《天问》可分为天文、地理、神话、历史和乱辞五个部分，历史部分演绎的是夏商周三代史，其中夏史部分有32句讲的是情节较为完整的鲧、禹治水故事，经过与近东开辟史诗的对比，我们发现鲧、禹的神功神迹与西亚神话人物哀亚、阿伯苏、马杜克等有源流关系，因此历史上的鲧、禹治水故事，是神话的历史化而已。

屈原的赋体文中，以《九歌》《离骚》《天问》三部的知名度最高，这其中又以《天问》最难理解。它之难于理解，一在"文理太杂乱"①。前人为此提出了杂乱之因的"呵壁说"② 和"错简说"③；二在内容太"深奥"，究其实则是因为后人丧失了理解《天问》当中的域外神话宗教知识之故。身兼作家和学者双重身份的苏雪林，长期关注中外民俗神话，因教学需要而整理《天问》，偶然中理顺了《天问》的错简，并利用域外神话宗教知识来注解《天问》，终使这二千年谜案得到破解④。苏先生将《天问》全篇分为五大段，分别是天文、地

---

① 文理杂乱是因为错简及不理解内容造成的，在苏雪林重新调整文句次序后，《天问》已文理通顺，井然有序。
② "呵壁说"由王逸最先提出，本因错简造成的文理杂乱，王不知其故，推想是屈原精神失常，看到楚先王之庙、公卿祠堂壁画而在其下据壁画信手涂写的结果。
③ "错简说"最初由清人屈复提出。既是错简造成文理杂乱，他们便着手调整，但因未真正理解内容，仍是如入迷宫，困难重重。
④ 苏雪林．天问正简[M]．武汉：武汉大学出版社，2007：1-23.

理、神话、历史和乱辞。每段句数各有定规。如天文、地理、神话各四十四句，历史部分是夏、商、周三代史，每代各七十二句。乱辞二十四句。她认为，《天问》是战国及其以前传入中国的域外知识之总汇。不但天文、地理、神话三个部分如此，即便是三代历史部分也夹杂了不少域外文化因子，乱辞的前半部分也属域外神话。丁山先生也曾提到《天问》中的天文知识即宇宙本源论是袭自印度《梨俱吠陀》中的创造赞歌①。包括《天问》的体裁，苏雪林也怀疑是屈原通过模仿自印度《吠陀颂》或《旧约·智慧书·约伯传》的疑问式体裁而来②，屈原以此体裁将他所接触、理解的域外知识记录下来并传之后世，为我们保留了极为珍贵的战国及其以前的中外文化交流史料。

下面我们将以苏雪林、丁山等诸位前贤的研究成果为前提，讨论《天问》中"历史"部分的鲧、禹故事，及其与近东开辟史诗可能存在的源流关系。

一、《天问》中的鲧禹故事

在《天问》的夏史部分，有八简共32句问的是鲧、禹治水的故事。鲧、禹其人其事，既放在《天问》的历史部分，说明屈原已将其看作真人真事了。也可见至少到战国时期，关于夏初的"历史"已构建完成③，尽管像屈原这样的多才多识之士，或许还有些怀疑，乃至化为《天问》中的疑问④。

先转引这八简32句原辞：

不任汩鸿，师何以尚之？佥曰何忧，何不课而行之？鸱龟曳衔，鲧何

---

① 丁山.吴回考——论荆楚文化所受印度之影响[M]//古代神话与民族.北京：商务印书馆，2005：365-369.
② 苏雪林.天问正简[M].武汉：武汉大学出版社，2007：22-23.
③ 关于历史如何被构建，参见兰格.传统的发明[M].顾杭，等译.南京：译林出版社，2004；彼得·伯格，等.现实的社会构建[M].汪涌，译.北京：北京大学出版社，2009.
④ 此处疑问只指鲧禹治水部分，而《天问》中绝大多数问题，屈原是知道答案的，他只不过以提问的方式来结构诗句而已。

听焉？顺欲成功，帝何刑焉？永遏在羽山，夫何三年不施？伯禹腹鲧，夫何以变化？阻穷西征，岩何越焉？化为黄能，巫何活焉？咸播秬黍，莆雚是营，何由并投，而鲧疾修盈？纂就前绪，遂成考功，何续初继业，而厥谋不同？禹之力献功，降省下土四方，焉得彼涂山女，而通之乎台桑？闵妃匹合，厥身是继，胡维嗜不同味，而快鼌饱？[1]

这32句原辞，苏雪林认为当初是写在八枚竹简上，每简有4句。我们以简为单位，来概述每简歌词大意。

首简：鲧既然不胜任治水，众人为何还要推戴他？既然众人还有犹疑，为何不经考察就任用？首句中的"鸿"字，是"洪水"之意。

次简：鸱龟以它们的行迹教导伯鲧筑堤治水，鲧是如何照办的呢？假如鲧治水能够成功，天帝还会惩治他吗？"鸱龟曳衔"应该是一个流传久远的情节，或许是指鸱龟教伯鲧填土造地之法，但根据前后文意，屈原还是将其理解成助鲧治水。关于"鸱龟曳衔"情节，这里作一些推测，鸱是鸱鸮，即猫头鹰，鲧曾有化龟的经历，则龟是伯鲧的化身。据苏雪林考证，鲧与西亚的水神哀亚有许多共性，他们是同源关系，而哀亚有鱼、羊、蛇、龟、鸟等形象[2]，则鲧也可以有这些形象，因此鸱、龟都可看成是鲧的变形，再变为他的治水助手，是没有什么问题的。还有两类物象，值得拿出来作类比，一是湖南长沙子弹库战国楚墓出土的《人物御龙帛画》，画面正中的一弯舟形巨龙尾部立有一鸟，形成鸟龙组合。无独有偶，在天赤道区的星座中，有一长蛇座，长蛇尾部立有一乌鸦座，二者构成了鸟蛇组合，在星座神话中，长蛇座之长蛇原型，是西亚大母神原始女怪，也称混沌孽龙，她有蛇（龙）形，也有龟形，则蛇、龟都可以表现她，有置换的关系。若将上述两鸟蛇（龙）组合的蛇（龙）置换为龟，便跟

---

[1] 苏雪林. 天问正简[M]. 武汉：武汉大学出版社，2007：29-30. 这里所引为苏雪林的"正简"版。

[2] 苏雪林. 天问正简[M]. 武汉：武汉大学出版社，2007：269.

第十二章 《天问》中的鲧禹故事与近东开辟史诗

"鸱龟"组合合拍了。因此，笔者怀疑"鸱龟曳衔"、《人物御龙帛画》中的鸟龙组合及太空中的长蛇座、乌鸦座神话，有着同源关系。

三简：伯鲧被永远禁锢在羽山，为何三年都不受诛？伯禹从鲧腹中出生，这是怎么变化出来的呢？伯鲧被锁系于羽山，可以类比西亚神话中的哀亚锁系阿伯苏、宙斯锁系普罗米修斯、以及黄帝械蚩尤、大禹锁巫支祈、李冰父子锁孽龙等，属同一母题的衍化。而鲧腹生禹，完全同于西亚神话中的水神阿伯苏腹诞马杜克。详情见后文。

四简：向西的道路充满艰险，是如何越过这重重岩障的呢？伯鲧化为三足鳖入于羽渊，神巫是如何使他复活的呢？西亚哀亚系的天神都有死而复生的特性，伯鲧居然也有此特异功能。再加上神巫的参与、伯鲧所化之鳖正是哀亚的众多形象龟之一类等，显示了伯鲧与西亚水神哀亚的同质性。

五简：鲧、禹都曾以芦苇布土造地，并为人类引播黑黍，为什么鲧得到的却是与四凶并罚，且负罪还如此深重呢？这一简内容反映了屈原对鲧的遭遇的惋惜和不平。也反映出屈子对鲧、禹的神话背景和源头没有足够了解。诗句中的"薕蒲"是形似芦苇的水草，而芦苇在西亚创世神话中发挥了极大作用。如西亚创世大神马杜克就曾以芦苇为架（Reed Frame），造泥土于其旁以成隆起的大地，还有记载是马杜克以苇管吸泥，倾出以造人类①。可见芦苇在造地和造人中都派上了用场。西亚创世神话中之所以出现芦苇，一是因为神话里认为未有天地前只有深渊，那深渊中当然只能长些芦苇之类的水草了，二是西亚的芦苇能长到很高大，乃至西亚人用之造房甚至造水上村庄，且一直延续到现在（图12-1）。屈原不一定清楚这一情节，但他还是较为忠实地将表达创世神话信息的物质记在了诗句中。另一个旁证是女娲补天故事。《淮南子·览冥》说到女娲"炼五色石以补苍天，积芦灰以止淫水"。这"芦灰"二字，用在中国古文化语境里会感觉有些突兀，但若了解了西亚创世神话里芦苇的贡献，就能明白此处"芦灰"的文化来源及巨大作用了。此外女娲抟土造人神话也颇类马杜克的倾泥造人。

---

① 苏雪林.天问正简[M].武汉：武汉大学出版社，2007：157-158.

1　　　　　　　2　　　　　　　3　　　　　　　4

图 12-1　两河流域自古及今的芦苇屋①

六简：继承并推进前人的事业，成就了父辈的开创之功。为何继续的是当初的事业，而谋略却有不同？这说的是鲧、禹治水事业一致，但具体办法有异。或许就是指的一个用堵一个用疏的办法吧。看来至迟在屈原时代，已丧失掉鲧、禹布土造陆的开辟神话，而理解成了治理水患的先王功绩。

七简：禹致力于造福人类，他下降到地上四方。他是怎么得到涂山之女的？还与其在台桑交配？这一简所讲大禹"降省下土"，似乎又说明禹是天神下降人间。还言及他娶了涂山之女为妻。笔者曾讨论过涂山也即昆仑山②，则涂山女与居于昆仑山的西王母也有等同关系。实际上也正是如此，因西亚大母神伊南娜（易士塔儿）曾传衍到世界诸多古文明区，例如埃及的伊西丝，印度的黛维、乌摩、杜尔伽、吉祥天等，希腊（罗马）的赫拉（朱诺）、阿芙洛狄忒（维纳斯）、雅典娜（密涅瓦）、阿尔忒弥斯（狄安娜）等，传至中国的幻化成多位女神，有西王母、女娲、王母娘娘、湘夫人、嫘祖、织女、马头娘、妈祖、素女、泰山娘娘、观音等，也包括涂山女。在她们身上，或多或少都有着西王母乃至域外大母神、金星神伊南娜（易士塔儿）的影子③。

八简：大禹忧愁没有配偶，那涂山女可算是填补了。他为何嗜好不同口味，

---

① 引自搜狐公众号"大陆老板交流圈"之《没有建筑师的建筑》。
② 宋亦箫. 昆仑山新考［M］//丝绸之路研究集刊：第四辑. 北京：商务印书馆，2019：11.
③ 宋亦箫. 西王母的原型及其在世界古文明区的传衍［J］. 民族艺术，2017（2）.

<<< 第十二章 《天问》中的鲧禹故事与近东开辟史诗

特别喜欢饱餐大海龟？苏雪林将此句中的"鼍"解释为大海龟或大海鳖①，鲧、禹都有化龟的经历②，这都体现了大禹与龟的紧密关系。在近东开辟史诗中，马杜克吃一种叫Ku-pu的东西，才有能力造天地。印度偏入天之龟名Kurma，有时又叫Kapila，它们之间似有对音关系。苏雪林因而推断Ku-pu就是龟③。这样的话，则大禹及其西亚原型马杜克，都喜欢吃一种龟，这当然不是巧合。

我们分析作为表象的鲧、禹治水故事，能够看出其背后的神话底层。如"窃帝之息壤""奠山导水""鲧腹生禹""鲧、禹化黄能"等非人力所能及的行为，却在鲧、禹身上频频出现。如果我们放宽视野，还能看出鲧、禹的斑斑事迹和神功，多能在近东开辟史诗中找到原型。其原型神话人物有哀亚（Ea）、阿伯苏（Apsu）、尼波（Nebo）、马杜克（Marduk）等。下面，请看近东开辟史诗中的鲧、禹原型及与鲧禹可对应的事功。

二、近东开辟史诗与鲧禹故事之关联

近东开辟史诗是西亚阿卡德人的创世神话，用楔形文字刻写在七块泥板上。有饶宗颐先生的中译本④。我们研读史诗情节，会发现史诗中的创造主马杜克及其神父哀亚或阿伯苏，他们的神功神迹，与《天问》中的鲧、禹神话多有契合。苏雪林认为这是因为前者影响了后者之故⑤。笔者赞同林说，这里便以林说为基础，继续考察二者的源流关系。

先言近东开辟史诗。史诗讲道：宇宙未造成之前，充塞整个空间的都是水，名叫"深渊"（Deep，也叫Apsu或Abyss），此深渊人格化为一女性神，叫蒂亚华滋（Tiawath）或蒂亚马特（Tiamat），也称混沌孽龙（Dragon of Chaos），还称

---

① 苏雪林. 天问正简 [M]. 武汉：武汉大学出版社，2007：246，266.
② 黄永堂. 国语全译 [M]. 贵阳：贵州人民出版社，1995：543；马骕. 绎史一：卷十二 [M]. 北京：中华书局，2002：158.
③ 苏雪林. 天问正简 [M]. 武汉：武汉大学出版社，2007：265.
④ 饶宗颐. 近东开辟史诗 [M]. 沈阳：辽宁教育出版社，1998.
⑤ 苏雪林. 天问正简 [M]. 武汉：武汉大学出版社，2007：264-281.

Kudarru。俗称原始女怪。她的外形，有时如有角之巨蛇，有时如有翅之狮，有时则为头生双角身披鳞甲的异兽，还有时为龟形①。

原始女怪生出许多天神，天帝阿努及水主哀亚皆是她的子孙。后来原始深渊分化为甘咸二水，哀亚主甘水，为善神，咸水称阿伯苏（也即深渊 Apsu），为恶神②。

据苏雪林考证，中国古籍中的水神共工及伯鲧，其"共工"和"鲧"之音读，皆源自原始女怪之名 Kudarru，二者皆由阿伯苏变来。杨宽和顾颉刚等先生也指出"共工"不过是"鲧"音的缓读，"鲧"字则是"共工"的急音③。我们在文献中也发现有许多情节，一说是共工所为，又说是伯鲧所做④，正印证了二者当是西亚神话中的恶神阿伯苏在不同阶段流入中国所造成的分化而已。由于阿伯苏的恶神性，影响到共工和伯鲧在中国神话里也成为四凶之二。当然，鲧在中国文献中也有布土造地治水的善行，这一方面是由阿伯苏本为原始深渊有其创造天地而利世的一面而来，另一方面则是鲧也因袭水主哀亚的特性所致。阿伯苏在神魔大战中败北，身被戮。这就是伯鲧虽布土造地息土填洪仍然落得被殛于羽山的命运之所由。而其子伯禹做的是同样的布土造地奠山导水的工作，却能被封赏拥戴，这也是由于其前身是西亚创世大神马杜克所拥有的崇高地位对大禹的影响所致。所以，鲧、禹的结局，无关个人努力，是因为他们的不同命运早就"前生注定"。

开辟史诗中讲到一场神魔大战，以神方胜利而结束。创世主哀亚用催眠法将魔军统领阿伯苏催眠，夺其冠冕，析其筋肉，锁而杀之。并在阿伯苏遗体上建居所，生出群神领袖马杜克。另一说则是马杜克为哀亚与其妻唐克娜所生。还有一说，马杜克从阿伯苏尸腹中诞出。史诗这样说："于阿伯苏内，马杜克诞

---

① 苏雪林. 天问正简 [M]. 武汉：武汉大学出版社，2007：265.
② 苏雪林. 天问正简 [M]. 武汉：武汉大学出版社，2007：266.
③ 杨宽. 中国上古史导论 [M] //古史辨：第七册. 海口：海南出版社，2005：195；顾颉刚，童书业. 鲧禹的传说 [M] //古史辨：第七册. 海口：海南出版社，2005：582.
④ 杨宽. 中国上古史导论 [M] //古史辨：第七册. 海口：海南出版社，2005：192-196.

生，于神圣的阿伯苏内，马杜克诞生"①，无怪乎在一些宗教颂歌中又称马杜克为"阿伯苏之子"。中国神话中的鲧腹生禹，显然就是阿伯苏腹中诞出马杜克的翻版，而且这两对父子也刚好是对应关系。知道了这层渊源，就不必像一些学者那样非得去论证鲧为女性才能生禹等徒劳无功的事了。因为这本是神话。若要非说鲧是女性，我们从原始女怪所具有的女神特征方面出发也不是不可以找到一些鲧是女性的证据，但那样太迂回，鲧腹生禹直接源自阿伯苏腹诞马杜克的神话才是最便捷的解释。

开辟史诗另有一种说法是原始女怪之夫魔军统帅京固败于火神，被火焚死。西亚神话中的夫妻父子经常混同互换，这里的京固也就相当于原始女怪或阿伯苏。而《山海经》中有"帝令祝融杀鲧于羽郊"之说，祝融是中国的火神。显然这也属外来的情节被安排在祝融和鲧的身上。

水主哀亚被称之为"群神之大巫"，哀亚便有了起死回生的法力，所以他的祭司总是唱道："我是哀亚的祭司，我能使死者复活。"自哀亚一系所衍化的诸神，都有死而复活的经历。如旦缪子、马杜克等。而伯鲧被杀于羽山三年不腐，经巫者法术而复活并化为黄能入羽渊。则这里的巫者、复活二节正可对应于哀亚故事。

哀亚有说是原始女怪直接所生，在西亚神统记里也常被说成是天帝阿努之子。而《墨子·尚贤》第九："昔者伯鲧，帝之元子"，这就跟哀亚为天帝阿努之子画上了等号。

还有就是哀亚曾是西亚神话中的创造主（齐地八神中的天主，正是水星神哀亚，奉水星神哀亚为天主，体现了齐地八神神话传来时应在哀亚作为创造主的西亚苏美尔神话时期），后来其子马杜克也有屠龙创世之伟业。而中国文献中也屡提"禹、鲧是始布土，均定九州"等布土造地的业绩。鲧、禹各称伯鲧、伯禹，这"伯"字，并非要说他们均是长子，也不是说他们有"伯"之爵位，而是"爸""父"之义，是人类祖之意。这也跟哀亚、马杜克父子在西亚神话

---

① 饶宗颐．近东开辟史诗［M］．沈阳：辽宁教育出版社，1998：24．据句意重译。

中的创造主地位相一致了。

上面所论以伯鲧为主，讨论了近东开辟史诗中的哀亚、阿伯苏与伯鲧之间的对应关系。下面我们再具体看看大禹与其西亚神话原型马杜克、尼波之间的对应关系。

大禹既吸收了西亚群神领袖木星神马杜克的诸多事迹和印迹，也具备水星神尼波的神性。这是因为，大禹一方面继承了其父伯鲧及其原型哀亚、阿伯苏的水神性，也保持着像哀亚、阿伯苏与马杜克为父子关系一样与伯鲧为父子关系，所以自然要继承阿伯苏之子马杜克的神性。在西亚神话中，马杜克是哀亚之子，但又与哀亚的"符合者"尼波有父子关系，这就相当于本为一身的哀亚和尼波，从父亲（哀亚）一角转变成了儿子（尼波）。西亚神话中这种角色转换在所多见，我们就见怪不怪吧。提请注意的仅是这对父子的神性已集中于大禹一身。

西亚神话中马杜克打败原始女怪后，将这个庞然大物（即龟形）劈为两半，上半造天盖，下半造大地①。并用女怪身体各部件造成天地万物。他还步天、察地、测深渊之广狭。大禹也有布土定九州，奠山导水，制定晨昏的功绩，他还以太阳行程为根据，测得空间有五亿万七千三百九里，这是步天。命亥坚、太章量东西南北四极的里数，这是察地。测鸿水渊薮，这是测深渊。大禹的"息土填鸿"，通常认为这就是治理洪水，其实不然。《淮南子·地形》所言："凡鸿水渊薮自三百仞以上，二亿三万三千五百五十里，有九渊。禹乃以息土填洪水以为名山，掘昆仑虚以下地。"这个"鸿水渊薮"，实际是原始深渊（Deep）传到中国后的叫法，而不是大洪水。"掘昆仑虚以下地"是指大禹掘昆仑墟四周之土以堆成高山，供天神作为台阶下到地面。这都说的是布土造地及堆山为阶的神话。笔者甚至推断所谓鲧、禹治水，恐怕也是"禹、鲧是始布土，均定九州"的讹误。即将在原始深渊中创造大地误解成了在大地上治理洪水。

西亚诸神皆有徽记，马杜克的徽记是巨铲。也有以一巨铲竖立在三角架上

---

① 龟甲上盖圆形，造为圆天，下版为方，造为方形大地。

<<< 第十二章 《天问》中的鲧禹故事与近东开辟史诗

之形,更完整的形式则是巨铲下卧伏一狐形异兽也即混沌孽龙(图12-2)。在中国的古帝王画像中,大禹也常手执一铲(图12-3)。我们再来看"禹"字的构形。"禹"字在甲骨文中不见,金文中有夬、夯、兔、帝等形,皆手持铲状或三角架上立一铲形。顾颉刚先生对大禹有过精深研究,曾提出"大禹是一条虫"的命题,依据是《说文》上的释义。这在20世纪20年代成为攻击顾颉刚的一个"笑柄"。那顾氏如此立意可有道理呢?苏雪林认为是有道理的。秦公敦上的"禹"字,形如兔,铲形尾部弯曲厉害,接近《说文》上看作是虫类的"禹"字了。文献上记"句龙"为后土,而后土又为社,苏雪林论证过大禹死而为社①,则大禹也即是后土和句龙。马杜克之父哀亚有蛇形,则马杜克也具备蛇形,这蛇、龙不过是一物的两说,故大禹与马杜克在此又重叠了。再说回来,古代中国将多种动物称为虫,如龙为鳞虫之长,虎为大虫,人为倮虫等。由此苏雪林推测,造"禹"字者大概将铲、虫两个因素一起融入了"禹"字中,才形成头铲尾虫的合并形"禹"(兔)字②。由此,说大禹是一条虫就是有道理的了。只不过,其理据不是《说文》中的释义,而是其西亚原型马杜克及其父哀亚有蛇

图12-2 西亚木星神马杜克徽记③

---

① 苏雪林.天问正简[M].武汉:武汉大学出版社,2007:273.
② 苏雪林.天问正简[M].武汉:武汉大学出版社,2007:278.
③ 苏雪林.天问正简[M].武汉:武汉大学出版社,2007:278.

形这一要素在起作用，而大禹像执铲的设计以及"禹"字由铲形作为构件，都是西亚马杜克以巨铲为徽记影响的结果。"禹"字之铲与蛇（龙）的结合，还可从大禹的对应者马杜克的徽记上看出端倪，后者也称铲与混沌鼙龙的组合，这当是"禹"字主要构型"铲、蛇"的最深远源头。

图 12－3　东汉武梁祠画像石大禹执铲像①

鲧、禹既是从水主哀亚一系发展而来，则水主作为最早的死神的特性也该有所继承。先看禹死为社的说法。《左传》蔡墨与魏献子谈龙，说道："共工氏有子曰句龙、为后土……后土为社"，共工也即鲧，则其子就是禹了。再看一个更显然的例子，《礼记·祭法》："共工氏子曰后土。能平九州，故祭以为社"，顾颉刚认为能平九州，又是共工氏子，不为禹是不可能的。而社乃土地之神，为地主，也即死神。浙江绍兴有禹穴，故秦始皇、秦二世到泰山行封禅大典时先封泰山，随后又到会稽（今绍兴）祭大禹。封泰山是为求升天祈长生，祭大禹自然也是这个仪典中一项，即祭死神，求得死神允他不死以便升天。由这几

---

① 顾颉刚. 古史辨：第一册［M］. 海口：海南出版社，2005：书前插页.

210

点，大禹的死神性也很明显了。

文献中有"禹步"一说，是指曲一足而用一足行走之意。而西亚水星神尼波，为智慧神、笔神，他传到中国衍化为魁星，曲其一足而用独足立于鳌背上。魁星点斗、独占鳌头说的就是这位神道①（图12-4）。独足行走称为禹步，当然是尼波同时也是水主哀亚的符合者传来中国后以他的中国替身大禹命名的缘故。

图12-4 清代乾隆二年铭独占鳌头砖拓②

以上分析解读了鲧、禹与其西亚神话人物原型的对应情节。我们认为，夏史可以存在，但其开国奠基的人物鲧、禹，恐怕是后人的拉郎配。鲧、禹所治洪水，与西亚神话、圣经等的大神、上帝降洪水毁灭人类然后再开始第二代人祖繁衍到现在的故事不是一回事，而更可能是西亚开天辟地神话中在深渊中造大地传到中国的讹误。但也有另一种可能，便是鲧、禹也曾作为良渚文化先民的祖神，在良渚文化后期，因遭遇所谓的"夏禹宇宙期"海浸事件，大部良渚人群北迁中原，并以他们为主，与中原土著结合建立夏朝，后者仍以鲧、禹为

① 苏雪林．屈原与《九歌》[M]．武汉：武汉大学出版社，2007：182-183，189-190．
② 拓片为自藏品。

其祖神，并将发生于东南沿海的海浸事件以及抵挡洪水故实纳入鲧、禹神话中，形成流传后世的鲧、禹治水传说①。

三、小结

《天问》的夏史部分，有八简 32 句讲述的是鲧禹治水故事，故事也相对完整，有讲到鲧、禹治水的一败一成，败被惩、成被赏等，以及伯鲧受惩过程中三年不腐、鲧腹生禹、死而复活、化为大海龟入羽渊等情节，还有鸱龟协助伯鲧治理洪水，鲧、禹以芦苇布土造地，教民耕播黑黍等，最后还言及大禹从天而降、娶涂山女、饱餐大海龟等情节。鲧、禹的这些事功神迹，在中国历史常识里，一般看作是历史人物身上附着了一些夸张的不实成分，可看成是历史的神话化。

但经过与近东开辟史诗的对比，才发现鲧、禹的事迹大多可在开辟史诗中的神话人物哀亚、阿伯苏、马杜克身上找到原型，两地的人物和事功有着源与流的关系。如此，我们更愿意相信，鲧、禹是糅合了诸多西亚神话人物哀亚、阿伯苏、马杜克的神话人物，鲧、禹治水故事是神话的历史化。

原载《禹功》，文物出版社，2019 年 7 月

---

① 宋亦箫. 良渚文化神徽为"大禹骑龟"说 [J]. 民族艺术，2019（4）.

第十三章

从屈赋外来词看先秦中国的域外文化因子

本章提要：屈赋中隐含有大量的域外文化因子，这已被前辈屈赋研究名家苏雪林先生做过通透的揭示。本章仅从屈赋中的外来词着手，分析这些外来词的来源，借以从外来词这一角度，说明以巴比伦、希腊和印度神话为代表的域外文化对屈原及其楚辞创作的影响，以呼应苏雪林先生的旷世之音，并为屈原及楚辞研究略表这一中外文化交流的学术门径。

外来词也叫外来语、借词，是指一种语言从其他语言中借用或引进的词语。世界上每一种语言里都有数量不等的外来语词[1]。汉语外来词是指词义源自其他语言中的某词，语音形式上全部或部分借自该外族语词、且在不同程度上汉语化了的汉语词[2]。只要存在不同语言并且它们之间有接触和借用，外来词就会存在。因此，外来词现象是一个古已有之的文化现象。我们在屈赋中也能观察到外来词的身影，并且与深藏在屈赋诗篇背后的域外神话宗教[3]相比，屈赋中的外来词还要更为显眼一些。追踪屈赋中外来词的词源词意，能让我们更清楚地看到域外文化对屈赋的影响，获得屈赋中的域外文化来源的新线索。下面我们在苏雪林先生研究屈赋外来词的基础上，试图讨论"三秀""河海""昆

---

[1] 徐文堪. 外来语古今谈[M]. 北京：语文出版社，2005：1.
[2] 史有为. 汉语外来词[M]. 北京：商务印书馆，2003.
[3] 苏雪林. 屈赋新探：共四种[M]. 武汉：武汉大学出版社，2007.

仑""悬圃""陆离""崦嵫""摄提"等外来词。

一、三秀

"三秀"出现于《九歌·山鬼》，原文是"采三秀兮山间，石磊磊兮葛蔓蔓"。王逸等楚辞注家认为三秀是芝草一类，一年开三次花，所以称三秀。其实芝类属隐花植物，它开的是人们通常看不见的花，一次都看不见，还说一年开三次，典型的望文生义。苏雪林证"三秀"乃希腊酒神狄奥尼索斯的标志物松果杖[①]。松果杖乃由藤蔓两股交缠而成，在其顶端串一松果（图13-1），故我们称之为松果杖，其英文为Thyrsus。我们先来看看屈原时代"三秀"二字的上古音读[②]："三"字的上古音是sum（高本汉）、siuəm（王力）、səm（李方桂）等，"秀"字上古音为siug（高本汉）、siu（王力）、slus（郑张尚芳）、sjus（白一平）等。将此二字上古音与英文"Thyrsus"对比，似乎"三"，可对应于"Thyr"

图13-1 三秀[③]

[①] 苏雪林. 屈赋论丛武[M]. 武汉：武汉大学出版社，2007：454.
[②] "三秀"二字上古音采自"东方语言学网"中的"上古音查询表"。
[③] 引自维基百科"Dionysus"词条。

214

第十三章 从屈赋外来词看先秦中国的域外文化因子

音节,"秀"可对应于"sus"音节,则"三秀"与 Thyrsus 有相当的对音关系。而屈原时代听到的可能是希腊语,其对音关系或许更严谨也未可知。因此我们认为"三秀"是指酒神的手持物松果杖,它是一个音译外来词。再联系"三秀"后面一句"石磊磊兮葛蔓蔓",可意译为:采三秀的山间,可见到磊磊的山石间有葛藤蔓延。这不正是采葛藤做松果杖的写照吗?

酒神的松果杖,不仅酒神常持(图 13-2),其部属山魈水怪木魅花妖也持握,男女信徒也风从。《九歌·山鬼》有一段表达的是女信徒们在山间举行酒神祭典,她们采葛藤以制三秀,即松果杖(图 13-3),正是酒神祭典的活动之一。

图 13-2　手持松果杖的酒神[1]　　图 13-3　手持松果杖的女信徒[2]

---

[1] 引自维基百科"Dionysus"词条。
[2] 引自维基百科"Dionysus"词条。

二、河海

"河海"出自《天问》，原文为："河海应龙，何尽何历？"我们先看"应龙"，应龙是有翅的龙，即飞龙。它是黄帝的骑乘①。在西亚、埃及、希腊、印度等地神话中，均认为在大地周围，环绕着大瀛海。这个大瀛海能够像河流一样，自南向西，又自西向北、至东，周流不息（图13-4）。故希腊人又称之为"River Ocean"，如直译过来，就是"河海"，这正是《天问》中河海的词源。这个大瀛海也即河海，在巴比伦人那里谓之为"似蛇之水"（Snake like），认为其环绕大地如蛇之衔尾在口中。北欧神话则谓环绕大地之水为米嘉大蛇（Midgard Serpent），希腊神话里则谓大瀛海乃土星神的飞龙（The Winged Dragon）所化②。因此屈原这里所问的河海应龙，实际上是一物，再加上河海二字也是直接意译自希腊的"River Ocean"，由此我们认为屈原所知道的关于河海的神话，其源头当在希腊。故屈原此处的一问，也是他知道答案的设问。这答案便是：河海周流，没有尽头，它所流动的方向，为自南向西再向北、向东的顺时针历程。中国上古文献关于大瀛海的记载，仅见邹衍一家之言，且语焉不详。如《史记·孟荀列传》中邹衍所说："于是有裨海环之，人民禽兽莫能相通者，如一区中，乃为一州，如此者九，乃有大瀛海环其外，天地之际焉。"但若我们考察一下考古发现，山西襄汾陶寺文化中的龙纹彩陶盘上的彩绘龙纹（图13-5），盘绕一圈近环形，或许是大瀛海乃首尾相衔之大蛇的图像表示，更似在表达"大瀛海乃土星神的飞龙所化"之神话。或许这件彩绘龙纹盘可以作为中国上古这一方面神话传播迹象的线索。

---

① 宋亦箫. 楚文化中的域外文化因素研究［M］. 长春：长春出版社，2015.
② 苏雪林. 天问正简［M］. 武汉：武汉大学出版社，2007：62.

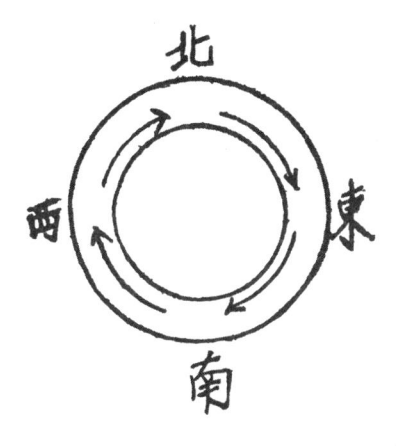

图 13-4　绕大地环流的大瀛海示意图①　　图 13-5　陶寺文化彩绘龙纹盘②

三、昆仑

"昆仑"一词在屈赋中五见，分别是《九歌·河伯》中的"登昆仑兮四望，心飞扬兮浩荡"，《天问》中的"昆仑悬圃，其尻安在?"，《离骚》中的"邅吾道夫昆仑兮，路修远以周流"以及《九章·悲回风》中的"冯昆仑以瞰雾兮，隐岐山以清江"和《九章·涉江》中的"登昆仑兮食玉英，与天地兮同寿，与日月兮齐光"。"昆仑"还多见于《山海经》和《淮南子》，在《穆天子传》《逸周书》《竹书纪年》中也有出现。不同载籍、不同版本"昆仑"的写法也不一致，其他写法诸如"昆俞""崐崘""崑崙""昆陵""混淪""混渝""祁淪"等。这些记载有"昆仑"的文献，皆为战国时作品，至于它们的出现先后，目前很难断定。故我们只能说，屈赋中的"昆仑"，是战国时兴起的域外昆仑神话③被屈原所接受吸收所致，但屈赋不是吸收昆仑文化的唯一载体，上述那些战国文献同样也被昆仑文化所浸润。

---

① 苏雪林. 天问正简［M］. 武汉：武汉大学出版社，2007：69.
② 中国社会科学院考古研究所，临汾市旅游发展委员会. 中国陶寺遗址出土文物集萃［M］. 天津：天津古籍出版社，2011：封面线图.
③ 苏雪林. 昆仑之谜［M］//屈赋论丛. 武汉：武汉大学出版社，2007：500-505.

因昆仑文化乃外来文化,故昆仑山在中国的位置随着时代的变更也处在不断更替变化之中。据苏雪林统计,至少有十五处山脉被当作昆仑山,包括最早被看作是昆仑山的泰山。国外的昆仑山也不在少数,以西亚的阿拉拉特山(Ararat,也有译作亚拉拉特山、亚拉腊山等)被作为昆仑山为最早,其后有希腊人的奥林匹斯山(Olympus),印度人的苏迷卢山(Sumenu,也称须迷山),北欧人的阿司卡德山(Asgard)等,埃及也有此大山的传说,但确址已难考。这些仙山有着共同的特征,如认为它是地之正中,其上是天中,正对天门,它既是群神诞生和聚居之所,也是天神下界的垫脚石,更是凡人成仙登天的捷径。在西亚它被称作 Khursag Kurkura,意为大地唯一之山或世界山,"昆仑"之昆、仑,在说文中分别是古浑切和卢昆切,则"昆"似可对音于 Khur 音。该仙山落到实处便是阿拉拉特山,波斯人称之为 Kuh‑i‑nuh,此词读音与昆仑就更接近了[①]。

还有一个在中国古代表示"天"的外来词"祁连",林梅村论证"祁连"仅是吐火罗语"天"在汉代的译名,如果追溯到先秦时代,可知祁连山是称作昆山或昆仑山的。则"昆仑"是吐火罗语 *kilyom(o)(天)一词的最早汉译了[②]。

昆仑的这两种来源正好可汇聚到一处,它便是"天"。不论是西亚的阿拉拉特山,还是中国的泰山、昆仑,它都是成仙升天、诸神自天上下界的通道,当然就是"天山"。这也是当今的新疆天山,最早被称作昆仑山、祁罗漫山的缘故[③]。

在《离骚》中还有一句"朝发轫于天津兮,夕余至乎西极"。苏雪林认为"天津"是"昆仑"的代辞[④]。因昆仑山正有登天之渡口之意。而希腊群神之所居的奥林匹斯山(Olympus),正是天人渡口的意思。

---

① 苏雪林. 昆仑之谜[M]//屈赋论丛. 武汉:武汉大学出版社,2007:512.
② 林梅村. 祁连与昆仑[M]//汉唐西域与中国文明. 北京:文物出版社,1998:67.
③ 林梅村. 祁连与昆仑[M]//汉唐西域与中国文明. 北京:文物出版社,1998:66.
④ 苏雪林. 楚骚新诂[M]. 武汉:武汉大学出版社,2007:176.

分析到这儿，我们可以给"昆仑"的直接来源作一个判断了。它应当直接源自西亚，而不是印度或希腊，这从上面提到的昆仑及西亚、印度和希腊神山含义可知。不过，屈原也用到"天津"指代"昆仑"，说明希腊的"昆仑文化"也有传播影响到中国，尽管不占主流。

四、悬圃

"悬圃"在屈赋中二见，分别是《天问》中的"昆仑悬圃，其尻安在？"和《离骚》中的"朝发轫于苍梧兮，夕余至乎悬圃"。综观中外文献，可知悬圃就在昆仑山上（图13-6）。如《淮南子·地形》："悬圃、凉风、樊桐，在昆仑阊阖之中"，同篇还有一段更详尽的叙述："昆仑之丘，或上倍之，是谓凉风之山，登之而不死。或上倍之，是谓悬圃，登之乃灵，能使风雨。或上倍之，乃维上天，登之乃神，是谓太帝之居。"这是说昆仑山的最高处就是悬圃，人能上悬圃，就成为灵体，能呼风唤雨。由悬圃再上，就登天成神仙了。显然悬圃神话是昆仑神话的有机组成部分。

西亚昆仑神话中尚未见悬圃之说，这或许跟其文献残缺有关系。但我们在文献中能看到西亚帝王屡建悬空花园（Hanging Garden），如巴比伦国王尼布甲尼撒二世就曾建空中花园，被后人称作世界七大奇迹之一。实际上这可以看作是西亚帝王对神话中的昆仑悬圃的现实模仿。其次，希腊也有天帝宙斯用金链将大地及一众天神悬于奥林匹斯山的说法。这都体现了"悬圃"也一如"昆仑"，乃由西亚传衍到各地，非中国可独享。

"悬圃"与英译巴比伦悬空花园的Hanging Garden显然意义相同，它们应是同源于起源地西亚的表示"悬空花园"的一个词。

在《离骚》中还有一句"欲少留此灵琐兮，日忽忽其将暮"，苏雪林认为"灵琐"乃玉连环，也即玉链，是用以系悬圃的，宙斯就曾用其悬系大地及众神于奥林匹斯山上，也曾用其系住迭多浮岛好让他的情人丽都在岛上生产。所以"灵琐"是"悬圃"的代称，如同"天津"指代"昆仑"一样，且都是以部分代整体①。

那么关于"悬圃"的词源，跟"昆仑"的来源应是一样的，都源自西亚。由"灵琐"表玉链在屈赋中的出现，说明希腊昆仑悬圃神话也有影响到我们，只是程度要弱于西亚而已。

图 13-6　汉画里的昆仑悬圃图②

五、陆离

"陆离"在屈赋中有六见，分别是《离骚》中的"高余冠之岌岌兮，长余佩之陆离"和"纷总总其离合兮，斑陆离其上下"，《九歌·大司命》中的"灵

---

① 苏雪林. 楚骚新诂 [M]. 武汉：武汉大学出版社，2007：174.
② 孙作云. 天问研究 [M]. 郑州：河南大学出版社，2008：182.

第十三章 从屈赋外来词看先秦中国的域外文化因子

衣兮被被，玉佩兮陆离"，《九章·涉江》中的"带长铗之陆离兮，冠切云之崔嵬"，《远游》中的"判陆离其上下兮，游惊雾之流波"以及《招魂》中的"长发曼鬋，艳陆离些"等。屈赋也是出现"陆离"一词最早的文献。另在之后的刘向等楚辞作家作品中也有出现，如《九叹·逢纷》中的"薛荔饰而陆离荐兮，鱼鳞衣而白蜺裳"等。从这些句意可推断"陆离"应是一种珍贵斑斓的装饰品，而不是早期楚辞注家所认为的"参差众貌或分散"的意思①。史树青先生曾为"陆离"作过新解，认为"陆离"即是"琉璃"②。而"琉璃"是汉代以来文献中经常出现的词语，它还有许多异称，如流离、璧流离、流璃、瑠璃、流離、吠琉璃耶、毗流璃、吠瑠璃耶、毗瑠璃、吠瑠璃、别瑠璃耶、别瑠璃、碧琉璃、闕流璃、璧流離、璧琊、璧柳、楼黎、卫挐璃耶、毗头黎等③。汉语外来词中有一些音译词有一个特点，就是同音近音而异字的异称多，这是符合外来音译词刚进入时未及规范的实际情况的。"陆离"正符合这一现象。汉以后逐渐统一成"琉璃"，再后来又被"玻璃"所取代。当然"琉璃"和"玻璃"的内涵是有区别的。

关于"琉璃"的内涵，张福康先生等经过对古代文献材料和考古实物的检测分析后下了一个初步定义："琉璃"是古代用来称呼那些用硅酸盐材料配制，并用和传统陶瓷工艺完全不同的方法制成的人造装饰物。它主要包括含有少量玻璃相的多晶石英制品、蜻蜓眼玻璃珠或陶胎蜻蜓眼珠、透明或半透明的早期玻璃制品等。因此，琉璃的内涵要广于玻璃，即琉璃包括了玻璃，但不全是玻璃④。

古代中国尽管在西周时便出现了多晶石英制品的珠类物品，但直到春秋末期才出现真正的"先熔融、后成形的非晶态无机物——玻璃⑤。且发现的最早玻璃器，如湖北江陵望山 1 号墓越王勾践剑上镶嵌的蓝色玻璃、河南辉县琉璃阁吴王夫差剑上镶嵌的三小块玻璃、河南固始侯古堆 1 号墓的蜻蜓眼玻璃珠

---

① 王逸, 洪兴祖, 朱熹. 楚辞章句补注·楚辞集注 [M]. 长沙: 岳麓书社, 2013.
② 史树青. "陆离"新解 [M] // 鉴宝心得. 济南: 山东画报出版社, 2007: 288.
③ 刘正埮, 等. 汉语外来词词典 [M]. 上海: 上海辞书出版社, 1984: 212.
④ 张福康等. 中国古琉璃的研究 [J]. 硅酸盐学报, 1983 (1).
⑤ 安家瑶. 玻璃器史话 [M]. 北京: 社会科学文献出版社, 2011: 5.

（图 4-1.1）等，均属于域外系统的钠钙类玻璃，而不是后来中国自产的铅钡类玻璃。且这三样玻璃制品工艺复杂成熟，显然不是初创阶段所能达到的[1]。因此安家瑶认为他们应是从国外进口的舶来品[2]。而这些舶来品出土的地方，正好也是楚文化的分布区，如果屈赋中的"陆离"能与当时"玻璃"的外来语有对音关系的话，我们就要考虑它们真的是外来词的身份了。

希腊语 βήρυλλος 及拉丁语 bērullos 的语意是"绿柱石""绿玉"，这两个词音译成汉语接近"璧琉璃"，而"陆离"和"琉璃"可看成是只保留后两个音节的省译[3]。其"绿玉"的质、色，是与中国早期玻璃确有可类比之处的。该词的英文 beryl，显是省掉了拉丁语词的尾音，虽几经流变，仍然可与"璧㼉"或"璧琉璃"对音。此外，梵语俗词 velūriya 或雅词 vaidūrya（青色宝、猫儿眼），全部音译过来是"吠琉璃耶"，节译的话自然可为"陆离"或"琉璃"[4]。综上，我们认为"陆离"及"琉璃"等同源词，其词源应来自希腊语或梵语。也有可能受到的是这两种语言的同时或先后影响，加上采取了不同的汉语同音字音译该词，遂形成一个语词多种写法的纷繁局面。

六、崦嵫

"崦嵫"出自屈赋中的《离骚》："吾令羲和弭节兮，望崦嵫而勿迫。"王逸注："崦嵫，日所入山也。"这句诗的大意是：我叫日御羲和停鞭让日车慢慢行走，就是看到了日落之山——崦嵫山，也别让太阳急于靠近。"崦嵫"在不同版本另有奄兹、淹兹、渰嵫、弇兹等写法。《山海经》中也出现了两次：一是《大荒西经》："西海陼中，有神人面鸟身，珥两青蛇，践两赤蛇，名曰弇兹。"二是

---

[1] 安家瑶. 玻璃器史话 [M]. 北京：社会科学文献出版社，2011：12-15.
[2] 安家瑶. 玻璃器史话 [M]. 北京：社会科学文献出版社，2011：20.
[3] 这个说法有日本考古学家原田淑人、中国文物研究专家史树青提出，详见史树青."陆离"新解 [M]//鉴宝心得. 济南：山东画报出版社，2007：289. 另与当年在我院现任中国人民大学教授的希腊史专家徐晓旭教授请益，多有启发。特致谢忱。
[4] 刘正埮，等. 汉语外来词词典 [M]. 上海：上海辞书出版社，1984：212.

第十三章 从屈赋外来词看先秦中国的域外文化因子

《西山经》："鸟鼠同穴之山……西南三百六十里，曰崦嵫之山"。郭璞注："日没所入之山也。"综合这些记载及前人的分析，还原屈原所理解的崦嵫山，当是西海边上的一座神山，太阳由此落山并进入海中。也有很多前人由这些记载想坐实崦嵫山在中国境内的地理位置，他们经年累月、上下求索，结果仍然是枘凿方圆、扞格不入，拿不出一处能符合各要素，能让众人皆服膺的地点。因为在中国西部，根本就找不出大山边上有大海的地方。但如果我们能考虑到屈原时代与许多域外文明区已有了文化交流，屈原所想象的登天和巡游路线，完全有可能是以域外神话文化为背景的，则我们对"崦嵫"的理解，或许能更接近屈大夫的原意了呢。

希腊神话中的提坦巨神之一阿特拉斯（Atlas），参加提坦之战失败后，宙斯罚他以双肩背负天宇（图13-7），荷马史诗中则说他顶着天柱使天地分离。而在希腊和地中海东岸的古代人眼中，向西望见直布罗陀海峡旁边的高山，认为那就是撑天的石柱，是阿特拉斯的化身[1]。这也是直到今天非洲西北角最高山叫阿特拉斯山的原因。阿特拉斯山从而成为了当时人观念中大地极西的边界，其西边的大西洋名Atlantic Ocean，也是得名于Atlas。另希腊神话中太阳神阿波罗驾着由四匹马拉的日车（图13-8），每天巡游天空的故事，与"羲和弭节"正可勘同。而中国的日御即驾驶日车的车夫"羲和"之名，与希腊最古日神Helios（羲里和）似也有对音关系[2]。如果阿特拉斯山是屈原所理解的"崦嵫"，倒是符合太阳落山进海的地理结构。那么阿特拉斯（Atlas）与崦嵫有等同关系吗？下面我们来分析它们之间的对音关系。

---

[1] 晏立农，马淑琴. 古希腊罗马神话鉴赏辞典［M］. 长春：吉林人民出版社，2006：62.
[2] 苏雪林. 楚骚新诂［M］. 武汉：武汉大学出版社，2007：105.

图13-7　阿特拉斯肩扛天宇雕塑①　　图13-8　太阳神阿波罗驾四马日车瓶画②

　　Atlas中的-tl-均为舌尖齿龈音，与n属同一发音部位，可以互转③。因此atla-可对应于yan（崦），s则对应于zi（嵫）。如此，则可以认为"崦嵫"之音正是来源于希腊神话人物Atlas。崦嵫山就是希腊神话中的阿特拉斯山。当然，将Atlas译为淹兹或崦嵫，仍有从音和意两方面的考虑，这是古今一理的翻译之道。因"淹兹"二字正有"由此入水"之意，恰符希腊神话太阳周行一天到西极大山阿特拉斯山入海的故事。其后各种译写法及最多见的"崦嵫"译写，只是为了让其看起来更像山名罢了。

七、摄提

　　"摄提"见于《离骚》："摄提贞于孟陬兮，惟庚寅吾以降。"王逸注："太岁在寅曰摄提格。孟，始也。贞，正也。于，於也。正月为陬。"王逸认为此处的"摄提"是"摄提格"的省写，表示的是太岁（木星）纪年在寅的年名。为了确定屈原的生年，学者们纷纷讨论"摄提"和"摄提格"的关系及其所代表

---

① 引自维基百科"Atlas"词条。
② 引自Count Eugene Goblet d'Alviella, SYMBOLS: Their Migration and Universality, Dover publications, INC.
③ 与希腊史专家徐晓旭教授交流所得。在一些方言里"n"和"l"不分，正是这个原因。

第十三章 从屈赋外来词看先秦中国的域外文化因子

年份,意见莫衷一是①。我们这里重点来关注一下这个词到底是不是外来词。

在《尔雅·释天》里,有对包括"摄提格"在内的岁星在十二辰各处位置的名称的一整套叫法。即"大岁在寅曰摄提格,在卯曰单阏,在辰曰执徐,在巳曰大荒落,在午曰敦牂,在未曰协洽,在申曰涒滩,在酉曰作噩,在戌曰阉茂,在亥曰大渊献,在子曰困敦,在丑曰赤奋若"。大岁即太岁、岁星、木星。关于这十二种不合于汉语字面理解、有点古怪的名称,前辈学者郭沫若、季羡林分别提出其源于域外天文学的看法②。我们先看看这两位大家的分析。

郭沫若在《释支干》里分析道:巴比伦的大角星名叫 šú.pa,意为"大明星"。又称为"司国运之神",摄行岁星之职务,此与中国之大角一名摄提、岁星亦一名摄提者亦相暗合。他又引珂罗倔伦的《中国语分析字典》对"摄提(格)"的拟音"Sə–ti(–ko)(今音)、Siäp–diei(–kek)(古音),认为该拟音中的古音之摄提格近似 šú.pa 之缓音,与希腊之 Spica(角宿一即室女α)则几等于对音矣③。季羡林在《中印文化交流史》中列出了汉文和梵文二十八宿的名称,其中汉文的大角星对应的梵文是 citra④,季先生未在此篇中指出大角星对应的"摄提格"名与梵文名 citra 的对音关系,但我们一望即知其对音关系极其明显。

此外,依据"岁星在寅曰摄提格"这句《尔雅·释天》中的话,知"寅"与"摄提格"也有着对应关系。郭沫若分析甲骨文"寅"字乃矢形或弓矢形,当为"引"字的初文。寅在十二岁名为摄提格,摄提格在天官书中为大角,位

---

① 潘啸龙.论"岁星纪年"及屈原生年之研究[J].安徽师范大学学报(社科版),1997(3);周秉高.楚辞星宿考(上)——摄提考[J].光明日报,2007-07-06;林庚.说"摄提格""摄提与孟陬"[M]//林庚楚辞研究两种.北京:清华大学出版社,2006:20,32;汤炳正.历史文物的新出土与屈原生年月日的再探讨[M]//汤炳正论楚辞.上海:上海科学技术文献出版社,2008:44.

② 郭沫若.释支干[M]//郭沫若全集.考古编:第一卷.北京:科学出版社,1982:254;许欣.跨世纪的楚辞学研究——2000年楚辞学国际研讨会暨屈原学会和八届年会会议综述[M]//中国楚辞学:第七辑.北京:学苑出版社,2005:282.

③ 郭沫若.释支干[M]//郭沫若全集.考古编:第一卷.北京:科学出版社,1982:253-254.

④ 季羡林.中印文化交流史[M].北京:新华出版社,1993:8.

置与巴比伦之十二宫的少女座相当。而巴比伦的波表文物上，少女座（也称室女座）以 Giš. BAN 表示，而这是少女座的首星（α）。Giš. BAN 在汉语中称弧星，正与甲骨文"寅"字的构形弓矢形相合。因此郭沫若还推测殷商时十二辰的"寅"开始时对应的应是少女座，后来改为大角星，但星符则没有改变①。我们还想进一步指出的是，"寅"的生肖动物对应的是虎，虎的英文 tiger，其音与"摄提格"中的"提格"相同，恐怕也不是巧合。

由此，屈赋中的"摄提"，似应是希腊或印度语言的音译，这同样反映了屈原时代相关域外天文神话知识已进入中国并为屈原所熟悉和采用的情况。

八、结语

上面讨论的七个外来词，只是屈赋中外来词的一部分，由这几个词语，可证明至迟在屈原时代，域外文化对屈原、楚文化乃至中国文化，就有过明显的影响。其影响的源头，既有西亚巴比伦文化，也有希腊文化和印度文化。具体说来，由"三秀""河海""崦嵫"三词，可知希腊神话曾影响到屈原，由"昆仑"和"悬圃"二词，可知巴比伦神话和希腊神话共同影响过屈原。由"陆离""摄提"二词，可知希腊和印度文化都曾传播到楚地。因此，在屈原时代，透过屈赋，可确知来自域外的巴比伦、希腊、印度的神话和文化因子，已经进入了屈原的知识视野并被写进屈原的楚辞中。至于屈原是如何获得这些域外神话和文化知识以及这些相关域外文化至迟在战国时期进入中国的路径等问题，因超出了本章的讨论范围，且解答的难度太大，此不多叙。其部分答案，可寻之于苏雪林先生和笔者的相关著述中②。

原载《重庆文理学院学报》2014 年第 4 期

---

① 郭沫若. 释支干［M］//郭沫若全集：考古编：第一卷. 北京：科学出版社，1982：253.
② 苏雪林. 屈赋论丛［M］. 武汉：武汉大学出版社，2007；宋亦箫. 楚文化中的域外文化因素研究［M］. 长春：长春出版社，2015.

第十四章

老庄中的域外文化因素探微

本章提要：老庄为代表的道家，是最重要的中国传统文化之一。但即便是在中国传统文化缔造的"轴心时代"，也并非是"闭门造车"，而是兼收并蓄周邻文化乃至域外文化。通过对《老子》《庄子》的文本细读并比照域外早期文明，我们发现老庄中吸收了西亚、印度的早期神话、希伯来和印度的宗教文化。春秋战国文化的繁荣恐怕跟这种多方文化的交流激荡大有关系。这再次证明文化只有在交流中才能得到蓬勃发展的道理。

老庄被称为诸子百家中的道家。老子似乎为春秋晚期楚人，姓李名耳号老聃。生卒年不详。《老子》一书五千言，成书年代当不晚于战国初，依据内容可知《老子》是一本专著而非纂辑，主体内容为老子自著，尽管也不排除其弟子或后学的发挥增补[1]。庄子乃战国中叶宋人，《庄子》成书于战国中晚期。《老子》和《庄子》里用以表达其深奥玄妙哲理的语汇和故事，颇有一些可寻出来自域外的文化因子。下面我们试作剖析。

一、《老子》

考察《老子》思想，我们会发现它包含有一些西亚的创世神话、印度宇宙观和希伯来宗教文化因子。可以从三个方面抽绎出《老子》中可能存在的域外文化因素。

---

[1] 陈鼓应. 老子今注今译[M]. 北京：商务印书馆，2005：12-13.

1. 《老子》宇宙观与西亚神话中的原始女怪及印度《吠陀典》

《老子》中有多处论及宇宙观，如二十五章："有物混成，先天地生。寂兮寥兮，独立不改，周行而不殆，可以为天下母。吾不知其名，强字之曰'道'，强为之名曰'大'。"我们再看看西亚神话中的"原始深渊"：天地未形之前，充塞整个宇宙的是无边无际的大水，名之曰深（Deep）即深渊。这原始深渊又称 Apsu 或曰 Abyss，义为"万物根源"。其后逐渐赋之以女性性格，称蒂亚华兹（Tiawath）或蒂亚马特（Tiamat），也叫混沌孽龙（Dragon of Chaos），俗称原始女怪。原始女怪生出许多天神，如天主阿努、水主哀亚等①。

上述《老子》中的混成之物，不是与先天地而生的原始深渊非常雷同吗？"周行而不殆"符合对水的描写，"可以为天下母"也点出了原始深渊进一步演化为女性性格的原始女怪之特性。

再看《老子》第六章："谷神不死，是谓玄牝，玄牝之门，是谓天地根。"第三十九章："谷得一以盈；万物得一以生；王侯得一以为天下正。"第二十八章："知其雄，守其雌，为天下谷。……知其荣，守其辱，为天下谷。"这里的"谷"，释为谷物是不妥当的，而应是山谷之"谷"，指"深渊"。"谷神"则指深渊之精灵，即原始女怪。"玄牝"乃说她是玄妙之女性。原始女怪在西亚神话里是天地万物之本原，被称之为"大母""产生天地之母"。原始女怪的能力至大而智慧至高，木星神巴比伦城主神马杜克吃其肉，将她的智慧吸收到自己身上，才有能力创造天地万物。可见女怪的质素在西亚人的想象中是如何的高深悠远，不可测量②。老子所述的谷神，不是十分相似于这位原始女怪吗？

老子上述宇宙观，以及其他表达如"万物生于有，有生于无""无名天地之始，有名万物之母"等，与《吠陀典》中的《无有歌》③："其初无无亦无有，

---

① DALLEY S. Myths from Mesopotamia [M]. Oxford: Oxford University Press, 2000；饶宗颐. 近东开辟史诗 [M]. 沈阳：辽宁教育出版社，1998；魏庆征. 古代两河流域与西亚神话 [M]. 太原：北岳文艺出版社，1999.
② 苏雪林. 屈原与《九歌》[M]. 武汉：武汉大学出版社，2007：158-159.
③ 高楠顺次郎，等. 印度哲学宗教史 [M]. 高观庐，译. 上海：商务印书馆，1935：140-141.

无空界,亦无其上之天界"有诸多类同衍化关系。上文中的"有物",老子不知其名,强字之曰"道",强为之名曰"大",而在《无有歌》中,将天地未形之前称作"彼一"(Tad eham),并解释道:"彼一名之者,欲于不可得而名之中,强立其名也。"这跟《老子》的说法简直一模一样了。不光如此,这"彼一"的首音节 Tad,与"道"和"大"也应有对音关系,而《老子》中的"道生一""万物得一以生"的"一",也应是"彼一"的意译。因此,老子的宇宙观,也受到过印度经典《吠陀典》的影响[1]。德国学者孔拉第也曾推测老子著述里含有印度要素,但他未作实际分析[2]。

日本学者高楠顺次郎曾言:"《吠陀》诗人想象万有生起以前之状况,凡可名为无,可名为有者,一切名色之相皆无,只为混沌未分之暗黑的状态。然此混沌界,非但空也,其中虽不知为何物而可发展为万物之一个种子已存在,诗人认此为无息而自呼吸。盖以为虽无通例人格的存在,但认为有生生活动之力而可视为未开展之实在。呼之之名虽不能定,强为之名为'彼一'。"[3] 其实这并非《吠陀》诗人的凭空想象,而是吸收西亚创世神话的结果。所以西亚、印度和中国的宇宙本源论有同源关系,源头便是西亚神话。而《老子》宇宙观更可能是就近直接受到印度《吠陀》思想的影响。而这三处宇宙观,与希腊创世神话之 Chaos 也相当一致。这反映了希腊创世神话也是这普世性的宇宙本源论的一支,其源头一样也在西亚创世神话中。

2.《老子》中的"圣人"及《旧约·以赛亚书》中的以色列先知以赛亚预言

《老子》中近三十次说到一位"圣人",综合这些对"圣人"的描摹,不难发现他有着确切而又鲜明的"人格—道格"特性。例如:

---

[1] 丁山. 吴回考——论荆楚文化所受印度之影响[M]//古代神话与民族. 北京:商务印书馆,2005:371-372.
[2] 孔拉第. 战国时中国所受的印度影响[M]//卫聚贤. 古史研究:第二集. 上海:商务印书馆,1934:574.
[3] 高楠顺次郎,等. 印度哲学宗教史[M]. 高观庐,译. 上海:商务印书馆,1935:151-152.

他有大功，却不居功、不为大，然而成其大，功不灭（二、七、二十二、三十四、六十六、七十二章）；

他是秉持大道的本像者，普天下的人都前往归向"他"，领受平安（三十五章）；

他承袭上天大道的光明和永恒，来普救世人（二十七、二十八、五十八、七十九章）。

他知其雄，守其雌，知其荣，守其辱，以做世人认识上天大道的工具（二十二、二十八章）；

他将众人从过犯中领回来（六十四章）；

他外表粗卑，内怀宝贝（七十章）；

他受垢受辱受难，却为主为王为大（六十二、六十三、七十七章）。

如果我们翻开《旧约·以赛亚书》，会看到以色列大先知以赛亚所预言的"圣者"耶稣形象，与《老子》中的"圣人"如出一辙。在《以赛亚书》中，有近三分之一章节提到"以色列的圣者"。以赛亚传达神的声音，说神让圣者代表他来到人间，神借助以赛亚的口宣谕："我已立他（"他"指以色列的圣者）作万民的见证，为万民的君王。你素不认识的国民，他也必召来；素不认识你的国民，也必向你奔跑，都因 Jehovah 你的神以色列的圣者，因为他已经荣耀你。当趁 Jehovah 可寻找的时候寻找他，相近的时候求告他。"以赛亚还说：圣者要将天上的道行于地上；圣者降卑受辱，为了拯救世人；圣者受苦受难，却为主为王；他是光，却不炫耀；他无美貌，却怀有宝贝；他的道被拒绝，却越发丰富，没有穷尽……①《旧约·以赛亚书》的成书年代在公元前778—前732年，《老子》的成书年代在春秋晚至战国初，则前者要早于后者200余年，后者有足够时间受到前者的影响。

3. 《老子》中的"耶和华"

《老子》十四章："视之不见，名曰'夷'；听之不闻，名曰'希'；搏之不

---

① 中国基督教协会. 新旧约全书·以赛亚书［M］. 1989: 633-687；袁步佳. 老子与基督［M］. 北京：中国社会科学出版社，1997: 30.

得，名曰'微'。此三者不可致诘，故混而为一。其上不皦，其下不昧。"用现代语可解释为：看得见而不晓得，叫作"夷"；听到而不明白，叫作"希"；摸索而不可得，叫作"微"。"夷、希、微"这三者，不可思议，难究其竟，所以混而为一。其上不再有光明，其下不再有黑暗。

这段话中的"夷、希、微"三字，有人考证是希伯来文 Jehovah（耶和华）的发音①。黑格尔曾说："那三个符号 I-hi-wei 或 IHV……也出现在希腊文的'Iaw'（以阿威）里，是'知神派'称呼上帝的一个名字……在非洲中部也许就是一个神的意思。此外在希腊文里叫作耶和华（Jehovah），而罗马人又叫作约维斯（Jovis）。"② 耶和华更早的发音是 Yhwh，中文译作"耶威"或"雅威"，这个始音与尾音就更似"夷希微"了。

我们再来分析一下《老子》中的这段话，看看它与"耶和华"到底是否有关系。

第一，"视之不见，听之不闻，搏之不得"三句话的含义很明白，老子用它来解释"夷、希、微"三字，似乎表明这三字已约定俗成，只是含意不明，需要解释。

第二，在马王堆出土的帛书甲、乙本，以及通行的王弼本和其他各本之间，"夷、希、微"三字均有错置，或以其他同音字替代，但三字的发音和连读却未变。这似可说明这三字只是音译字。

第三，此三字被老子赋予"道"之形象，可这种含义在旧约中是屡见不鲜的。如上帝指示以赛亚说："你去告诉百姓说，你们听是要听见，却不明白；看是要看见，却不晓得。"③ 二者何其相似乃尔。

第四，老子有说这三字不可思议难究其竟，"故混而为一"，表明此三字是要合在一起去理解的。进一步，它该是一个三连音。

第五，这段话中的"其上不再有光明，其下不再有黑暗"，也正同于《圣经》中的"Jehovah 在至高之处，荣光高过诸天"（《诗篇》第113篇4、5节）

---

① 袁步佳. 老子与基督 [M]. 北京：中国社会科学出版社，1997：9.
② 黑格尔. 哲学史讲演录：一卷 [M]. 商务印书馆，1959：149-150.
③ 中国基督教协会. 新旧约全书·以赛亚书 [M]. 1989：637.

和"神就是光，在他毫无黑暗"（《约翰一书》1章5节）① 等语。

战国时有"耶和华"之译名，其实并非孤例。其他已确定了的《圣经》语词译名有"一赐乐业——以色列""石忽——Jahud（犹太人）""女娲——Eve（夏娃）""安登——Adam（亚当）"等②。这些译名综合在一起，似可证明《旧约圣经》至少在春秋晚期就已部分或全部传至中国，《老子》受过它的影响。

二、《庄子》

庄子散文汪洋恣肆，在他的众多奇思妙想中，也点缀有不少域外文化因子。例如开篇的《逍遥游》，原文是：

> 北冥有鱼，其名曰鲲。鲲之大，不知其几千里也；化而为鸟，其名为鹏。鹏之背，不知其几千里也；怒而飞，其翼若垂天之云。是鸟也，海运则将徙于南冥。南冥者，天池也。齐谐者，志怪者也。谐之言曰："鹏之徙于南冥也，水击三千里，抟扶摇而上者九万里。"

鲲能化而为大鹏，这样的大鹏，自然不是凡鸟，而是神鸟。北溟就是北海之意，南溟既称天池，虽是南海，但已是神话中的海洋了。所以《庄子》一上来就给我们讲了一个神话。这神话经分析，发现带有域外文化因子。且看分析：

"鲲"本义是小鱼，但苏雪林认为它是"鲧"的同音字，要表达的正是"鲧"。因"鲧"字古作"鲵"，而"玄"本读若"昆"。所以"共工""鲧""鲲"皆为一音之转，实表示一个意义。苏雪林同时探讨过"鲧化黄能"，认为这"黄能"实际上是龟③。故这里的"鲲"也是一种龟了。我们古人将全部水族总名为鱼，可见《尔雅》中的"释鱼"部。那么庄子说的鲲化为鹏，实际就是龟化鹏了。

---

① 袁步佳. 老子与基督[M]. 北京：中国社会科学出版社，1997：9-10.
② 苏雪林. 天问正简[M]. 武汉：武汉大学出版社，2007：135-144.
③ 苏雪林. 天问正简[M]. 武汉：武汉大学出版社，2007：239-241.

<<< 第十四章 老庄中的域外文化因素探微

在西亚神话中,水主哀亚既有龟形也有鸟形,它们之间可以互变。而哀亚的符合者水神尼波是神使,那么作为哀亚变形的龟也是神使了。此龟固为神物,作为神使未尝不可速行,但动物中龟之速度偏偏最为迟慢,不太能满足大众的心理,故有让龟变鸟的举动①。汉代石刻玄武的四爪作鸟爪形,显然正是这龟变鸟神话的反映。而印度神话中的偏入天,为类似哀亚的水神,蛇龟是他的本形,但他还有大鹏金翅鸟作为坐骑。这都属龟鸟神话。庄子的鲲化鹏神话,也应该是这一古老神话传衍到中国并影响庄子所致。

《庄子·天运》篇有一段话:

"天其运乎?地其处乎?日月其争于所乎?孰主张是?孰维纲是?孰居无事推而行是?意者其有机缄而不得已邪?意者其运转而不能自止邪?云者为雨乎?雨者为云乎?孰隆施是?孰居无事淫乐而劝是?风起北方,一西一东,有上彷徨,孰嘘吸是?孰居无事而披拂是?敢问何故?"巫咸袑曰:"来!吾语女。天有六极五常,帝王顺之则治,逆之则凶。九洛之事,治成德备,监照下土,天下戴之,此谓上皇。"

这一大段话不是庄子自己的疑问和观点,而是他集合了当时社会上对日、月、云、雨等自然现象的疑问和看法。可这些看法,不啻是西亚神话巴比伦主神马杜克的创世颂②。这段话中谈到的"是谁在行云布雨?是谁吐气或吸气造成了云彩的飘动?"表达的正是马杜克创世神话的部分内容。最后一句中的"上皇",也正是马杜克在中国的神名"东皇泰一"的尊称。事见《九歌·东皇泰一》篇中的首句"吉日兮辰良,穆将愉兮上皇"及苏雪林的相关分析③。可见有关岁星神东皇泰一即其原型马杜克神话在战国时期有较广泛的传播,才让庄子信手拈来写入他的文章中。

《庄子》里多处谈到呼吸吐纳之法。如《大宗师》:"真人之息以踵,众人

---

① 苏雪林. 天问正简 [M]. 武汉:武汉大学出版社,2007:269-270.
② 苏雪林. 屈原与《九歌》[M]. 武汉:武汉大学出版社,2007:165.
③ 苏雪林. 屈原与《九歌》[M]. 武汉:武汉大学出版社,2007:144-171.

之息以喉",孔拉第认为这与印度的瑜伽禅定有关。在印度正有呼吸可以达到四肢的尖端、可以用踵呼吸的学说①。《逍遥游》:"藐姑射之山,有神人居焉。肌肤若冰雪,淖约若处子,不食五谷,吸风饮露。"这样的超脱者和不死者,可与印度的 Siddka 作充分的对照②。还有《庄子》里可看到印度的轮回转生说③。如《大宗师》:"伟哉造化!又将奚为汝为,将奚以汝适?以汝为鼠肝乎?以汝为虫臂乎?"《至乐》:"种有几,青宁生程,程生马,马生人,人又反入于机。万物皆出于机,皆入于机"等等皆是。

《庄子·至乐》篇还有"冥伯之丘""昆仑之虚""吾使司命复生子形"等话语。"冥伯"是西亚神话中死神的另一种叫法,"司命"也是。不过在战国时已分为大司命和少司命,前者主死,后者主生。少司命是九重天天神,故又称之为九天司命。"昆仑之虚"自然是域外昆仑神话影响到庄子所致。死神在庄子文中的随机出现,也体现出这种神话观念已深入到当时社会的知识阶层。总之,这几处语词,潜藏了外来神话因子,它们在庄子文章中的出现,反映了战国文化中的域外文化因子已渗入本民族的文化肌理,乃至已经融为一体的社会现实。

三、小结

《老子》和《庄子》中所蕴含的域外文化因子,总括起来有受到西亚和印度神话、希伯来和印度的宗教文化的影响。其中《老子》中的域外文化以西亚、印度神话和希伯来宗教为大宗,其宇宙观与西亚创世神话和印度《吠陀典》所显示的宇宙本源论一致。三者间的相似,表明它们有一个共同的起源,三者宇宙观出现的时间先后,以西亚最早,印度其次,中国最晚。可知西亚是源头,然后传至印度,再由印度传至中国。但也不排除西亚神话直接传来中国的可能性,因此中国的域外文化因素包括宇宙观会出现融合几处域外文化的现象,尽

---

① 孔拉第. 战国时中国所受的印度影响[M]//卫聚贤. 古史研究:第二集. 上海:商务印书馆,1934:572.
② 孔拉第. 战国时中国所受的印度影响[M]//卫聚贤. 古史研究:第二集. 上海:商务印书馆,1934:573.
③ 孔拉第. 战国时中国所受的印度影响[M]//卫聚贤. 古史研究:第二集. 上海:商务印书馆,1934:574.

管这几处其实是有同源关系的一个系统。《庄子》中的域外文化则包含有西亚神话和印度宗教文化。

这几种域外文化因素进入中国的时间，当不晚于二部著作各自创作的时间。具体来说，见于《老子》的西亚、印度神话和希伯来宗教因子，当在春秋或之前传入中国。见于《庄子》的西亚神话和印度宗教文化，至晚当在战国时期进入中国。

这些外来文化因子进入中国的线路，应该与屈赋中的域外文化因子一样从南边的海路而来。具体登陆地难以确定。山东仍应是最大可能的登陆点，而东南沿海的江浙地区也不排除，甚至它们并非只在一个地点登岸[1]。到底如何，我们还需努力去获得更多考古和文献上的证据。不过，带着这样的期待去发现和释读新材料，总比我们浑然无知地被动接受新材料甚至因知识的局限而无法释读新材料要有利得多。

原载《楚学论丛》第五辑，2016年6月

---

[1] 宋亦箫. 楚文化中的域外文化因素研究［M］. 长春：长春出版社，2015.

第十五章

"番禺"得名于"蕃商侨寓"考

本章提要：番禺作为广州的古称，通过考古和文献的二重考察，可以追溯到战国时期。番禺得名于"蕃商侨寓"的省称，它的出现，证实了早在战国时期，已有蕃商侨寓于今天的广州，使广州成为中国南方最早的海上丝路起点。

番禺是广州的古称，自有新名广州后，番禺变为广州的属县，再变为今天的番禺区。番禺之名出现于何时？它为何得此名？历史上有过一些说法。在起源上，麦英豪从广州城始建的角度论证番禺城最早出现于秦汉时期。他是将番禺之名与番禺城看作一起出现的事件，实际上并非如此。在得名上，至少有过四种观点，分别是得名于番山、禺山的"二山"说，"番山之隅"的"一山"说，"越人村"或"咸村"说以及"岭外蕃国蛮夷之地"说。笔者检阅相关考古和文献资料，联系到早期海上丝路的开通，楚文化中一些从海路传入的域外文化因素如天平砝码、佛教文化因素等，认为上述诸说均不足信，提出"番禺"是"蕃商侨寓"的省称的新观点。下面从三个方面展开论述，就教于方家。

一、"番禺"出现的时间考察

先看考古证据。1953年广州西村石头岗一号秦墓出土的漆盒，其盖上烙印有"蕃禺"二字（图15-1）[1]，这是"蕃禺"在考古发现中所见最早的实例。

---

[1] 麦英豪.广州城始建年代考[M]//广州市文化局，等.羊城文物博物研究.广州：广东人民出版社，1993：68.

1983年发现的第二任南越王赵眜墓中，一件中原式鼎盖上刻有"蕃禺 少内"铭文，鼎腹上还刻有"蕃 少内 一斗二升少半"等字样（图15－2）[1]，赵眜在位于西汉前期。2004年发掘了南越国宫署遗址一口渗水砖井，在井底发现了一百余枚木简，其中一行简文也提到了作为地名的"蕃禺"（图15－3）[2]。因此通过考古实物可知，"蕃禺"作为地名最迟出现于秦汉时期。

图15－1　广州石头岗秦墓漆盒[3]

图15－2　南越王赵眜墓"蕃禺"铜鼎[4]　　图15－3　南越国宫署木简[5]

[1] 广州市文化局，等. 广州文物志 [M]. 广州：广州出版社，2000：198.
[2] 南越王宫博物馆. 南越国宫署遗址——岭南两千年中心地 [M]. 广州：广东人民出版社，2010：23、85.
[3] 广州市文物管理委员会，等. 广州汉墓：下册 [M]. 北京：文物出版社，1981：图版四五·3.
[4] 《羊城文物珍藏选》编委会. 羊城文物珍藏选 [M]. 广州：广州市文化局，1996：11.
[5] 广州市文物考古研究所. 铢积寸累——广州考古十年出土文物选萃 [M]. 北京：文物出版社，2005：36.

再看文献证据。汉代文献《淮南子》和《史记》上均载有"番禺"。《淮南子·人间》记载的是秦始皇南征岭南事，说公元前214年，发大军50万，兵分五路直扑岭南，其中"一军处番禺之都"①，即驻守在番禺城中。秦时已有番禺城，显然不会是短时间能出现的，因此番禺之名和番禺城，至少在战国晚期就出现了。《史记·货殖列传》列举汉初19个城市，番禺居其一，还特别说明番禺是九个都会之一，如"番禺亦其一都会也，珠玑、犀、玳瑁、果布之凑"②，吕思勉认为《史记》此处所记番禺事，当在西汉以前③。因此，这两份汉代文献所记番禺，能够反映至少在战国晚期，番禺之名便已存在了。

战国文献《山海经》中也有两处提到"番禺"，其一是《海内南经》，说"桂林八树在番隅东"④，意指番隅之东有巨大的桂树林。该经中还提到"离耳国"，它又名"儋耳"，是指今天的海南省儋州，因此可确信此处所言"番隅"，即是"番禺"。《广东新语》卷三之《三山》还引《罗浮记》说，"罗山之顶有桂，所谓番隅之桂"⑤，回应了上述的"桂林八树在番隅东"。罗山即罗浮山，在广东惠州博罗县，其位置正在今天的广州和番禺之东。其二是《海内经》，说"帝俊生禺号，禺号生淫梁，淫梁生番禺，是始为舟"⑥，番禺在这里是人名，但他"始为舟"，是造船始祖，还是能看出此名与作为地名的番禺所可能代表的蕃商与海船的密切关系来的。

因此，我们推断，"番禺"之名的出现，至少可追溯到战国时期。

二、"番禺"是"蕃商侨寓"之省称

"蕃商侨寓"中的"蕃商"，是指外国商人。"蕃"字在《辞源》中解作

---

① 刘安，等.淮南子全译［M］.许匡一，译注.贵阳：贵州人民出版社，1993：1105.
② 司马迁.史记·货殖列传：第十册［M］.北京：中华书局，1982：3268.
③ 吕思勉.读史札记（上）：乙帙［M］.北京：译林出版社，2016：488.
④ 方韬.山海经［M］.北京：中华书局，2011：255.
⑤ 屈大均.广东新语［M］.北京：中华书局，1985：78.
⑥ 方韬注.山海经［M］.北京：中华书局，2011：351.

>>> 第十五章 "番禺"得名于"蕃商侨寓"考

"附属",但在"蕃国""蕃客""蕃舶"等词汇中,均解作"外国的"之意,并说在此义上同"番"①。上述秦墓漆盒上烙印的是"蕃禺"二字,西汉初南越王赵眜墓鼎盖刻铭以及南越国宫署遗址木简简文也是"蕃禺"。但到了东汉,已省作"番禺",如广州番禺区村头岗 M1 就出土有刻字墓砖,其砖铭为"番禺都亭长陈诵"(图 15-4)②,今香港九龙李郑屋的砖室墓墓砖上,也刻有"大吉番禺"字样的砖文③。麦英豪由此推断,先是"蕃禺"之"蕃",到东汉时已去草头,写作"番"了。后世这二字也仍然通用,我们既可见到宋代赵汝适所著《诸蕃志》,也可看到明人巩珍所写的《西洋番国志》,便是例证。

图 15-4 广州番禺村头岗 M1 出土东汉"番禺都亭长陈诵"铭文砖及拓片④

---

① 广东、广西、湖南、河南辞源修订组,商务印书馆编辑部. 辞源(修订本)[M]. 北京:商务印书馆,1988:2714.
② 广州市文物考古研究所. 铢积寸累——广州考古十年出土文物选萃[M]. 北京:文物出版社,2005:13,112,113.
③ 广州市文化局,等. 广州文物志[M]. 广州:广州出版社,2000:188.
④ 广州市文物考古研究所. 铢积寸累——广州考古十年出土文物选萃[M]. 北京:文物出版社,2005:112-113.

239

"蕃商侨寓"① 是指外国商人侨居于此。番禺之名既然最迟战国时已出现，这就是说，早在战国时期，就有外国商人侨居于今天的广州了。此观点要想成立，必须拿出蕃舶在其时光顾了珠江口岸，与当时的百越民族展开了中外贸易，并且还或长或短侨居于此的证据。在摆出相关的考古实物和文献证据前，我们还是先来回应一下前述的四种不可信观点，以做到先破后立之效。

提出"二山"说的有《初学记》② 和《元和郡县图志》③，二书均认为先有番山、禺山二山，"番禺"县名是捏合二山名而来。《初学记》中指出此说法是引自更早的《南越志》，《元和郡县图志》在提出"二山"说的同时，又提出"或言置在番山之隅"，这是"一山"说，看来作者李吉甫也不肯定这两说哪一个更确切。提出"一山"说更早的文献是《水经注》，其卷三十七"泿水"条："县名番禺，倪谓番山之禺也。"④ 说番禺有番、禺二山不假，麦英豪就考证了番山当指现在的越秀山，禺山已被五代十国南汉国主刘䶮凿平，其故址在今天的中山图书馆北馆一带⑤。但二山的得名，难道不能是先有"番禺"之名，再一分为二以作两座山名？如果真是先有番、禺二山，那这二山名又如何得来？作何解释？综合这几问，恐怕是先有番禺之地名再有番山、禺山的山名更合理些。麦英豪也持此观点⑥。且"一山"说将禺山摒弃不用，只强调是番山之禺（隅），那禺山何以自处？因此更加没有道理。

"越人村"或"咸村"是曾昭璇提出的观点⑦。他认为"番禺"是古代越

---

① 此词取自《诸蕃志》，原文为"有番商曰施那帏，大食人也。侨寓泉南"。赵汝适，杨博文. 诸蕃志校释 [M]. 北京：中华书局，2000：91.
② 徐坚，等. 初学记 [M]. 北京：中华书局，192.
③ 李吉甫. 元和郡县图志 [M]. 北京：中华书局，1983：888.
④ 郦道元，陈桥驿，等. 水经注全译 [M]. 贵阳：贵州人民出版社，1996：1277.
⑤ 麦英豪. 广州城始建年代考 [M]//广州市文化局，等. 羊城文物博物馆研究. 广州：广东人民出版社：1993：69.
⑥ 麦英豪. 广州城始建年代考 [M]//广州市文化局，等. 羊城文物博物馆研究. 广州：广东人民出版社：1993：68.
⑦ 曾昭璇. 番禺意即咸村——广州古名一解 [J]. 广州研究，1985（5）；曾昭璇，曾宪珊. 番禺地名考岭南 [M]//史地与民俗. 广州：广东人民出版社，1994：9-10.

人土语，由《越绝书》所记古音，模拟出"番禺"就是"越人村"或"咸村"之意。这种由汉语发音去倒推它在越语中的音义，方向和结论是不唯一的。因为若汉语不是最早记录"蕃商侨寓"这一现象的语言，它就完全可能根据最早记录这一现象的古越语，不是从记音，而是意译古越人所称呼的"蕃商侨寓"之地，再简省为"番禺"二字的。

麦英豪在讨论"番禺"得名时，也否定了"二山"说和"一山"说，新提出"番禺"是"岭外蕃国蛮夷之地"[①]，他将"番禺"之"番"理解为"蕃国"之"蕃"是对的，但他所说的"蕃国"，仅是相对中原汉族政权而言的岭南蛮夷少数民族，而不是渡海而来的外国人。因此合起来理解，他只是将"番禺"解作岭南百越民族之地，跟笔者的看法还有很大的差距。这差距也会影响到我们对广州最早的海外贸易、早期海上丝路开通时间等的判断，意义可谓重大，不可不辨。

下面我们来摆一摆早在战国时期，就有了蕃商侨寓于今天的广州这个地方的证据。

《史记·货殖列传》说番禺是当时的九大都会之一，是珠玑、犀、玳瑁、果布的集散地。吕思勉称这些被司马迁所列举的"珍奇"，"为南海所饶，固不俟论。……固亦海外之珍奇，非陆梁之土产也"（注："陆梁"指岭南。语出《史记·秦始皇本纪》）[②]。《淮南子·人间》则称秦始皇征岭南，是为了"利越之犀角、象齿、翡翠、珠玑"，即贪图越地的这些珍宝。南方虽有犀、象，但是"作为商品，还要靠外来"[③]。藤田丰八也说："交广之珍异，似专产于该地，但此乃对中土立言耳，多皆由海上贸易所获，殆无疑焉。"[④] 汉初南越王太子墓发现

---

① 麦英豪. 广州城始建年代考［M］//广州市文化局，等. 羊城文物博物馆研究. 广州：广东人民出版社：1993：69.
② 吕思勉. 秦汉史［M］. 上海：上海古籍出版社，1983：280.
③ 曾昭璇. 广州——古代"海上丝绸之路"的起点［M］//岭南史地与民俗. 广州：广东人民出版社，1994：48.
④ 藤田丰八. 宋代市舶司及市舶条例.［M］//中国南海古代交通丛考. 太原：山西人民出版社，2015：242.

的象牙，经考证，不是本地亚洲象，而是非洲象，故这些象牙也是舶来品，其产地远在西亚、非洲①。由以上数例可知，集散于番禺的这些奇珍异货，多数是从海外贸易而来。

若这些珍异多为舶来，那最早到达番禺的时间是何时？又是由何人贩来的呢？吕思勉认为番禺成为这些外来方物集散地的时间，是西汉以前的事，因此他说："西域、南海，皆异物之所自来也，而贸迁往来，水便于陆，故南琛之至尤早。《史记·货殖列传》言番禺为珠玑、犀、玳瑁、果布之凑，此语必非指汉时，可见陆梁之地未开，蛮夷贾船，已有来至交、广者矣。"②吕先生认为中外贸易，水便于陆，南海道要早于西域道（这当是以西域交通始于张骞"凿空"的固有认识，实际并非如此）。还指出在中原王朝开发岭南之前，海外的商船就已来到了番禺。冯承钧更是认为："中国与南海之海上交通，有史之初应已有之。"③综合以上说法，至少可以认为，在战国之世，外来蕃舶已经来到了番禺。

至于这些舶来品是怎么来到番禺的，当然只能是中外商人贩运而来。或许有中国商人不辞艰辛远赴异域带回这些奇珍，更不排除蕃商贩客把生意做到了珠江口。因为有关史料就曾记载，从古巴比伦人所占据的爱琴海到南中国海，在公元前425—前375年间，就有了贸易往来④，其时正是战国时代。

我们从外来方物，追踪出早到战国时期的海外贸易，再推断出携来异物的多有蕃商，这些蕃商在珠江口上岸，一边售卖奇珍，一边收购返程奇货，并得等候半年后的反向信风再返程，因此一般他们都需要在货物集散地侨居一段时间，部分蕃商甚至长期留居下来成为坐商，他们聚居一地，土著越人用意为

---

① 曾昭璇. 广州——古代"海上丝绸之路"的起点 [M] //岭南史地与民俗. 广州：广东人民出版社，1994：48.
② 吕思勉. 读史札记（上）：乙帙 [M]. 北京：译林出版社，2016：488.
③ 冯承钧. 中国南洋交通史 [M]. 北京：商务印书馆，2011：2.
④ 中国对外贸易概论编写组. 中国对外贸易概论 [M]. 北京：对外贸易教育出版社，1985：5.

"蕃商侨寓之地"的越语称之,再经汉人和汉籍意译为"蕃禺"或"番禺",这大概就是"番禺"得名的由来。

还可作为进一步佐证的材料,便是番禺作为先秦岭南都会的地位以及楚文化中的部分域外文化因素。

《淮南子》和《史记》都记载过番禺作为南方都会,那里宝货云集,富甲一方。所谓无商不富,古代更是如此,所以这"富裕"只能是中外商人经商贸易所带来,其中侨寓于此的蕃商的作用更是不可小觑。

笔者曾专事探讨过楚文化中的域外文化因素,其中通过对考古实物的探索,发现至少有六种域外文化因素,分别是"蜻蜓眼"玻璃珠、红玛瑙珠、蚀花肉红石髓珠、青铜骆驼灯台、天平砝码及佛教文化因素,并分析了它们的传入时间和路径,发现天平砝码和佛教文化因素只能是从南方海上丝路传播而来,时间可以早到战国中期[1]。战国中期已进入楚国腹地长沙和荆州的这两类域外文化因素,其从海路登岸的地方最有可能的便是番禺。因为比起番禺,其他沿海地区,都不及前者有这样的沟通江、海的便利交通。

三、"番禺"地名的出现,揭示了广州最早的中外文化交流

过去我们讨论海上丝路始于何时何地的问题,主要靠文献典籍相关记载和考古发现这二重证据,由此能得出广州的海外贸易至少始于秦汉时期的结论,但通过对"番禺"出现时间和语意的追踪,我们发现它至迟在战国时期已出现,且是"蕃商侨寓"之意的省称。这直接揭示出早在战国时期,就已有海外蕃商渡海来到珠江口登岸,并聚众侨居,形成"蕃商侨寓"的新世相。"番禺"这个地名便诞生了。

《史记》《汉书》均记载了番禺作为珠玑、犀、象、玳瑁、果布等奇珍集散地的都会地位,而近半个世纪以来,广州及附近汉墓中更是出土了大量海外舶

---

[1] 宋亦箫. 楚文化考古遗存中的域外文化因素探索 [M]//楚文化研究会. 楚文化研究论集: 第十一集. 上海: 上海古籍出版社, 2015: 184–205. 又见本书第四章。

来品，如香料（果布也是其一）、银盒（图 15-5）①、珠玑、金花泡饰、琥珀、肉红石髓珠、犀角、象牙等，以及胡俑、熏炉等关联海外文化的器物，还有原产海外的花草植物如茉莉花、素馨花、菩提树、椰枣等，汉代也已引种到广州②，这些秦汉时期广州的丰富外来文化因素，在战国时就已用"番禺"来称呼"蕃商侨寓"于此地的前提下，就变成是非常合理和寻常的现象了。应该说，秦汉时广州海外贸易的发达和遗留下的诸多证迹、番禺已成为当时的都会以及成为"中国往商贾者多取富焉"的宝地③，均是战国时已出现海外贸易、海上丝路已开通、已有蕃商侨寓于今天的广州这些现象的自然发展，"番禺"地名的出现，是广州至迟在战国时便已出现中外文化交流，并成为海外贸易的枢纽的重要证迹。

图 15-5　南越王赵眜墓银盒④

原载《中山大学学报》2019 年第 1 期

---

① 此银盒出土于南越王墓，其造型和纹饰同于波斯帝国时期的金银器，是目前广州发现的年代最早的海外舶来品，是广州作为海上丝路最早起点的重要实物见证。
② 刘波. 广州海洋文明遗迹与文物 [M]. 广州：广东人民出版社，2002：9-11.
③ 班固，施丁. 汉书新注：地理志第八下 [M]. 西安：三秦出版社，1994：1227.
④ 《羊城文物珍藏选》编委会. 羊城文物珍藏选 [Z]. 广州市文化局，1997：第 23 号.

参考文献

历代典籍：

［1］张华．博物志：卷四［M］．北京：中华书局，1985．

［2］郭璞，郝懿行．山海经笺疏［M］．北京：中国致公出版社，2016．

［3］萧统，李善．文选［M］．长沙：岳麓书社，2002．

［4］欧阳询．艺文类聚（上）［M］．上海：上海古籍出版社，1999．

［5］王强模．列子译注［M］．贵阳：贵州人民出版社，1993．

［6］皇甫谧，陆吉．帝王世纪［M］．济南：齐鲁书社，2010．

［7］王嘉，萧绮，齐治平．拾遗记校注：卷二［M］．北京：中华书局，1981．

［8］洪兴祖．楚辞补注［M］．白化文，等点校．北京：中华书局，1983．

［9］赵在翰，钟肇鹏，萧文郁．七纬［M］．北京：中华书局，2012．

［10］马骕．绎史（一）：卷十二［M］．北京：中华书局，2002．

［11］何宁．淮南子集释（上）［M］．北京：中华书局，1998．

［12］上海古籍出版社．汉魏六朝笔记小说大观［M］．上海：上海古籍出版社，1999．

［13］张华．博物志校证［M］．范宁，校证．北京：中华书局，2014．

中文论著：

[1] 江晓原, 钮卫星. 天文西学东渐集. 上海: 上海书店出版社, 2001.

[2] 陈星灿. 中国史前考古学史研究[M]. 北京: 生活·读书·新知三联书店, 1997.

[3] 李帆. 古今中西交汇处的近代学术[M]. 北京: 北京师范大学出版社, 2010.

[4] 郭沫若. 郭沫若全集: 第1卷. 北京: 科学出版社, 2002.

[5] 苏雪林. 屈原与《九歌》[M]. 武汉: 武汉大学出版社, 2007.

[6] 苏雪林. 天问正简[M]. 武汉: 武汉大学出版社, 2007.

[7] 苏雪林. 楚骚新诂[M]. 武汉: 武汉大学出版社, 2007.

[8] 苏雪林. 屈赋论丛[M]. 武汉: 武汉大学出版社, 2007.

[9] 凌纯声. 中国边疆民族与环太平洋文化[M]. 台北: 联经出版事业公司, 1979.

[10] 凌纯声. 中国与海洋洲的龟祭文化[M]. 台北: "中央研究院"民族学研究所, 1972.

[11] 凌纯声. 中国远古与太平印度两洋的帆筏戈船方舟和楼船的研究[M]. 台北: "中央研究院"民族学研究所, 1970.

[12] 凌纯声. 树皮布印文陶与造纸印刷术发明[M]. 台北: "中央研究院"民族学研究所, 1963.

[13] 凌纯声. 台湾与东亚及西南太平洋的石棚文化[M]. 台北: "中央研究院"民族学研究所, 1967.

[14] 凌纯声. 美国东南与中国华东的丘墩文化[M]. 台北: "中央研究院"民族学研究所, 1968.

[15] 杨希枚. 安阳殷墟头骨研究[M]. 北京: 文物出版社, 1985.

[16] 芮传明, 余太山. 中西纹饰比较[M]. 上海: 上海古籍出版社,

1995.

[17] 宁夏文物考古研究所. 水洞沟——1980年发掘报告［M］. 北京：科学出版社，2003.

[18] 解耀华. 交河故城保护与研究［M］. 乌鲁木齐：新疆人民出版社，1999.

[19] 何炳棣. 黄土与中国农业的起源［M］. 香港：香港中文大学出版社，1969.

[20] 栾丰实，等. 海岱地区早期农业和人类学研究［M］. 北京：科学出版社，2008.

[21] 中国社会科学院考古研究所. 中国考古学·夏商卷［M］. 北京：中国社会科学出版社，2003.

[22] 薛俊武. 汉字揆初：第一集［M］. 西安：三秦出版社，2005.

[23] 王献唐. 炎黄氏族文化考［M］. 济南：齐鲁出版社，1985.

[24] 林梅村. 汉唐西域与中国文明［M］. 北京：文物出版社，1998.

[25] 林梅村. 古道西风——考古新发现所见中西文化交流［M］. 北京：生活·读书·新知三联书店，2000.

[26] 王国维. 观堂集林［M］. 石家庄：河北教育出版社，2003.

[27] 王国维. 王国维论学集［M］. 昆明：云南人民出版社，2008.

[28] 刘宗迪. 失落的天书——《山海经》与古代华夏世界观［M］. 北京：商务印书馆，2016.

[29] 宋亦箫. 楚文化中的域外文化因素研究［M］. 长春：长春出版社，2015.

[30] 宋亦箫. 青铜时代的东西文化交流——以新疆东部为中心的考察［M］. 北京：中国社会科学出版社，2019.

[31] 联合国教科文组织，中国社会科学院考古研究所. 十世纪前的丝绸之路和东西文化交流［M］. 北京：新世界出版社，1996.

［32］后德俊．楚国的矿冶髹漆和玻璃制造［M］．武汉：湖北教育出版社，1995．

［33］霍巍，王挺之．长江上游早期文明的探索［M］．成都：巴蜀书社，2002．

［34］湖北省荆州地区博物馆．江陵雨台山楚墓［M］．北京：文物出版社，1984．

［35］高至喜．楚文物图典［M］．武汉：湖北教育出版社，2000．

［36］阮荣春．佛教南传之路［M］．长沙：湖南美术出版社，2000．

［37］梁启超．佛学研究十八篇［M］．上海：上海古籍出版社，2001．

［38］杨怡爽．印度神话［M］．西安：陕西人民出版社，2010．

［39］陈炎．海上丝绸之路与中外文化交流［M］．北京：北京大学出版社，2002．

［40］张正明．张正明学术文集［M］．武汉：湖北人民出版社，2007．

［41］叶舒宪．文学人类学教程［M］．北京：中国社会科学出版社，2010．

［42］张君．神秘的节俗［M］．南宁：广西人民出版社，2007．

［43］刘晓峰．东亚的时间［M］．北京：中华书局，2007．

［44］李凇．论汉代艺术中的西王母图像［M］．长沙：湖南教育出版社，2000．

［45］丁山．中国古代宗教与神话考［M］．上海：上海书店出版社，2011．

［46］陕西省考古研究所，等．神木大保当［M］．北京：科学出版社，2001．

［47］袁珂．中国神话传说词典［M］．北京：北京联合出版公司，2013．

［48］魏庆征．古代两河流域与西亚神话［M］．太原：北岳文艺出版社，1999．

［49］魏庆征．古代埃及神话［J］．太原：北岳文艺出版社，1999．

［50］范三畏．旷古逸史——陇右神话与古史传说［M］．兰州：甘肃教育

出版社，1999.

[51] 王志民. 齐文化概论 [M]. 济南：山东人民出版社，1993.

[52] 孙作云. 孙作云文集·美术考古与民俗研究 [M]. 开封：河南大学出版社，2003.

[53] 王小盾. 中国早期思想与符号研究——关于四神的起源及其体系形成 [M]. 上海：上海人民出版社，2008.

[54] 何新. 诸神的起源 [M]. 北京：民主与建设出版社，2018.

[55] 王建华. 海峡两岸大禹文化研究 [M]. 北京：中国社会科学出版社，2010.

[56] 闻一多. 神话与诗 [M]. 天津：天津古籍出版社，2008.

[57] 高文. 四川汉代画像砖 [M]. 上海：上海人民美术出版社，1987.

[58] 王炳华. 新疆干尸——古代新疆居民及其文化 [M]. 乌鲁木齐：新疆人民出版社，2001.

[59] 段守虹. 灵蛇图像 [M]. 西安：陕西人民美术出版社，2014.

[60] 饶宗颐. 近东开辟史诗 [M]. 沈阳：辽宁教育出版社，1998.

[61] 吕思勉，童书业. 古史辨：第七册 [M]. 海口：海南出版社，2005.

[62] 冯时. 中国天文考古学 [M]. 北京：中国社会科学出版社，2010.

[63] 陈器文. 玄武神话、传说与信仰 [M]. 西安：陕西师范大学出版总社有限公司，2013.

[64] 陈锽. 古代帛画 [M]. 北京：文物出版社，2005.

[65] 黄文弼. 黄文弼历史考古论集 [M]. 北京：文物出版社，1989.

[66] 余太山. 古族新考 [M]. 北京：中华书局，2000.

[67] 余太山. 塞种史研究 [M]. 北京：中国社会科学出版社，1992.

[68] 季羡林. 敦煌吐鲁番吐火罗语研究导论 [M]. 台北：新文丰出版公司，1993.

[69] 徐文堪. 吐火罗人起源研究 [M]. 北京：昆仑出版社，2005.

[70] 王欣. 吐火罗史研究 [M]. 北京: 中国社会科学出版社, 2002.

[71] 顾颉刚, 刘起釪. 尚书校释译论: 第一册 [M]. 北京: 中华书局, 2005.

[72] 王炳华. 丝绸之路考古研究 [M]. 乌鲁木齐: 新疆人民出版社, 1993.

[73] 新疆文物考古研究所. 新疆古代民族文物 [M]. 北京: 文物出版社, 1985.

[74] 蒙文通. 古族甄微 [M]. 成都: 巴蜀书社, 1993.

[75] 沈兼士. 沈兼士学术论文集 [M]. 北京: 中华书局, 1986.

[76] 杨希枚. 杨希枚集 [M]. 北京: 中国社会科学出版社, 2006.

[77] 陈梦家. 殷墟卜辞综述 [M]. 北京: 科学出版社, 1956.

[78] 王玉哲. 古史集林 [M]. 北京: 中华书局, 2002.

[79] 郭沫若. 中国古代社会研究 [M]. 北京: 商务印书馆, 2011.

[80] 日知. 古代城邦史研究 [M]. 北京: 人民出版社, 1989.

[81] 邹衡. 夏商周考古学论文集 [M]. 北京: 文物出版社, 1980.

[82] 水涛. 中国西北地区青铜时代考古论集 [M]. 北京: 科学出版社, 2001.

[83] 乌恩岳斯图. 北方草原考古文化研究——青铜时代至早期铁器时代 [M]. 北京: 科学出版社, 2007.

[84] 周及徐. 汉语印欧语词汇比较 [M]. 成都: 四川民族出版社, 2002.

[85] 谈济民. 汉英词汇的近源探秘 [M]. 北京: 原子能出版社, 2001.

[86] 杨义. 中国古典小说史论 [M]. 北京: 科学出版社, 2004.

[87] 周一良. 中外文化交流史 [M]. 郑州: 河南人民出版社, 1987.

[88] 季羡林. 中印文化交流史 [M]. 北京: 新华出版社, 1993.

[89] 季羡林. 比较文学与民间文学 [M]. 北京: 北京大学出版社, 1991.

[90] 石云涛. 早期中西交通与交流史稿 [M]. 北京: 学苑出版社, 2003.

［91］晏立农, 马淑琴. 古希腊罗马神话鉴赏辞典［M］. 长春: 吉林人民出版社, 2006.

［92］陈鼓应. 老子今注今译［M］. 北京: 商务印书馆, 2005.

［93］袁步佳. 老子与基督［M］. 北京: 中国社会科学出版社, 1997.

［94］卫聚贤. 古史研究: 第二集［M］. 上海: 商务印书馆, 1934.

［95］广州市文化局, 等. 羊城文物博物研究［M］. 广州: 广东人民出版社, 1993.

［96］吕思勉. 读史札记［M］. 北京: 译林出版社, 2016.

中文译著:

［1］阿尔纳. 河南石器时代之着色陶器［M］. 乐森璕, 译. 农商部地质调查所, 1925.

［2］列·谢·瓦西里耶夫. 中国文明的起源问题［M］. 郝镇华, 等译. 北京: 文物出版社, 1989.

［3］安特生. 中华远古之文化［M］. 袁复礼, 节译. 北京: 文物出版社, 2011.

［4］李约瑟. 中国科学技术史［M］. 北京: 科学出版社, 1990.

［5］夏含夷. 古史异观［M］. 上海: 上海古籍出版社, 2005.

［6］夏含夷. 兴与象: 中国古代文化史论集［M］上海: 上海古籍出版社, 2012.

［7］夏含夷. 远方的时习——《古代中国》精选集［M］. 上海: 上海古籍出版社, 2008.

［8］艾兰. 早期中国历史、思想与文化［M］. 北京: 商务印书馆, 2011.

［9］杰西卡·罗森. 祖先与永恒——中国考古艺术文集［M］. 北京: 生活·读书·新知三联书店, 2012.

［10］J.G.弗雷泽. 金枝［M］. 徐育新, 等译. 北京: 新世界出版社,

2006.

[11] 星川清亲. 栽培植物的起源与传播 [M]. 郑州：河南科学技术出版社，1981.

[12] 马丽加·金芭塔斯. 活着的女神 [M]. 叶舒宪，等译. 桂林：广西师范大学出版社，2008.

[13] 赫丽生. 古希腊宗教的社会起源 [M]. 谢世坚，译. 桂林：广西师范大学出版社，2004.

[14] 韦罗尼卡·艾恩斯. 印度神话 [M]. 孙士海，王镛译，译. 北京：经济日报出版社，2001.

[15] 瓦尔特·伯克特. 东方化革命——古风时代前期近东对古希腊文化的影响 [M]. 刘智，译. 上海：上海三联书店，2010.

[16] 威廉·雷姆塞. 希腊文明中的亚洲因素 [M]. 孙晶晶，译. 郑州：大象出版社，2013.

[17] 瓦尔特·伯克特. 希腊文化的东方语境 [M]. 唐卉，译. 北京：社会科学文献出版社，2015.

[18] 高楠顺次郎，等. 印度哲学宗教史 [M]. 高观庐，译. 上海：商务印书馆，1935.

外文文献：

[1] LACOUPERIE AéTD. Western Origin of the Early Chinese Civilization [M]. London：Adamant Media Corporation，2005.

[2] BALL C J, M. A., LITT D. Chinese and Sumerian [M]. Oxford：Oxford University Press，1913.

[3] MALLORY J P, MAIR V H. The Tarim Mummies [M]. New York：Thames&Hudson，2000.

[4] EDWIN G. Pulleyblank, Central Asia and Non–Chinese Peoples of

Ancient China [M]. Hampshire: Ashgate, 2002.

[5] GOFF B L. Symbols of Prehistoric Mesopotamia [M]. New Haven: Yale University press, 2006: 196.

[6] LEGRAND S. Karasuk Metallurgy: Technological Development and Regional Influence [M] // Linduff K M. In Metallurgy in Ancient Eastern Eurasia from the Urals to the Yellow River. 2004.

[7] WHITE W C. Tombs of old Lo–yang [M]. Shanghai: Kelly & Walsh, 1934.

[8] ERIKSON J M. The Universal Bead [M]. New York and London: W. W. Norton&Company, 1993.

[9] WOLKSTEIN D., KRAMER S N. Inanna: Queen of Heaven and Earth [M]. New York: Harper and Row Publishers, 1983.

[10] GIBSON C. Symbols of the Goddess: Universal signs of the Divine Female [M]. Glasgow: Saraband (Scotland) Ltd, 2004.

[11] PENGLASE C. Greek Myths and Mesopotamia [M]. New York: Routledge, 1994.

[12] DALLEY S. Myths from Mesopotamia [M]. Oxford: Oxford University Press, 2000.

后 记

收入本书的大部分文章，是2009年至2019年这十年中所作。2009年我博士毕业回到武汉原单位武汉博物馆，客观因素使自己难以再延续博士论文中所讨论的中国北方早期东西交流考古工作，便将视野转向南方特别是楚文化区，同时，也拓展了所利用的研究材料和手段，如在考古学材料以外，更多关注历史文献、民俗学、神话学和民间文学材料。利用多种材料透视早期东西方文化的交流问题。这些广域材料和手段，用叶舒宪先生的话说，便是"四重证据法"，即传世文献、出土文献、口传和非物质资料、考古实物和图像四个方面的材料证据，在多学科的研究材料和手段结合下，聚焦早期东西文化交流问题。

说起这些改变的具体原因，也是机缘凑巧，造化弄人。记得是在2007年，这是我在南京大学攻读博士学位的第二年，我在图书馆查找中外文化交流书籍，看到了一套四册《苏雪林文集》，因一直以来对文学抱有兴趣，便顺手抽出翻翻，结果发现第四册所选苏先生的论著，大部分竟然跟中外文化交流相关，这便是该卷所拟题的《昆仑之谜》和《屈赋之谜》诸篇论文，让我惊骇昆仑神话和屈原赋里，竟包含如此之多的外来文化！这只是苏先生相关论著的选集，好在书后附有苏先生全部著作系年，立马在图书馆网站查询馆藏还有哪些，结果发现台版全套《屈赋新探》四大册在港台阅览室有藏，便丢下手头的事儿，兴冲冲赶去一睹为快。翻开读了一点，大有兴趣，心想，若能在考古学材料之外，利用上文献材料和苏先生的研究成果，充分论证早期的东西文化交流问题，一定比单纯的考古学论证更有说服力吧。但当时还在参与导师的一个课题，没有那么多时间去阅览室做通读，便又想若湖北省图书馆有藏，可利用寒假回武汉去省图借出阅读。经查寻湖北省图书馆官网，显示藏有一套。寒假回汉后立马去省图书库，但遍找不着。当是有人借出未还。正懊恼着的那几天，在网上随意搜索，竟发现武汉大学出版社所出的百年名典中，收有苏先生的这一套书（因苏先生在武汉大学文学院执教过19年），大喜。出版时间是2007年12月，即一个月前，但市面上不见有售，我便到武大出版社门市部去问，在那里一下子买到了两本，另两本则还未上市。又持续关注那两本的发行情况，算是功夫不负有心人，也应了"念念不忘，必有回响"这句话，不久另两本也收入囊中。

虽然读书总是没有买书那样迅捷，何况购买苏先生这四部书也并非一蹴而就。但博士毕业回到武汉后，我断续都有在读屈赋新探中的《屈原与〈九歌〉》和《屈赋论丛》，开始有点云里雾里，但为了在博士后报告中尽量用上苏先生研究屈赋的成果，我再三再四研读，终于领悟了苏先生在书中所揭示的中外文化交流特别是神话交流现象，熟悉了很多域外特别是西亚、印度、埃及和希腊的神话。可以说，苏先生的屈赋研究，深刻地影响了我近年来的早期东西文化交流研究和艺术考古研究。

在读博和回汉后的博士后研究阶段及调来华中师范大学任教这期间，我还接触到了叶舒宪先生的文学人类学研究理论和方法。最先接触到的是湖北人民出版社所出的一套"中国文化的人类学破译"丛书，叶先生在该丛书之一的《诗经的文化阐释——中国诗歌的发生研究》自序中，提出人类学"三重证据法"与考据学的更新，即在王国维先生二重证据法的基础上，增加"人类学"的第三重证据，后来叶先生又发展出四重证据法，已见上文，成为文学人类学派学术研究的重要方法论。除此，叶先生提出的文化大小传统论、文化文本多级编码论、神话观念决定论、玉文化先统一中国论等理论，都给了我的早期东西文化交流研究和艺术考古研究以启发。

2012年我调来华中师范大学历史文化学院，不在考古一线，也为了配合院里的教学和科研，更加将研究的方向转向文化史和早期东西文化交流史，考古学仅成为我学术研究中的手段和对象之一，更广泛的历史学、人类学、民俗学和神话学，成为我学习和研讨的重心，从此形成多学科结合探索早期东西文化交流问题的新格局。

  本书的出版，正逢新冠疫情蔓延之际，加上书中插图颇多，涉及图片使用的规范问题，导致出版时间一再迁延。感谢华中师范大学历史文化学院提供的出版资助！很庆幸我人到中年，走入了一个学术气氛浓厚、同事关系融洽的集体，有这样的天时地利和人和，我相信，余生不会懈怠，定当奋力耕耘。

宋亦箫写于武汉梅花苑寓所

2019 年 12 月 23 日初记

2021 年 8 月 23 日补记